简简单单教语文

——注入生命活力的语文课堂

陈占玲 著

首都师范大学出版社

CAPITAL NORMAL UNIVERSITY PRESS

图书在版编目（CIP）数据

简简单单教语文：注入生命活力的语文课堂 / 陈占玲著.— 北京：首都师范大学出版社，2022.9（2024.5重印）

ISBN 978-7-5656-6174-7

Ⅰ.①简… Ⅱ.①陈… Ⅲ.①语文课 – 课堂教学 – 教学研究 – 中小学 Ⅳ.①G633.302

中国版本图书馆CIP数据核字（2020）第255305号

JIANJIAN DANDAN JIAO YUWEN

简简单单教语文
——注入生命活力的语文课堂

陈占玲　著

责任编辑　王籍冰

首都师范大学出版社出版发行

地　址　北京西三环北路105号
邮　编　100048
电　话　68418523（总编室）　68982468（发行部）
网　址　http://cnupn.cnu.edu.cn
印　刷　河北鑫彩博图印刷有限公司
经　销　全国新华书店
版　次　2022年9月第1版
印　次　2024年5月第2次印刷
开　本　710mm × 1000mm　1/16
印　张　22.25
字　数　328千
定　价　69.80元

序　一

简，形声。从竹，间声。本义为竹简。引申义为简单、简化，跟"繁"相对。单，本义大。引申义为种类少，不复杂。"简单"一词义为结构单纯；头绪少；容易理解，使用或处理。

近年来，教师们的教学思想空前活跃，教学方法也日新月异，课堂教学现状也发生了根本性的变化。可是，在很多的课堂当中，我们会看到有一些或是对文本的过度解读，或是对文本的过度拓展，将语文课设计得花样百出的方法，虽然独特，但过于繁杂。老师不能顺学而导，学生学得又很累，课堂效果必然不尽如人意。其实，我们的语文教学更应该推崇"大道至简"，使教学方式与教学方法简约化。

陈老师是这样认为的，也进行了行之有效的实践与研究。本书中一段段教学反思日志是她对一节节繁冗课堂现象的剖析，也是她一次次研究的总结，体现着她本色语文的教学思想——简简单单教语文是指在语文教学中，上实实在在的语文课，回归语文教学的根本。

一、教学内容要简约——简约而不失精彩

陈老师充分研读教材和教学内容，充分发挥教材的价值，精选简约的教学内容给学生。例如在《祖国在我心中》一课中，陈老师将四篇具有爱国情怀的文章组合在一起，让学生通过自学导航的引导，通过自主阅读——同伴交流——补充答疑的学习方式学会提炼出长文的表达方法，人物特点。学生一节课阅读4篇课文，教学内容是经过仔细研究过的，精选

过的，效果定会精彩。每一篇课文的语文要素都有很多，没有必要也不可能面面俱到，更何况是四篇文章的对比阅读。陈老师做到了"任凭弱水三千，她只取一瓢"。

二、教学环节要简化——简化而不失实在

她所设计的课程教学环节也都比较简化，她一直坚信一节课的成功靠的不是烦琐的教学环节，而是给学生留有广泛的时空与文字静心对话，品味精彩的描写，由此及彼的思考……记得在一次教师观摩课上听过陈老师的一节课——《穷人》，听了以后给我印象最深的就是她的课上得简简单单，训练得扎扎实实，整节课只有三个教学环节：一是复习词语，回顾课文，二是用横线画出描写桑娜心理活动的句子，三是走进桑娜的内心活动，从多个角度说清楚、说明白桑娜所思，所忧，培养了学生思维的全面性与深刻性。小说的人物形象在心中渐渐丰满高大起来。整节课的教学中引导学生在充分地与文本对话的过程中读懂小说的情节，体会到了环境描写对塑造人物形象的作用，领悟小说的主题内涵……一根粉笔、一块黑板、三个教学环节，同样可以上得有声有色，简化而不失实在。

三、教学方法要简便——简便而不失高效

陈老师的课堂上主要引导学生用最简便也是最高效的方法来学习语文——"以读为本"。因为语文教学离不开读——"一读解千愁"。如她在教授四年级下册诗歌单元时，以读为主，通过相同体裁文章的对比阅读代替烦琐的阅读分析，一读体会不同诗歌的节奏感，二读体会不同诗歌的语言特点，三读体会不同诗歌的感情色彩。环环扣紧，将读贯穿于教学的过程之中，她总是让学生充分地读、自由地读，读出课文的节奏、读出课文的情趣、读出课文的神韵，读明表达的特点，读写心中喷涌的情感……

"删繁就简三秋树，领异标新二月花。"简简单单的语文课堂，应是简约而不失精彩，简化而不失实在，简便而不失高效的语文课堂。"简简单单教语文"不是简单的一句话，这种简单中蕴含着智慧，蕴藏着不寻常。语文教学追寻的简简单单，其实就是一种更高层次的返璞归真。它更

着眼于学生语文素养的形成和发展，更立足于全体学生，更能促进学生的全面发展。

　　陈老师把多年研究集结成册——《简简单单教语文——注入生命活力的语文课堂》，立足于教师教得简单，学生学得轻松，让语文教学返璞归真，大道至简！期待引发读者的思考与共鸣。

吉春亚

2020年10月

序　二

她说："二十多年了，如果让我对语文教育教学的总结那就是——我心无旁骛地简单教，学生能快乐参与地扎实学，最后他们达到能说、会写、有思想。"

当国家教育行政学院附属实验学校陈占玲老师的书稿，摆在我的面前时，我便认真地拜读起来。掩卷沉思，不由让我产生思考，不由得让我想起她曾说的以上的话。

书稿里的几十篇语文教育教学的反思、教学设计、研究论文真实地记录了一位普通语文教师专业成长坚实的脚印。跟随她的思想脚步，你会进入一个崭新的教育境界。一直以来，我欣赏每位特级教师的成长历程，但是，当我读完这部书稿时，还是有一种亲切、欣喜与豁然开朗的感觉。

陈老师怀着对语文教育教学的热爱，着眼于学生语文素养的培养与提高，着力于语文能力的发展，着手于语言文字的训练。在简简单单教语文，扎扎实实促发展的理念指导下，她坚持不懈地进行着语文教学的研究和探索。

二十多年教学生涯，做了二十多年的语文老师，她教学在课堂，思考在课堂，实践在课堂，但最受益的还是学生，天道酬勤，多年来，她总结了许多好的做法，也产生了很好的效果。正如她在论文中论述的那样：准确把握语文教学的规律，追求对学生未来语文的持续发展。她引导学生掌握学习文本的过程，读通—解意—品味—积累后，还要引导学生总结和关注语言的表达方法；最后让学生进行实践和运用。因此，她经常说，学习文章后要能写文章，学习文章的写法很重要，要让课堂真正成为语文学习的舞台。那一个个鲜活的课堂教学设计和案例，那一篇篇论文就是很好的印证。她在内容上基于教材，植根于生活，将鲜活的生活素材融入课文、引进课堂，及时充实、调整、重组教学内容，具有开放性；在结构上突破线性思路，采取语文能力、方法和情感都有收获，凸现教学重点，拓宽教学时空，更具灵活性；在功效上，实现一个板块活动达成多个教学目标，减少无效劳动，具有增值性。陈老师让每节语文课充满智慧，在简单中彰显效果。她讲究实效，没有花花绿绿的形式，没有经典的课件，把教学中深刻的东西讲得简简单单，指导真切而实在，学生轻松愉悦，收获多，后劲足。她的语文教学，在清楚明白与简单朴实中，让人耳目一新。

会反思的教师，才能迅速成长。在语文的教育教学研究中，能否自觉积极地进行反思总结，其重要性更是不可低估。通过陈占玲老师的这些教学设计、研究论文、教学反思我们就会发现，她在课后一定会及时的反思，总结好的教学方法，修正不太合理的地方。也为学校的语文教师起到很好的引领作用，充分体现了研究价值。的确，反思对于一名教师又是何等的难能可贵。这部书稿中记录了陈老师的教学反思多篇，当面临被否定、质疑时。她写道："当我反思时深深感到，重塑再造，谈何容易，又岂是淡然处之的，但它是难得的体验，一次挑战和磨砺，这更是一次成长——痛并快乐着。我庆幸又向前迈了一大步。"因此，她也用行为影响着身边的教师：做善于思考、善于总结的人。

读着这本书稿，好像一节节课展现在我的眼前，好像和陈老师又一次对话、研究，与她谈论着语文的教育教学问题，解决着一个个教学中的困难。希望陈老师在语文教学研究的这条道路上越走越远。

李　萍

2020年10月

前　言

作为一名教师，一名语文教师，一名教育工作者。笔者首先思考的是自己具备什么？给学生些什么？学生真正能接受或者愿意接受的是什么？再去思考怎么教、怎么给。

化繁为简——用教材、用一篇篇活生生的文本去简简单单的教学生听说读写的能力、创新的能力、思考的能力、学习的能力……俯下身和学生一起思考、一起做、一起动；语文教学不单单体现在语文课堂上，体现在文本教学中，尤其是如今"五育并举"培养学生的核心素养的语文课堂。生活中处处有语文，处处是我们语文学习的资源。

浓眉大眼会说话，时刻提醒你，该做不该做。

腹中知识如大海，蕴藏无尽宝藏。

微笑时时挂脸颊，滋润你心田。

幽默话语从口出，阵阵笑声响耳畔。

这是班上的学生们对我的褒奖。工作二十几个年头，学生和工作环境都发生着变化，始终没变的就是一颗对学生的心，一颗向上的心。

作为一名语文老师，我不算聪慧，也算不得耐力持久。本书由浅表的思想开始积累，然后经过一点点的反思，通过一节节课展现出自己的想法，到最后既形成了论文，也形成了自己的教学特色。没得太多精彩，没得什么大咖风范，有的就是点滴的积累、走过的深深的印迹。将自己作为语文老师的点滴思考、课堂经验记录下来，鞭策自己更加向前。

编　者

2020年10月

目 录 | Contents >>>

第二部分 教学案例设计

第三部分 教学论文

第一部分  教学反思日志

心明了，
课堂就亮了

语文老师七十二变

·有幽默细胞的语文老师

今天上语文学习《开国大典》一课时，学生读到"这庄严的声音，这雄伟的声音……"时，声音很小，语速很慢。我就说了一句："我仿佛看到的不是两股激动的洪流，而是即将干涸的溪水。"没用我再说别的，孩子们的声音忽然变了——那声音、那语调，传到教室的每一个角落，传到我的心里，传到学生的心房中。

·易激动的语文老师

庆幸，自己还是听见音乐一响起而激动的年龄。因为，今天听课时，李老师在课末尾放起了《爱的奉献》这首乐曲，当时我的心也随音乐的节拍一起起伏、跳动。虽然面庞已满是饱经风霜的年轮，可心里的激动、畅想依旧年轻。我庆幸，因此，我愿意同音乐为伴，同青春为伴。音乐可以激发我们对文字的敏感、触觉。

·我爱我的祖国

又到了祖国的生日，特意把语文书中的《我爱你中国》和《今天是你的生日》放在一起在这个日子教学。我总想读给孩子们听，也想听到他们伴着音乐读，这是我和孩子们的和弦。我愿用这份情感感染我的每个学生。

煤球还是煤块

两节课后，听赵景瑞老师讲评课。赵老师问："教材中的文章，是煤球还是煤块？"煤块，用处很多，可以炼钢、发电等。煤球，使用范围较小。因而，细细一想，文章既是煤球，又是煤块。平日教学中的优美词句积累、欣赏是煤球，可以储存在自己的宝库中；教学中渗透的方法、培养的能力是煤块。阅读教学要为学生搭台唱戏，好去学习别的文章，不要灯下黑，外面亮，其实学生能力没提高。

"一样"与"不一样"

"盘点"思路，认为搞好教学之一就是要有心：用心去发现，用心去思索，用心去尝试……

下面把自己教学中的几点发现和尝试与大家共讨。

·一样的学生，不一样的方法

试讲北京版语文教材第10册《义犬复仇》一课，讲到要为义犬文尔内写碑文。为了让学生写好，我在学生写之前做了这样的指导：毛主席为刘胡兰题词"生的伟大，死的光荣"；为小学生题词"好好学习，天天向上"。咱们如何为义犬文尔内题词呢？之后，学生写出了这样的碑文"矢志不渝，义犬文尔内"或"忠心耿耿的文尔内"等，当时我认为很好了，于是很高兴。

之后在听年级组一位老教师讲授此环节时，她做了这样的指导：同学们可以用一两个词、一两句话，或一首小诗来歌颂文尔内。结果学生写出了"猎犬文尔内，重情又重义，浑身都是胆，来把恶人惩"的小诗。课后，我赶快利用早操后的十分钟，在班上使用了此方法，果然，有的学生写道："对动物有爱心，对训练有耐心，对主人有衷心，对敌人有恨心。"有的写道："自古英雄文尔内，为国受了重枪击，爱恨情仇讲分明，千等万等复仇日。"

·一样的文章，不一样的方法

北京版语文教材文章《军神》是一篇十分感人的文章。文中的主人公刘伯承不用麻药接受手术治疗，既感动外国医生也感动了我们的学生。文中的人文精神和文字魅力都值得让学生好好品味。然而这件事发生的年代离孩子们很远，如果课上只是让学生反复朗读、感受刘伯承做手术有多疼，刘伯承有多么意志如钢，那么学生会徘徊在主旨之外，同时学生也很难体会到文章的魅力，甚至有的学生在老师范读的时候还会笑，这样就更难体会出课文真正表达的思想感情，也就难以达成教学目标。于是，我找到了《青年刘伯承》这部影片，在讲授刘伯承做手术这一段前，用影片把学生带到了那72刀生死疼痛的手术台旁。在放映时，我特意仔细观察了学生的状态：刚才还面无表情的，现在是眉头紧锁；刚才还似乎要笑的，现在眼里却噙着泪花；刚才还难以理解的，现在紧紧攥着拳头……

在这之后的朗读，不需要启发，不需要范读，学生将感情注入声音，发挥得淋漓尽致，情如潮水。

·同样的文章，不一样的阅读指导

课文《鲸》是一篇知识性很强的说明文。课后有一道习题是"学习第一段的说明方法，自选内容写一段话。可以使用一种说明方法，也可以使用几种方法来说明。"我一直认为这是一个非常难的问题，很难有时间在课上完成。这天大胆做了个尝试：先读文中的第一自然段，和学生一起分析所用的说明方法；再仔细回味一下段中的说明方法，说说在文中所起的作用，又激趣说："咱们也来用段中的说明方法，试写一种自己喜欢的动物，好吗？"并将要求降低：最少用一种说明方法。结果学生都写了出来，基础一般的学生也能仿照文中第一自然段的说明方法写出一种动物。换一种方式，得到不一样的效果，直奔目标而去。这是侧重于段落的描写练习的阅读指导，如果侧重于篇幅的，就需要阅读整篇文章指导。目标不同，同样的文章需要不一样的指导方法。

阅读《我爱你，中国》反思

课上，讲完第一小节后，让学生选择自己喜欢的小结学习、朗读、讨论、汇报。学生们兴趣盎然。最后，师生一起读课文，我对学生说："你喜欢哪一小节，就读哪一小节。"第一小节，文中的重点，只有我一个人读；第二、三小节也差不多；第四小节多了几个人读；之后的五、六小节，读的学生多了起来，尤其是最后一小节，全体学生都读了起来。我说："老师为你们骄傲，因为你们也都因祖国而骄傲，并且向祖国许下诺言。"（原文为"我们骄傲，我们自豪，我们奋发，我们开拓"。）"我和你们都是祖国的孩子，我们强大，祖国强大"。

"同时，我又有一点担心，"这时，孩子们很是疑惑"你们不喜欢1—4小节，可是需要背诵，怎么办呀？"学生们在下面纷纷说道："这有什么难的""昨天我已经背下来了"……"好吧，咱们先自己背一遍，一会儿看看谁先背下来！"我顺势引导，紧接着，教室内出现一片兴趣盎然的背诵课文的声音。

课堂因教师而变化，课堂因学生而充满趣味，课堂因生成而精彩！

看学生日记有收获

马同学在日记中写道："陈老师由大老虎变成了小白兔。"

原来我一直是学生心目中的大老虎，这会吓坏学生的，我要反思自己之前所作所为。马同学的文笔不错，可以入选优秀日记。

学生日记是我们沟通的桥梁。每次阅过学生日记后，我会写一段感受，也会让学生做出回应，我们之间便有了桥梁。亲其师，信其道！

手拉手，读书的路上一起走

放寒假前给孩子们留了读书作业，假期回来后的第一天要和大家分享读书心得，可以做成PPT。第一个发言的是刘浩宇，平日里很聪慧的一个男孩子。他打开PPT，原来读的是《三国演义》，这个PPT一看就是家长做的，没想到孩子一边读着介绍，一边挠着小脑袋交了底："这是爸爸给我做的，我真读了，今天本来是想给大家看看！"

"同学们，这个同学说读这本书了，你们有什么方法可以帮他证明吗？"一个经常读书的学生说："考考他！请问刘备的儿子是谁？"结果答不出。"曹操的儿子叫什么？"又有人问。"曹丕、曹冲、曹植。"最后一个问题："诸葛亮气死了谁？"只见刘浩宇急得使劲在想："什么瑜？噢，对，周瑜。"终于答出了一个问题，他如释重负。"那怎么读好一本书？怎么算是真的读书了呢？"还是那个男生："多看几遍，看完让爸爸提几个问题。""哦，让爸爸和你一起看。""也不全是，让爸爸看着书提问。"

通过今天的事情，我反思到简短的两层提问，两个意思巧妙地引导了学生读书的方法，也帮助孩子们纠正了走过场似的读书方法，过度自然且实用！给自己点赞！

今天推荐了一本书，明天将继续。推荐之后的第二步是拿着自己读的书到班里，借给别的同学读，你当小考官。

我教古诗

人教版三年级下册第一单元是祖国美景篇。此时，正值春节过后刚开学，已过二十四节气中的立春。这单元的第一课是《燕子》，写春天的美景因有了灵活的小燕子而更加生机盎然；第二课是古诗二首《咏柳》《春日》，歌颂春天的美景；第三课是《荷花》，因此我没有将这一课放到这一主题中，我想结合春天这一主题，让学生学习一组春天的文章、古诗，让学生体会春天的生活气息，给一年之计在于春的志趣。

"文人墨客无不喜欢这个季节，有古诗，有散文，有绘画……学习古诗，2首在一节课上出现。你还想起了那些描写春天的古诗？"一上课，我这样提问道。学生们想到了《春晓》《游园不值》《村居》《江畔独步寻花》（五、六）《江南春》等10首古诗，一一背过之后，积累到了采蜜本上。

这时，我出示了朱自清的《春》："打几个滚，踢几脚球""粉的像霞，白的像雪，红的像火"。这些句子的形式和语气，适合三年级的学生，他们可以接受。听起音频来，兴趣浓浓。我又让学生说说让他们印象、感受最深的句子，学生说了谚语"一年之计在于春""有拟人句、比喻句、排比句"有"山、水、太阳、花"，还有农夫。我点评道："这就是作者眼中的春天，心中的春天。"

其实，这里没有想让孩子一下就会写春天的文章，一下就爱学习语文，只是给孩子们一个渗透：唯有文字可以让所有人共享，唯有文字能创造出眼睛看不到的，心却可以想到的地方，祖国语言美！

跟着名家学本领

准备《燕子》一课时，看到了薛法根老师的课堂实录。感觉薛老师的课堂很接地气，学生的语文素养实际获得很充分。于是临时将教材改动了一下：把第一单元设计成以小动物为主题。（因为考虑到刚步入三月，天气还很冷，春天的气息不是很浓，对于孩子们印象不深。第一课时，我们品读了第一课《燕子》，处理字词，读熟课文，积累喜欢的语句。第二课时，我带领学生学会归纳每个自然段的意思并区分人物、动物、事物的不同名称。（这个也是薛老师课上的精华）先让学生默读，之后逐一把每个自然段的归纳词都写到黑板上，然后通过对比讲解得到小燕子的样子、习性、飞行和姿态。再说明重点介绍特征的技巧。第三课时，让学生们习作自己喜爱的、熟悉的小动物。

上课时再把《翠鸟》一课与学生分享，让学生明白描写动物可以有不同的方法，从而纠正、修改自己的习作。

我这样教语文

那一年教语文，发誓要好好让孩子们写字，于是乎，从一年级开始教孩子们书法的行笔、顿笔，一个生字一个生字地带着打字头，一个孩子一个孩子地帮他们纠正看格式、写好每一个字；对每个学生都有严格的要求；二年级时，还在打字头，不过这时加上了字帖的描红，还是一板一眼的要求，绝不放松。三年级时，要用钢笔书写了，要求学生们一律用英雄钢笔，蓝黑钢笔水。也许有家长会说我有毛病，就是因为有了这样的要求，我的学生们在六年级毕业时，都交上了一份满意的语文答卷：当时大兴区抽测，我们班是和全区的班级比，字迹、字体和别的同轨班有很大的不一样，整本试卷十分亮眼，漂亮！

这个班级又是从一年级开始带的，完全可以施展我的教学计划了。一年级开始要求书写，而今，学校开设了软笔书法课，每周两节，省去了我课堂上的很多事情。那我的计划有变化：

第一，识字中要得法。一、二年级的识字、写字是重点。在识字过程中，我首先采用"授人以渔"法：识字有多种办法，"加一加、减一减、换一换、小儿歌、顺口溜"等，人教版的语文园地中也介绍了很多方法。这些方法，如果孩子们自己会了，并且可以灵活掌握，那他们就不会头疼庞大的汉字大军了。这个"渔"掌握好了，再人人争当小老师，给有困难的同学讲一讲，孩子们成就感十足。第二，体会到汉字的魅力。中国汉字有独特的美：方块字的形状、悠久的历史、字形的演变等，可以说一个汉字就是一个美丽的传说。在讲解汉字的识记方法过程中，将一个个美丽的传说讲给学生们，让他们感悟到汉字的精美，语文的魅力。

可见，教的目标一样，方法因生而变。

学好语文秘诀

——大声朗读课文

班上的孩子已是二年级毕业，都可以脱离拼音朗读课文了，这个在一年级毕业后就可以达到了，只不过现在大部分学生可以拿到一篇陌生的文章后可以在短时间内流利地读下来，这就是练习大声朗读课文的结果。

学生在学校或家中，都要尽力做到大声朗读课文。在学校可以利用早读或者语文课上的时间，在家里每天朗读10—20分钟。因为我发现语文学习不好的孩子多数都存在朗读课文的问题，有的孩子都上五年级了，一篇课文还要几遍才读下来。这就影响了阅读和理解。

适当就好

——《池上》教学反思

教学中的各个环节使用适当就好：读字读词时，能让孩子们都踊跃参与并能够引起兴趣，读会就好，遍数多了，孩子们会厌倦，效果不会太好。

把握好主旨：孩子们正是和诗中的小朋友同龄，有共同的爱好，有共同的语言。因此，此时赏夏天古诗的美景则不是重点，而是感受小娃的天真、无邪、快乐！

一诗一景，一首古诗一幅画：教给孩子们古诗的诵读、积累的方法，见诗想景也是我在这节课中要表达的。

总之，学生要在每堂课中有不同的收获与成长。

自能读书，不待老师讲；
自能作文，不待老师改

"自能读书，不待老师讲；自能作文，不待老师改。老师之训练必做到这两点，乃为教学之成功。"这是叶圣陶的教育箴言。

对于这个观点，我也十分赞成：

在2016年已经小学毕业的那届学生时，我就在进行着这个实践摸索，一直到现在。例如，学生上四年级后让他们自己预习，首先教给学生预习的方法，然后通过活动提高学生自己预习的兴趣；再教给学生按照生字、课文、作家作品、资料查找和选择的顺序复习课文；最后教给学生习作是为了表达而生，是为了自我而生，为了生活而生。

如今，我的这届学生已经是二年级了，我开始从识字、写字教。例如让学生分享自己记忆"坏"这个字的方法，"'坏'这个字我是用加一加的方法记的，走遍提土旁，右边不，我给坏组个词'坏人'"；"我和他的方法不同，我是用换一换的方法记的，'怀'的树心旁换成土字旁就可以了"；"我是用小儿歌的方法记的，土+不=坏"。让学生自之分享，每天的语文课堂上，孩子们愿意去记，愿意去思考，愿意去表达，效果肯定会很好。写字也是如此，找到生字的中心笔画、易错笔画，让孩子互相提醒、互相评价。这个识字、写字的能力经过持之以恒的训练就会属于学生，也会为今后的阅读奠定好一块结实的基石。

汉字真有趣

这是我忽然的一个灵感，但已不是新鲜。讲到"喜"这个字，我猛地想到了剪纸，让孩子们借助剪纸上面的"喜"字记住这个字。孩子们也觉得很有意思，于是，让每人去剪一个"喜"字：结果有一笔一笔剪完贴的，有剪成双喜字的，不亦乐乎！

又学习了软笔，咱们再写一个软笔"喜"字吧！孩子们有了兴趣，还有的写上了"福"，趁势把这个字也剪一剪。

又打出几种不同字体的喜、福，让学生们对比，感受"汉字真的很有趣"！

这也是低年级识字的策略之一呀！

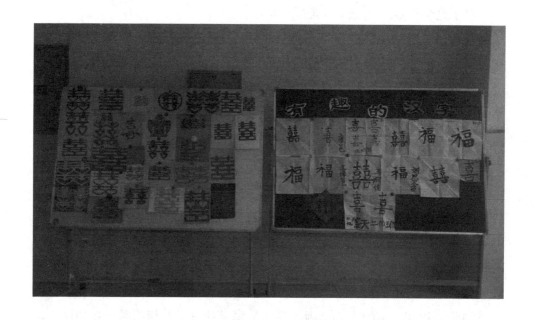

心中一亮

课一旦让听者有了心中一亮的感觉，就是成功的，至少在课程设计上赢得了胜利。

今天在北小大兴分校听到一节以《画沙画》为主题的写话课，过程很是平常：示范沙画—自画—自说—指导—再说—自写—指导—再写。最后，老师领着学生一同欣赏了以沙为主题的古诗。让我不禁有了感受：

以往，作者们都愿把"愁"放到诗歌中表达，而沙子还很少被读者捕捉到，此可谓教者需有心——慧心！

沙，物也；

沙，诗也；

沙，歌也；

沙，情感之寄托也。

那我们可以用"叶""鸟"等为引，将生活、景物、诗融于一体。

为语文课程做嫁衣

略微思考一下，不知道这个想法对不对，意思就是这样的——研学为我的语文课程做了嫁衣。

例如孩子们即将出发去迷你世界体验，我会思考将为孩子设计出怎样的课程，能够让孩子觉得有趣，又不会是负担呢。用上自己的本领，告诉你，我的游戏、我的体验、我的心情、我的优秀……

对，先教本领——授人以鱼不如授人以渔。首先是绘画，美术老师已经教了。然后是讲故事，我的语文课中已经练习过了。还有就是写话，嗯……这个可以。在行走中，习作该上场了——体验之中的收获最真实。每行走过一个地方，行走过一篇文章，都会留下我们的痕迹，一串串脚印是我们行走的记忆。研学课堂之后的写话评价课，激发了孩子们的兴趣，他们跃跃欲试，精心准备，在课堂上锻炼了朗读、口语表达、写字、沟通的能力。

谁说研学没有为我的语文课程做了嫁衣呢？更应该说的是为学生的实际收获、实际成长做了嫁衣。

一读解千愁

今天终于明白也实际验证了"一读解千愁"这五个字的意义：人教版二年级上册书《我要的是葫芦》一课课后有这样的句子："叶子上的虫还用治？"讲课过程中，为了让学生体会文中人物的想法，让学生对比阅读这句话："叶子上的虫还用治？"老师有语气的读，然后说："请你用另一种方式告诉我种葫芦人的想法。一起读出来。"

（也许此时认为是滥竽充数）有的孩子说"叶子上的虫不用治。"有的说"叶子上的虫还用治？"显而易见第一种读法的学生会更多一些。

老师：马上出示两句话进行对比，问："叶子上的虫还用治？"

学生：马上用朗读另一句话的方式告诉我"叶子上的虫不用治。"

老师说："原来这就是种葫芦的人的想法呀！叶子上的虫——"

学生接："不用治。"

思考：平日课上，学生只是很喜欢和我对读，并没有真正感觉到朗读的好处还会有什么？直到不经意间做了个练习：把这个句子换个样子说一说。

课后练习中出示把"叶子上的虫还用治？"这句话换个说法，班上有34名学生都写对了——"叶子上的虫不用治。"只有2人错误地写成了问句。

这个时候，我更加坚定了这个信念——读解千愁！

语文与生活的关系

学生活中的语文，学有用的语文，语文是实践性很强的科目。

知识一旦与生活脱节，学生就会学的没有意思，教者也会觉得这个知识苍白无力。

例如查字典，这和学生生活关系密切呀！用字典查查自己的名字，看看自己的名字在字典中的哪条"大街"、"门牌号码"是什么？等等这些，小孩的游戏，搬到了学习查字典的课堂上。孩子们学着、查着：我找到自己的名字了，我找到好朋友的名字了！

多兴奋呀！多起劲儿呀！

放了学，去查查家人的名字。朋友们不认识的字你可以告诉他，这个"武器"真棒！

有了这样的方法，孩子们怎能不喜欢语文，不接受它呢？

识字对比

班上新转来了11名学生，正好做了识字量效果的对比。因为这班的原始学生参加了"自主识字 同步阅读"课题，已经有很多同学冲过了10星级。第一次，是安排学生们读课文《秋天的图画》。自己班上原来的学生，读起来没有问题。在不依靠工具书、家长、同学的情况下，课上没一会儿就读下来了。而部分转班生读起来显得很吃力。因为文字的上面没有拼音。

第二次，读《植物妈妈有办法》中有个词语"豆荚"，两个转班生一桌，结果都不认识。而老生呢？全认识。在朗读速度上和效果上也很明显强了许多。

那么，结果显而易见，提前大量识字对于阅读的帮助是很大的。那认识新鲜事物、理解等能力的提高和阅读又更是难以分开的。

一年级新教师的语文课

新教师第一年学上课，第二年会上课，第三年上好课。

一、二年级的字词教育是人文精神的引领者，中华文化的传承者，落实语言文明的示范者，此时的学生是语言发展的关键期，老师帮学生走进语言发展的关键期，丰富语言的最底层。

一年级教师要有六童：童文、童龄、童言、童颜、童性、童趣。

一年级的语文课趣味性、直观性要增强。故事性串起整堂课。

注意识字与事物的联系。

写好生字的展示评价

一看、二写、三对照，一个更比一个好。

孩子的眼中要有宽容。

要让学生学会评价三部曲：一看正确、整洁；二看宽窄；三看关键笔。在学生低年级学习时，把学生课堂上面回答问题，发言的思路、语句告诉他，帮助他们逐渐发展语言表达能力，逐渐再创新。例如："我知道我的理由是……""我同意他的观点我还有补充""我为他评价"等等。

教研员进校指导课堂

学校邀请了大兴区教师进修学校的教研员来校指导课堂教学。有美术、音乐、英语三个学科。我随堂听了一节音乐课。

自己不是音乐学科出身，不懂得乐理知识，不能评价音乐学科理论方面的内容。所以，从一年级学生的组织教学及课程的结构安排设计上我有自己的一些看法：

兴趣是最好的老师——学生喜欢一门学科，就会好好地跟着老师学习。那么怎样让学生喜欢呢？我们老师就要多动动脑子：例如多组织活动，把本节课的目标全设计在活动中，层层环扣"牵着"学生走，形式要多样。再如教具准备要丰富，要用PPT、钢琴、辅助教具等共同吸引学生的目光。又如教师语言定要适合学生的特点。让学生可以在愉悦的环境中学习音乐、歌唱，从而喜欢音乐这门学科。

以学生为中心——要以学生为主体，给每个学生表现的机会。

实践课程之我的初步理解

最近，去印刷附小看了两节一、二年级的语文实践课，听点评的时候又听了3—6年级的语文实践课。终于明白了实践课程基本是什么，语文课程的10%究竟该怎样上。紧抓语文实践活动，充分让全体学生参与实践。例如：第一节一年级的《讲故事》，是在学习《小彩笔》之后，让学生在美术课上画一幅画，在这节实践课上依照画的内容给同学们讲讲自己的故事。一年级学生的口语表达能力在这节课上得到了充分的锻炼。有讲故事、有评价，也有教师适时的引导。就是让学生在语文的主线中受益，得到发展。第二节课是《送贺卡》，老师课前让学生们设计了精美的贺卡，在课上写上祝福的语言分别送给老师、同学。我的反思是，学生的写作、沟通在课上得到了锻炼。应提高的就是老师要引导学生贺卡送给谁要在设计贺卡前提出，送贺卡的时候要给对方读一读你的祝福。三年级是《写一写生活中的小窍门》；四年级是给《金话筒》配音；六年级是读一本书，用不同的方式汇报。我认为实践就是让学生动手、动脑、动口去做，可以是行在课前，行在课后，但绝不是一节课就可以完成的。语文学科的实践活动就是要以语文为主线。提高学生的全学科素养。

一个人的修养是装不出来的

前段时间，在微信上看到一个故事，名字就是《一个人的修养是装不出来的》。讲的是一位女士带着孩子去应聘一个职位，女士在等待的时候，吐了一地的瓜子皮。有一位佣人穿着的老人提醒了她，她的态度很不友好。最后，她知道了，原来这位"佣人"就是这家公司的老总。她后悔已经晚了！

最近，见到一件事，也想到了这个故事，想到了这个题目。

地铁里，下一辆车马上到站。她自然地站在了第四位。前面有一个中年男人、一个四五岁的小男孩和他的妈妈。列车露头了，她渐渐窜动起来，列车到站了，她一下挤到了第一位抢占了刚刚、仅仅腾出的一个座位。那个男孩和妈妈找到门旁边的一点空地，男孩蹲了下来，脸上笑着，没有说什么。妈妈说："一会儿咱们就到了。"果然，下一站他们到了。列车继续行进着，车厢里的人渐渐多了起来。一个小女孩随着爸爸出现在眼前。她双眼紧闭，什么也没有看见。一位上了年纪的女士出现了，她双眼紧闭，什么也没有看见。车到站了，她开始和同事娓娓地谈着班上学生的事，学校里同事的事，今天培训班里发生的事。

噢，原来是个老师。没有正己，能用知识正学生吗？

学生读书可以这样教

——活动是载体

孩子刚刚入学，和书籍离得较远。因此，首先要培养学生阅读的兴趣，让学生喜欢阅读。

我让学生活动中成长，促进学生阅读兴趣。

手抄报——手抄报培训班结束后，我生出了想法：制作手抄报，让孩子们自己当评委。制作以后，把自己的作品放到自己的桌子上，每个同学都是评委，认为谁的作品优秀就给谁投上一票。最后，谈感受，当堂课颁奖。孩子们在谈感受的时候，就指出了手抄报作品的优点与不足，提高很快。手抄报要联系实际制作：端午节制作一期，"六一"儿童节一期，清明节一期，国庆节一期……一学期下来，孩子们的积累和搜集材料的能力渐渐提高了，读书的兴趣也慢慢来了。

诗歌诵读比赛——借助节日或者学校的庆祝活动开展不定期的班级诗歌诵读比赛，每次都人人必须参加，学生们在每次比赛中成长。

诗歌创作比赛——语文课后、语文课上、节日里都可以有这样的创作比赛。将学生的诗歌出版、出册，激发学生写作兴趣，从侧面调动阅读兴趣。

生活即作文

生活中处处有作文。"生活处处皆语文，语文时时现生活。"这是大语文观所体现出来的语文和生活的关系。语文和生活是不能分割的，作文训练要贴近学生的生活。老师要善于捕捉生活中的信息，及时让学生习作：国庆节前，总见到教室里的窗台上摆着一小撮麦苗。就问是怎么回事。孩子们说是科学老师发的材料，做实验用的。哦，何不合二为一呢？"孩子们，看看麦苗长得多好啊！相信你们也一定会种好它的。咱们'十一'期间，都去种一棵植物，每天完成一篇观察报告。'十一'回来后，带着你的两样'作品'就是成功者。"看着孩子们喜悦的表情，就知道他们也看着窗台上的麦苗心里早就痒痒了。

七天假期回来后，我迫不及待地亲自批改了孩子们的习作，上了讲评课。课程目标就定在怎样写好观察日记。

有的学生习作突出了几天来的幼苗的生长情况对比；有的突出了种植幼苗的心情变化；有的不但把每天的情况用文字记录，还画了图片。真是不亦乐乎！

作文要选好学生的兴趣点

评价人物总是阅读教学中的难点，学生评价起来的语言也总是单一，缺乏生动。由此，想到班上有学生40人，能不能让学生互相评价呢？用词或简短的句子评价班上的同学。效果出乎意料：

看过学生的习作后，准确地说是小练笔后，马上上点评课：请一位同学到讲台，有谁评价了他当堂读出，请同学们补充评价。令人惊奇的是：全都不但准确无误，还很生动。我说："孩子们，你们用简短、准确的语言抓住了同学的最大特点，老师为咱们班自豪。"接下来，让不解渴的学生完成续篇。那么，写好人物的习作训练就更扎实了。

好作文不是教师批出来的

上好作文讲评课

教会学生批作文——会批改作文的学生，作文写得一般不差。

充分展示学生习作。

巧用单元导语，提高课堂教学效率

利用句式特点引导习作课——用排比的方法提炼

巧把导语分部分——前边积累，后面引导学习，课堂也可以总分总有结构。

语文整体改革中，我的行为变化

——生字教学有梯次

课标中的每一学段的识字写字的不同目标，说明对每一个学段关于识字写字的教学都是要有梯次的。因此，借助语文教学改革，我让自己的识字写字教学也有了不同程度的变化：

在第一学段，主要是扩大学生的识字量；培养学生认真书写的习惯；努力做到字不离词，词不离句。扩大识字量主要依托识字卡片，让学生快速集中认字。老师组织学生通过自主识字课的学习，辅以星级达标，家长协助检测，实现了整体识字量的飞跃。学生们在一年的时间里通过十星级，挑战识字大王（即认识单独的字，会给它组词，并且会给常用词语造句）；配合识字，完成对《追赶天边的彩虹》的阅读。

培养学生认真书写的习惯，单单靠语文课上的时间是不行的，还要依靠每周一节的写字课和课余时间。要加大榜样的力量：老师的榜样就是范写要多一些。学生中，小老师的榜样：让小老师带领大家一起打字头。久而久之，学生就会形成认真、规范书写汉字的习惯。

整体识字，努力做到字不离词，词不离句。科学的识字必须让汉字学习与阅读融合、互动。在阅读中识得汉字，在语境中了解字义，在与书面语言的反复见面中巩固识字。语言是水，生字是水里的鱼。鱼离不开水，水中没有了鱼儿也缺少了活力，因此要让学生在句子的学习中学习生字、新词。例如：《小熊开店》第一课时，整体识字。

有了以上的基础学习，到了第二学段就可以注意书写的美观，依字形识字，逐渐学习预习生字、新词。

第三学段就可以把识字、写字的重点落在自学、自查、自纠阶段。

自学就是依据文本、自己所拥有的学习方法理解、记忆；自查就是依据词义自检生字、新词的运用；

21

给自己减负

首先是突破一篇课文独立教学。

我们知道一篇课文在一个单元里是独立存在的，但它的主题思想、语言特色、人文情感在一个单元中又与其他文本时有联系。

叶圣陶曾说过："语文教材无非就是一个例子，凭这个例子要使学生能够举一反三，练成阅读和作文的熟练技能。"因此，我们就可以使课堂阅读形成一条线：精读一篇文章习得方法，再通过一两篇文章举一反三。例如：这样，不同的文章组合成就不同的语文阅读训练方法，学生在相同的时间里，学到了较以前多倍的方法与技能。

减负自然而成！

喜欢这样的孩子

朗读检查完了。中午饭后，来到班上。小毕走到我跟前："陈老师，今天就我读错了一个字，他们都没有错！"抬头看着他用诚恳且已准备好挨批的样子看着我。"是这样的，那个字夹在了书的夹缝间，您看！"班长急忙翻开书让我看。

还有什么可看的，这样的诚实，这样的集体荣誉感是难得的！我为有这样的孩子心动。细细想来：小毕的学习成绩虽然总在中游，也不善言辞。但此时又会有哪一位老师在意成绩而不喜欢这样的孩子呢？成绩真的不能代表孩子的一切。

他是唯一一个被选入学校国旗班的学生。当他每天面对冉冉升起的国旗的时候，一定会为自己骄傲。明天，我一定拍一张他升旗时的照片放到群里，逢人便说：我喜欢这样的学生！

班上的小"书虫"

至今还记得那节课，他的发言是如此精彩！"今天咱们学习《草船借箭》一文，有谁可以介绍一下这件事发生的背景吗？"我的话音刚落，小白就站了起来，把周瑜怎样要设计杀诸葛亮的原委一一道来，只字未落，俨然我的小助手。同学们一看这个故事这么有意思，学习此文来也是饶有兴趣，再加上榜样的力量，班上读《三国演义》的学生越来越多。

又是一节语文课，边查看孩子们读书边走到小白的身边。看到他身后的书箱子上放着一本《从百草园到三味书屋》，自然的拿起来看了一下。就听他说："老师，这本书挺有意思的，里面不是一篇文章，也有老舍的。这个书箱里的书我全看完了，您该和别的班换换了。"心中一阵窃喜。我的班上也有了小"书虫"。

语文课应该怎么上

用好文本——表现在以下几个方面：第一，课上让孩子掌握好学习的规律进行学习，例如在《祖父的园子》一课中，老师带领孩子板书生字"蝴蝶、蜻蜓、蚂蚱"等，引导孩子知道汉字的音形义的成字特点，让孩子更快记住汉字，并产生浓厚的兴趣。第二，课上多提诠释性的问题。之前，我只知道是提让孩子思考存有多种空间的问题，而减少课堂上琐碎的问题，进而牵着孩子的鼻子走，限制孩子的思维。听了蒋老师的课，知道了"诠释"这个概念，我转变了提问方式。《祖父的园子》一课上，老师提出"园子留给你怎样的印象？"统领全文，既活跃了孩子的思维，也抓住了文章的主旨。第三，提炼写作方法帮孩子走进语文。多次和学生们对读文中反复的部分，教给学生何为反复？如何反复？反复为何？第四，顺当的把学生引入课外的文本中。今天的课堂，老师在学生兴趣正浓时，让学生猜一猜作者的成年生活是什么样的？多数学生因作者的祖父而想到作者的成年一定是幸福的。恰恰相反，在老师的又一段出自《呼兰河传》的文章中出现了，由此引发了学生要去探个究竟的好奇心。将此文本与书中文本的完美结合，会给孩子们源源不断的渴求。

语文课要教好语文学习方法，帮孩子掌握好语文的基础知识。

写心理活动之后的感受

第一次是在学习《穷人》一文以后，有学生写了很多的语言描写却没有一句心理描写；有学生写上了别的同学的心理想法。情况万千，可是我没有着急，对学生们说："就在此时，我在想什么呢？你听了同学们的片段描写后又想些什么呢？"马上写出来。这就是二次心理描写。

第三次心理描写是在三天后，我外出学习回来，在班里颁发了本周获胜小组的奖励：精心为学生挑选的记事本。由于为学生们创设了2个情境，学生写起心理描写就容易多了。由此可以说明学生真正经历过的写出来就是最容易也是最真实的。

"两岸猿声啼不住，轻舟无法出万船"

"生活中的事情是这样，不可能每一件事都做得完美，塞翁失马。"

我们的语文课堂亦便是如此：语文的基本技能训练有听说读写，语文的基本素养也有若干，那么仅仅是40分钟的一节语文课能把所有的知识、能力及一篇课文的所有训练点都抓住，那是天方夜谭。这也就是为什么每一节语文课后都会有人指出种种不足的原因，我们此时也只好用"美丽的遗憾"来安慰自己的心。

开头的这句话是在航天二院的礼堂里听台湾名家李玉贵老师讲到的，觉得很有道理，用来共勉。

行走作文

一直以来对学生的习作很感兴趣，疑惑学生们为什么不会写，为什么提起作文就头疼。自己也做了一些浅显的研究。不知用什么样的理论和别人表达，今天听到这样一句话"走到哪里写到哪里"。一语触动了我的心弦，我的习作不就是这样吗？学生走到哪里我就要他们写到哪里；课本学到哪里我们就写到哪里，感觉可以成为"行走中的作文"。

语文是一门实践性很强的学科，学生学到的知识要有用处，学生学起来就会有劲，有兴趣。这样，我就把语文课上的课文作为范本使学生学会方法、积累词句，然后，在班上多开展活动。活动中，学生们兴趣盎然；活动后，写出的习作也有真情实感。这样下来，学生一学期的习作就会有九、十篇，有的再结合书本上的内容及时点评修改。时间一长，学生不会发愁作文，也不会遇到写作文时落不下笔。

做学生的贵人

勇做贵人
周围有许多人
要勇敢地做他们的贵人
做儿子的贵人
做爱人的贵人

做亲人的贵人

做学生的贵人

做朋友们的贵人

要学会勇做贵人

这是自己在不知第几遍看《士兵突击》后，突然就有的想法。

许三多就是班上所谓的"差生"，现在叫"学困生"。在史今班长的"精心挑选"下进入了部队，又在他的精心培养下成为"兵王"；在袁朗和老连长的特殊教育中打消了复原的念头，可以想见，他们就是许三多的贵人。倘若这条路上没有他们，就不会有后来的许三多。

那我们的学生呢？有几个不用教育就可以成材的，更别提是所谓的"差生"。他们此时多么渴望碰到生命中的贵人哪！我们也应该做这样的人。

当然，这部电视剧是我推荐给学生的，这部影片也影响了班里的一名男生，使他前后有了明显的变化。通过这件事说明，教师即是传道授业解惑者也！不同的学生会成功在不同的形式中激发。

多种多样的作业

从本学期的寒假开始，试着让孩子们多做一些实践作业，发现他们很乐意。假期里让孩子们把读书推荐做成PPT介绍给同学，班上有近30人完成，有的人推荐几本书；本学期的每日推荐不知从何时起有了新的规矩（学生们自己定的），必须是新的古诗词或者古文，不仅必须背下来，还要熟练。要求越来越高！惊喜的是学生们多数都可以完成。

昨天讲到《废墟的辉煌》一课，学生们似乎对古建筑有很浓厚的兴趣，我们语文教学也是一门与世界取得联系的学科。于是，下课时我留了一项作业：制作介绍各国著名建筑的PPT，今天是马玉介绍了巴黎圣母院、自由女神像、悉尼歌剧院；期待明天……

怀柔一小授课反思

（1）自己理解的自主阅读课的特点：得法于课内，用法于课外；举一反三，得以运用。北京版教材中训练学生的知识点主要是学习以物喻人、状物抒情、借物喻理、托物言志的写作方法，从而会用此方法表达自己的思想感情。

（2）课上学生的好书推荐是与时俱进，老师紧紧抓住资源引出此堂课：用不同的视角看生活会有意想不到的收获。

（3）明确教学目标：写主要内容是五年级下的重点、难点；五年级上不用全写，四年级学习归纳；梳通脉络是小学四年级要做的事情。

（4）课堂上纠正后一定要及时改，给学生及时改错的意识与习惯。

（5）这种可行的时间分配：6+25+9。

（6）一、二年级不做单元导读课型和自主阅读课型；四年级（含）不做整体识字课型。

（7）单元导读课型的生字词的分类特点：

一行，四会字

二行，二类字

三行，各种结构类型的词语

四行，写景的词语

单元导读课就是提炼文章的学习方法，有一种"掀起你的盖头来"的新鲜感。

平凡的世界造就不平凡的人，
平凡的课堂造就不平凡的学生，
这就是平凡的世界

今天，回想起上周的诸多事情还是心潮翻滚：不明白为什么那么多的事全来到我的面前，如洪水难以阻挡，必须来！连想拒绝的权利都没有。当时，真不知是好事还是坏事！（自己有个习惯，凡事都爱往坏处想）结果证实了我的想法：大多数是坏事。我虽然心中猜想是坏事，但内心的深处冥冥之中希望会是好事。可老天是公平的，不会让完美落到每一个人的头上，使我不由得想起路遥的小说——《平凡的世界》。

小说中的主人公孙少安为了自己的家、为了全村人能致富，过了一个又一个关卡，战胜了一个又一个困难，眼看着日子一天天地富裕起来，媳妇秀娥又得了癌症。就在孙少安拉着秀娥回来的路上，我的心也是一路酸涩。快到村子里了，秀娥睡了过去，我也真的以为她永远地离开了少安，我的心痛得难以支撑；在呼唤声中，秀娥又醒了，少安他们高兴极了，我也无以言表。真希望好人能过得圆满呀！

少平不愿意靠着哥哥、爸爸在家过舒服的日子，自己到外面闯荡出了一片天地，也同时获得了爱情。可就在事情马上要有结果时，小霞突然离开了他——因救人被洪水冲走了。这里一说到洪水，我似乎就觉得要出什么事，果然……少平痛苦的站在杜梨树下等待着奇迹出现，此时幼稚的我也和少平一样，期待小霞的出现。然而，这就是梦想，是人们心灵中对美好事物的一种向往。

看过小说后，我为这一家人遗憾、惋惜。之余，也有深深的思考：世界上，没有完美的事情，也没有完美的人。所有的事都会在将要完美的时候，出现缺口。这才是平凡的世界！

奋斗可以改变人，可以造就不平凡的人，改变不了平凡的世界！

转念想到身边的人和事，又何尝没有缺憾呢？

但记住：平凡的世界可以造就不平凡的人。

教育即唤醒

作为一名老师，我要去唤醒孩子沉睡的心灵，唤醒与家长之间的隔阂。从上五年级以来，我会用日记本和孩子进行沟通，过一段时间总会让孩子们写一篇《致老师的一封信》，然后根据情况，我会有不同的方法处理。孩子们如果提到了作业负担较重，我会斟酌着和孩子们商量；孩子们如果提到了解决不了的心事，我就在日记本上留言，帮助他想办法；见到最多的，就是家长的不理解。和家长们在一起聊天时，也常听说孩子似乎离他们越来越远。于是，我也想到了信，对，和爸爸、妈妈通信。于是，利用开家长会的时间，我和家长们谈了这个想法，第二天就开始统计：结果令我很满意，有二十多个家长主动给孩子写了信。于是，我就让孩子们给父母回信。没有收到父母信件的同学就先给爸爸、妈妈写信，等待父母的回信。过了几天，还有几个家长没有写，我就问了原因。班上有一个双胞胎哥哥说："陈老师，我妈妈回家就说，你们老师是不是没有事干了？"回来他又补充说："陈老师，我妈妈没有别的意思，只是她这几天很忙。"我说："没什么，叫她有时间再和你们聊吧。"自己反省到，也许不是每一个家长都想和孩子通过这种方法交流。不过，我还是很高兴。记得最清楚的是班上有一个父母离异再婚家庭中的男孩，最让我感动。他首先给爸爸写的一封要求爸爸和妈妈复婚的信："爸爸，你就不能跟妈妈复婚吗？我要说的就只有这么一点点，求求你能答应我吗？我是真心的，求你了！"这个孩子，原来很活泼、调皮，但自从他的父母离婚以后，就少言寡语，像变了一个人。

成长的课堂

老师和学生的主战场是课堂，因此老师和学生彼此的成长也是在课堂上。然而面对越来越有个性的学生，越来越多的灵感发言，老师适当而具有启发性的评价语是十分必要的。我有以下思考："兴趣是最好的老师"这句话已经呼喊了很多年了，可见其重要。一堂课上，老师如果有适当的精彩发言，就可以大大提高学生参与课堂的积极性。例如在教学《螳螂捕蝉》一课时，让孩子表演吴王第二天上朝宣布决定不再攻打楚国的发言，有一位学生说："朕今天不太舒服，改天再议吧！"老师评价说："这位吴王很是聪明，怕长别人志气损自己的威望。好，还有哪位吴王有不同见解？"一个评价达到两种效果，既提高学生表达的能力，又尊重了学生的个性。

让他知道你的爱

正在发听写纸，准备听写。"×××，你干吗？"两声尖叫随即而出，紧接着就是同学们的嘲笑，班长的眼泪刷地流下来了。"怎么了，怎么了？"我急切地问。班长支支吾吾。只看见×××如发怒的狮子一般扔了一下自己的铅笔袋，旁边的同学赶紧把课桌挪到了很远。

我似乎有点着急："到底怎么了？快说！""×××向我们做了鄙视的手势。"也许是我的见识少，根本就不知道鄙视的手势是什么，也知道这也许就是×××同学一边发作业纸一边走过她们座位旁干的，但这两个班上的"天之骄子"就应该在课堂上发出这样的尖叫吗？就应该有了点小事情马上不依不饶吗？就应该什么事都用眼泪开篇吗？×××是班上出了名的淘气鬼，那就应该被同学们嘲笑、唾弃？这些念头随即都在我的脑海中出现着，我快速思量着……

"我不知道还有什么动作可以表示鄙视，也不知道他为什么鄙视你。可是咱们能不能合理的、公平的想一下：你作为班长，能不能别有什么事都用眼泪解决，能不能以包容之心对待每一个同学？他虽然和魏××一样淘气，平日里挨老师批评最多，但我同样像喜欢你们一样喜欢他们。咱们班的任何一个同学都是爸爸、妈妈的宝贝，也是我心里的骄子。"正说到这里，前面传出了"呜呜呜"的哭声，"谁呀？怎了？"我问道。"魏××激动了。"这时再看×××的脸上表情也越发平静了，班长呢？眼泪收起来了。

教育继续。

"你们看到这几天，我总是把他们叫到办公室，那不是讨厌他们，那是帮助，是希望，是爱。我在帮助他们努力做人，希望他们和你们一样健康成长，得到平等的爱！"咱们能不能也这样对待每一个同学呢？快把桌子挪回去。"今天的事情结果可想而知，很快平息了。但是魏××的抽泣声延续了很长时间。我对×××和班长的谈话还会在课后继续。但留给我的是震撼，是思考，是参加工作这么多年来的珍贵的镜头。

×××是单亲家庭，自从三年级时爸爸、妈妈离婚后问题不断。今天打架，明天和科任老师捣乱；那时候，我和他谈话也是被顶撞的对象。那时的他犯了错误，会立刻推到别人身上，理都在自己。通过不断和他的爸爸、妈妈谈话，共同教育他，现在已经改变了很多。只是还偶尔打架、捣乱。我知道那时他要引起别人的注意，因为他在日记中写到自己很孤独。我不能戴着有色眼镜看他，我要让他感受到我们都爱他。于是总把他叫到办公室拿东西，聊天。

魏××是家中的老儿子，爸爸、妈妈都很疼他，小时候一下都舍不得打，到了五六年级说谎话已成了习惯，家长这时候知道打了，并且一打起来就是狠的——鼻青脸肿。班上没人惹得起，每天挨批评。

他们在班上缺少表扬，缺少同学们的关爱。当我把公平公正的想法、心里的情感真正表达给他们的时候，受不了了。说实话，这时候我的心里反而酸酸的。

作为老师，首先该对孩子说出的该是爱，然后才是教给他们知识。只有师生之间的真挚情感建立起来以后，才会有成长。

心明了，课堂就亮了

自己连续两届被评为大兴区语文学科骨干，连续三届被评为语文学科带头人，其实一直在语文学科课改中摸爬滚打着，忽而清晰，忽而模糊，忽而行进，忽而停滞，总想寻找一盏明灯去照亮自己的课堂。

还记得2013年10月的一天，学校所有的语文老师都集中到一起开始真正接触到语文整体改革，我也似懂非懂的在一旁认真的听着、记录着，更加坚定了以"课堂应学生为中心"的想法。于是，有这个理念引领着自己不断参与上课、研讨、听课、研究。

简单的一串文字，不凡的一段经历。

回想起来，从那一刻起就有了与以往不同的感受。这次的参与使我从一堂语文课的结构建构到整个单元课程的结构建构；从一篇文章的主题思想的挖掘到一个单元，不同体裁、不同题材的文章的整体思想的挖掘；从一本北京版教材的教学到以北京版教材为主，学校校本教材为辅的重组教材教学；从一节课一课书的封闭课堂到一节课多课书的开放的、高效的课堂。从自己一个人默默地坚持到一个团队的积极地开发与实施；从一所学校走出去到博彩众多的课堂；再从一门语文学科到整个课程体系的建设……思想在奔走间不断充实着，行为在执着间不断改变着。

这中间，我从可以给大兴区内的几十个老师上研究课进步到给各地的上百位老师介绍经验，上研究课；我可以和慕名来校的老师、专家们近距离讨论学科理念、课堂设计；这中间，我可以带着孩子们在书的海洋里徜徉，在各种各样的读书活动中成长；这中间，我从自己阅读带领学生渐渐喜欢上了阅读、写随笔、出习作集；这中间，我发现是和孩子们共同成长着、共同辛苦并幸福着！

这中间，我的心渐渐明了。在课堂上，学生成了主人：每节课的精彩三分钟展示，古诗文推荐、鉴赏，好书推荐，名家名篇推荐，全国各地著名建筑介绍成了学生最最喜欢的事情；"我同意×××的意见并补充""我反对××的意见理由是……"课堂上，时而争得面红耳赤，时而静默无声。在课堂上，学生和我的舞台更大了；在课堂上，学生和我的视野更宽了；因为这样的课堂，与生活相通，与世界相连；这样的课堂才精彩，这样的课堂才敞亮。

从一粒沙去看世界，从一朵花去看天堂。从每一个学生去看课堂，从每一节课堂去看世界。从每一次成长看自己，从每一次艰辛看幸福！

培养低年级孩子识字的三大"法宝"

（1）创设情境，激趣识字。

创设有趣的识字情境，在情境中体验识字的乐趣；培养小老师教识字，在成功中体验识字的乐趣；巧用"字族""形近字""猜谜语"识字，在规律中体验识字的乐趣。

（2）渗透方法，自主识字。

一字带多词，呈扇面效应识字；用比较法识记；音、形、义综合感知法识记。

（3）拓宽途径，增加识字量。

利用校本课程识字；利用"识字读本"识字；利用课外阅读，巩固识字效果。

教师，我们该怎样"爱"自己的学生

走进一年级的课堂听了两位老师的随堂课。边听脑中不断想起这样的话题：孩子，我该怎样去爱你？

作为为人师表的老师，学高为师，身正为范，这是必须的。我们口口声声说："我爱班上的学生。"可是，什么又是对他们的爱呢？我思考，作为一名一年级的人民教师，着实不容易。首先就是先要求好自己，以身作则榜样的力量。其次，就是用我们的辛苦、日复一日的行动帮孩子养成良好的习惯，最为重要的就是我们的课堂，让孩子的生命与我们的生命一起律动的课堂。我们在课堂上的时间，几乎胜过与家人在一起的时间，学生在课堂上的时间胜过在学校的其他时间，那么，我们该怎样才算得上真正的爱他们呢？那就是精心的设计我们的课堂，让学生在40分钟的课堂上真正有所获得，听到他们生命里有拔节的生长的声音，而不是口口声声的说："我爱你！孩子！"也不是永远满脸堆笑的对待他。那是我们与孩子一起摸爬滚打，共同奋斗的40分钟，是足足证明我们爱他的40分钟。

一年级好习惯养成篇

学生早晨来教室：四部曲——一擦、二掏、三摆放、四读书。

一年级教师用心工作——有序、稳步、用心、用情。

好教师具备——正气、大气、底气、灵气、生气。

好课要有——扎实的课、有效率的课、家常课、公开课（煮课）。

字里行间都是爱

看老师们上交的评语，读到了贾老师的评语，真切地看到了一个班主任对孩子的了解、对孩子的爱，看到了班上一个个活灵活现的一年级小学生的真实内心。这27个孩子已经真正走入了贾老师的心。

有些句子我标出了"好"，例如"高某某：你能团结同学，聪明可爱，学习比较努力。做事比刚开学时利落了许多，好！你知道吗？对于你取得的进步，老师看在眼里，喜在心头！老师一直在为你加油。希望你可以一直严格要求自己，认真听讲，不和同学随意说话，争取更大的进步！"当时觉得这是一个母亲发自肺腑的话，我将感受立刻告诉了贾老师："你的每个评语都包含着你的心，你对班上学生的爱心、耐心与诚心。每条评语都符合每个学生的特点。"

我的教育叙事

初上班时，自己记忆深刻的几个场景至今还历历在目。

邻居郭老师及爱人一直是家里的常客。要上班了，我心里总会有忐忑，不禁问起，怎么教育学生就可以好。郭老师说："一年级学生的第一个月，一定要管住，就是坐住了。之后形成习惯就会好了。"又补充道："就是不管上课、下课，老师都要在那里盯着。"当时的我，中专师范毕业，才19岁。不知道什么是累，只知道上进，好好教学生。班里有22名学生，自己就是这样的听话，一刻都不离开学生，当时也全是语数双包。结果呢？赢得了学校领导及家长们的赞誉。

班级的活动怎么搞呢？全靠学。出去听课，看到老师用"开火车的游戏"——小小火车谁来开，刘宇来开。

很快，这个班升入二年级了。学生由2个班并成1个，班里有了43名学生。那个时候学校里没有速印机，是古老的摹刻——教师先把题用钢笔刻在油纸上，之后再用油墨一张一张推，一张一张印。43份印到三十几份的时候，底板就已经坏了，所以一般情况下每套题要刻2版。

那一学年，我的教案足足写满了厚厚的两本。

君子三乐

"父母俱在，兄弟无故；仰不愧于天，俯不怍于人；得天下英才而教育之。"

教师这份职业是最易得乐的职业。每个人工作都是有目的的，然而，目的纯不纯要看时间的检验。教育如同农民种庄稼，依气温、土质不同，不能立显效果。尤其是一名小学老师，在孩子们6—12岁的年龄里，不能立刻体现出价值，只能帮助学生树立正确价值观、养成会学习的好习惯，那么，在孩子的这个年龄能记住老师的什么呢？离开课堂后，孩子们会得到什么呢？怎么真正做到教书育人呢？扪心自问，良心自知。

偶尔想起也就罢了，当微弱的记忆浮现在孩子们心头时，我们仰不愧于天，俯不怍于人。

常规养成很重要

——激发学生兴趣需前行

第一节课听孟瑶老师讲《画家和牧童》，教学目标设计很准确，课上教学过程比较清晰，能够突出过程为目标服务。本节课关注了学生的课堂常规：坐姿、朗读课文的声音，关注了学生的获得：关键词语的提取及理解和句子的朗读。建议要突出学习方法的指导，突出低年级语文的识字写字的指导与训练。教育低年级学生要有明显的特点，利用多种方法激发学生兴趣——乐学、愿意学。

《语言的魅力》教学反思

　　《语言的魅力》是人教版四年级传统篇目，传统的教法也许会止于读懂文章的意思，明白语言的魅力是什么，为什么会有如此魅力。对于这类课文，如果还只是将理解教材内容作为这篇课文的教学目标，这也许是一种对学生知识智力潜能的开发、挖掘滞后的做法。所以，教什么、怎么教，自然成了每位语文教师心中一个很头疼很棘手的问题。那么，像这样的传统文章，如何凭借教材去进行改造、创造，挖掘教材中潜藏的可以丰富学生情感体验、发展学生智慧的探究学习点？如何通过这一节语文课，使学生越来越喜欢语文，感受到语言的魅力？在反复研究和实践后，我们将本课教学目标拟定为：感受语言的魅力，学习使用有魅力的语言。这一目标，不仅关注了学生知识的掌握、技能的形成、情感体验的过程，更将着眼点放在了学生智慧的生成，是学生智与知、智与情的多向整合。这一教学目标的实施，无论是对学生，还是对课堂中的老师而言，都是一次智慧的考验、增长过程。学生学的不是教材内容，而是学习如何从多角度去思考、去辨析、去发现，在充分地读书体验、行为思辨、互相启发、积极思维中增长自己的智慧；而老师也充分经历着一场用心倾听、适时启发诱导的积极思维过程，这样的课丰富了情感体验。

　　教什么既已确定，怎么教，即教学目标的一步步展开实施，成为了重点所在。学生的智慧不是靠教，或是几句言语所能给予的，这只能通过他们在语文实践中一点点形成、一点点提高，在他们的自主学习、情感体验、探究发现中逐渐生成，是一个从不会思索到逐渐学会思考发现，思维越来越深刻的过程。这个过程中，学生对事物、现象的认识能力因思维互相启发、互相碰撞而逐渐丰富深刻起来。所以，引导学生充分经历读书感悟，积极动用已有经验去思考分析人物的智慧，并进行想象练习，从而增长自己的智慧，这一过程便成了这节课学习活动的主旨。

《语言的魅力》教后反思

那天是2006年1月24日，云南永仁县永定小学的录课室。那天是入冬以来最冷的一天，早晨就飘起了白雪。课前，自己一点也没有感觉到紧张，课程进行得也很顺利。只是到了读后两篇文章时，学生的阅读速度跟不上。这是我考虑的第一个问题：提高学生的阅读速度，首先就要增加阅读量。这也和2015年的北京市中高考改革联系在了一起。以语文教材中的文章为范本，在课堂上有三个知识过程：再现旧知识、复习旧知识并运用、创造性地学习新知识。并阅读同一类型或者同一题材的文章若干。二就是语文知识与语文的朗读要并重。这两点是每一节语文课都要注意到的。三就是课是事先设计好的，可以依据上课的地点不同、对象不同，适当调整。例如本课中的写作环节，在这样的天气中，云南的孩子很少见到雪景，我就可以抓住这个天气特点，让孩子们写一写美景，写一写自己的家乡。那样我们都会尽兴，不留有遗憾。

以上是我的教学感受，最后一点是我的遗憾。留有遗憾的课堂吸引着我。

《小蝌蚪找妈妈》教学反思

《小蝌蚪找妈妈》这篇课文情节生动有趣，以对话为主，是进行朗读训练的好材料。在课后，反思自己的教学，当然还存在着很多不足的地方，但自己感觉也有成功的地方，我能充分利用教材特点，以读为本，课堂上充满了朗朗书声。根据低年级孩子的年龄特点及他们爱思考、乐于探索新鲜事物的特点。我在读课文前，先提出一个有趣的问题或者是让他们自己读题质疑，让他们在读书中寻找问题的答案。如教学本课时，出示课题，引发学生的好奇心。孩子们争先恐后朗读，我顺其自然让孩子们自己到文中寻找答案，孩子们的兴趣一下子被激发起来了。以兴趣为前提，让学生主动积极地去读书，去寻找问题的答案，再辅助提一些读书的具体要求，收到的效果非常明显。孩子们通过自己的朗读找到了问题的答案，都会兴奋不已，这种自我激励的效用是无限的。在获得成功发现的同时，孩子们往往又会发现新的问题，培养了他们的探索与创新精神。总之，教师只有在新的教学理念的指导下，凭借教材的优势，创造性地进行教学，才能为学生打下坚实的语文基础。相信，只要我们在阅读教学中用心去引导，孩子们一定会喜欢阅读、喜欢语文的。

《自相矛盾》教学反思

　　《自相矛盾》是篇传统教材，传统的教法也许就会止于读懂成语的故事内容，领悟成语故事的启示意义。对于故事类课文，如果还只将理解教材内容作为这篇课文的教学目标的话，也许是一种对学生知识智力潜能的开发、挖掘滞后的做法。所以，教什么、怎么教，自然成了每位语文教师心中一个很头疼、很棘手的问题。那么，像这样的传统文章，如何凭借教材去进行改造、创造，挖掘教材中潜藏的可以丰富学生情感体验、发展学生智慧的探究学习点？我们反复研究和实践后，将这则成语故事的教学定为，借助成语故事，进行语文训练，发展学生的开放思维能力和想象能力，促进学生智慧的发展。不仅关注了学生知识的掌握、技能的形成、情感体验的过程，更将着眼点放在了学生智慧的生成，是学生智与知、智与情的多向整合。学生学的不是教材内容，而是学习如何从多角度去思考、去辨析、去发现，在充分地读书体验、行为思辨、互相启发、积极思维中增长自己的智慧；而老师也充分经历着一场用心倾听、适时启发诱导的积极思维过程，这样的课对于情感体验是一次丰富。

　　教什么既已确定，怎么教，即教学目标的一步步展开实施，这又是重点所在。学生的智慧不是教出来的，或是几句言语所能给予的，这只能是他们在语文实践中一点点形成、一点点提高，在他们的自主学习、情感体验、探究发现中逐渐生成，是一个从不会思索到逐渐学会思考发现，思维越来越深刻的过程。这个过程中，学生对事物、现象的认识能力是在思维互相启发、互相碰撞而逐渐丰富深刻起来的。所以，引导学生充分经历读书感悟，积极动用已有经验去思考分析人物的智慧，并进行想象练习，从而增长自己的智慧，这一过程便成了这节课学习活动的主旨。

　　课堂教学是遗憾的艺术。本课教学我有一些遗憾：在学生体验和实践中语言不够丰富，思维不开阔，因此影响了效果。

教学《顶碗少年》的心得

　　《顶碗少年》是北京版六年级第一学期的第一课。那一课也是我从教11年来的第一次教学。读到这一课时，我有诸多想法：教材的编排者把它放在第一课，真好！六年级是小学时光的最后一年，如何面对？学生如何顺利度过？这时顶碗少年的坚持不懈的精神就会起到非常重要的作用。我能否也让这种精神融入学生的心中，充分发挥语文课程的特点？

　　最近，我又有幸教学六年级的语文课，书中依旧有那位已在我心中深深扎根的"顶碗少年"。虽然这篇课文安排在这册书的第9课，但是我的教学感受比第一次课后还要深。我感受到的不仅仅是上次课的惊心动魄，还有"紧张不安"。记得，那是在课上，一个学生问："顶碗少年第一次表演失败后，观众的心情是什么样？"学生默读课文、批注后，一位学生说"惊呆"；一位学生说"吹着口号"；一位学生说"紧张不安"。"什么？紧张不安？在备课中没有在顶碗少年表演的第一次失败后找到这个词。是不是？是不是？"我的大脑飞速运转着。经过学生的回答，我知道这个词出自"少年沉着，不慌不忙的重复着刚才的动作，依旧是那么轻松优美，紧张不安的观众终于陶醉在他的表演中"这句中，顶碗少年的第二次表演刚刚开始。对，"紧张不安"就是观众第一次看表演后的心情。经过思考，我和同学们肯定了他的"紧张不安"，我也表扬了这个深入读书的孩子，同时我的一颗"紧张不安"的心也平静了下来。

他，可以用到联系上下文的方法阅读课文；他，可以把课文内容研读得更透彻；他，可以让我对顶碗少年有了比课伊始时更深刻地认识；他，可以让我们比任何时候更加认识自己、反思自己。

我在心里由衷地说了声："谢谢你，少年！"

喜欢这样的课堂

——听张祖庆《我盼春天的荠菜》一课有感

10月16日，有幸观摩了张祖庆老师执教的《我盼春天的荠菜》一课。张老师儒雅的教学风格，精湛的教学艺术，高超的教学智慧，自不待言。听张老师的课，如沐春风，受益匪浅，我有以下几点收获：第一，轻松愉悦——"和你们打听一些人，都姓张。张靓颖、张飞、张衡、张继……"从学生熟悉的、感兴趣的入手，让陌生的自己在学生心中逐渐熟悉："张学友，我也是他的'粉丝'！"幽默的语调，一下抓住了学生的心，拉近了教师与学生之间的距离，也为教学新课埋下了伏笔。第二，注重基础——课程改革不是虚空的，语文课堂是实实在在的，在这节课上体现得最明显。第三，充满真挚情感——有位著名的特级教师曾经谈到语文课堂要讲求"度"——广度、深度、温度。语文课堂是师生情感交融的场所，是心灵对话的舞台。在学识修养、生活阅历、文化背景方面，师生之间可能存在着高下之分，但在心灵、情感、人格、尊严等方面是完全平等的。在课堂上，教师应当用真情去呵护学生幼小的心灵，用真爱去赏识学生的进步，用真心去唤醒学生的潜能。简言之，教师要努力构建溢满亲情的语文课堂。在学生读课文的时候，教师适时掀起学生情感的高潮："是呀，只要有盼望，生活就会无比美好""是呀，有时候苦难也是一份财富""你的话让我想起雪莱的一句话——如果冬天到了，春天还会远吗""是呀，只要想起荠菜，我们的生活就会充满希望"。是呀，在希望中，在教师的熏陶中，学生体会到了文中情感的对白，感悟到了深深的情意。

张老师在课上注重了学生的语文基础知识的教学：第一，读课文，边读边圈圈画画，养成良好的语文阅读习惯；第二，读"薄雾""羊圈""呛"，把呛带入句子中"冰冷的河水呛得我透不过气来"，"掰"的书写和默写、课文中厨什么？掰玉米怎么厨、掰饼怎么掰？用你的手来厨一掰；第三，读描写食物的词。张老师的课让学生感觉到语文就是要从基础知识入手，让我们感觉到语文课堂就是实实在在的，为后面的教学打下了坚实的基础，体现了名师的大家风范。

语文课堂要讲求真实、朴实、扎实，这是人们对课程改革的呼唤。在课堂上，学生学到了真实的东西，受到了情感的熏陶，他们喜欢这样的课堂。一位教育专家说过："可以追求的艺术，不是艺术；可以追求的艺术，不成艺术。"当一个教师的学、识、情、才等齐备之时，才是教学艺术臻于成熟之日。张老师用他的实际行动展示了一个大家的风范。

我们喜欢这样的课堂！我们呼唤这样的课堂！

柳暗花明又一村
——读写结合体会深

五年级第十册教材中的《义犬复仇》是一篇真实感人的文章。文章用充满激情的语言，讲述了训练有素的军犬文尔内舍身为主人报仇的事，赞扬了文尔内对主人无限忠诚的好品质，也表达了作者对军犬的高度评价。如何在学习本课时，让学生更深的体会作者所要表达的情感？我抓住了一个写作的契机，让学生心中的情感一吐为快。

师：文尔内为主人复仇了，我把它葬在主人的身旁，让他永远守卫着自己的主人，看！那白桦树旁，一高一矮两个墓碑就是文耳内和他的主人。同学们，此时如果让你在文尔内的墓碑上题词，你会写些什么？

在学生写之前出示主席题词做示范指导：毛主席为刘胡兰题词"生的伟大，死的光荣"；为小学生题词"好好学习，天天向上"。学生写出了这样的碑文"矢志不渝，立志永不改变"或"真诚勇敢"。当时感觉很满意。

在听年级组一位老教师讲授此环节时，她做了这样的指导："同学们可以用一两个词或一两句话，或一首小诗来赞颂文尔内吗？结果非常喜人：有的写出了顺口溜、有的编出一首精美的小诗，当时我就想："自己班学生可以吗？"于是，听完课的课间，赶快利用早操后的十分钟，在班上使用了此方法。果然，班上的学生也写出了语句精彩的碑文：

（1）明日复明日，明日何其多。今日复仇了，安心归途去。

（2）你是一名军人，你是一名爱主人的军犬，你是一名很好的军犬。

（3）八年的时间，八年的等待。一只小小的军犬，终于为主人报仇。

（4）义犬忠贞堪称奇，矢志不渝终如一。大仇以报死无憾，保家卫国志不移。

（5）山高路远坑深，大军纵横驰奔。谁敢堪称义犬，为我文尔内。

（6）明日复明日，只等报仇时。今日把仇报，永伴主身边。

（7）小义犬，文耳内。机智勇敢数第一，维护和平献生命。它是一名好战士。

（8）猎犬文尔内，重情又中义。浑身都使胆，来把恶人惩。

（9）天天盼，日日盼，时时盼，直待报仇时。大仇以报，我心安矣。

（10）八年里，你奋力寻找仇人。八年后，你为主人报了仇。义犬，我们的骄傲，我们的自豪。

（11）斗智斗勇，立志永不变。

（12）山高路远坑深，大军纵横驰奔，谁敢护我主人，为我文尔内。

（13）自古英雄文尔内，为国受了重枪击。爱恨情仇讲分明，千等万等复仇日。

（14）四颗心：对动物有爱心，对训练有耐心。对主人有中心，对敌人有恨心。

真是不一样的方法培养不一样的学生，放开学生的思维，天空会在学生的心中更广阔。可见：学生会在这段练笔中，把作者蕴含在语句中的情感理解得淋漓尽致。一读、一写、一比较，又让我在读写结合的领域里有了"柳暗花明又一村"的感觉。

撒向哪里都是爱

——参加李淑环老师教学思想研讨会的反思

1月20日，参加了大兴区教育委员会、大兴区教师进修学校、大兴区第二小学共同承办的"李淑环老师教学思想研讨会"，有一些感想，执笔如下：

（1）做生活的有心人

听到一位位李老师的现在所教学生的表白：授人以鱼，不如授人以渔。我想到了教育并不是一件功利性很强的事，成绩并不是一下子就可以见到。为什么有的老师到了退休真正做到桃李满天下？为什么一个小学教师能把不懂事的孩子教育到长大后回来看她？为什么？做生活的有心人，为了孩子的一切。简简单单的一张孩子一年级时的小试卷能保留到六年级时交给他，真的是一切为了孩子，我也暗自下了决心，同事们都说平日中，我已经很细心了，但是我感觉要细得有秩序。

（2）教学要有自己的特色

朴实、真实，是我从李老师的课上感受到的。积极向上、语文素养高，也是我从李老师的学生身上感受到的。得到这些，非一日之功。我现在所教的这间班级教室原来是李老师所教班级的教室，刚刚进入这间教室时，教室四周的墙壁上贴满了学生的作品，如手抄报、作文等，处处体现出李老师教学的细微、特色之处。直到现在还记得校长说过的一句话：做有自己特色的老师。是呀，人是要有性格的，是要有一技之长的。凭什么别人就可以"咬定青山不放松，立根原在破岩中。千磨万击还坚劲，任尔东西南北风"？我也可以吸取众家之长，谱写自己的特色篇章。

（3）活得要有意义

想到了一位老师，也是一个好朋友对我说过的一句话："一种日子，整天的无为，也是忙碌的一天；仔仔细细的面对也是忙碌的一天。"仔细一想正对。同时想起在电视剧《士兵突击》中，许三多常说的一句话："好好活就是有意义，有意义就是好好活。"

这次研讨会后，我想对李老师说，您生活中的每一天都是很有意义的。您看到了已经成长起来的学生，您看到了教学上的累累硕果，您看到了一颗颗向您投去的羡慕的心。我也想象您一样，拥有有意义的生活，拥有一批批优秀的学生，拥有一颗"爱"的心。爱生活、爱孩子、爱自己，撒向哪里都是爱。

零落成泥碾作尘，只有香如故……

我参与我幸福

——参加《综合实践高研班》学习感受

自参加高研班有几多感受，分享如下：

（1）高研班老师敬业、勤劳，让我心境有了变化

写一首小诗送给她：她如一枝百合花，圣洁而有淡淡的芳香；虽不浓烈，但沁人心脾。想起她，心中涌起一个词"敬业"。

每每来到教室外面，就会见到赵老师、马老师，这两位老师是为培训精心设计、费心安排的。想到自己也是教师队伍中的一员，看到她们对事业的追求，我从刚开始的认为没有时间参加变得尽力挤时间也来参加。

（2）脑中有了思考，理念有了变化

开始没有感觉对自己有什么帮助，只认为是综合实践、实践活动，就如同每次学校组织学生参加的设计方案，设计任务单，没有深入的设计学生的培养层次。学习几次以后，当我的案例得到了老师的精心指导后，特别是最后一次的外教亲身莅临课堂教学，我们亲身参与课堂，教授对教学困惑予以解答。我的脑中开始便一点点有了理解，有了思考：一单元，一个月，一个季度，甚至一个学期设计一个影响孩子深远发展能力的教学活动，这之间所有的教学方法、技能的训练等全部向着这个目标而行。也就是，现在我们的教学中总是有人问：学生上过你的课后，留给学生的除了知识还剩下什么？作为老师，我们也一直深深地问自己留给孩子的最终是什么。这样，我们的课要朝着这个方向去努力，也就形成了多个学科的整合。那么，在我们设计实践活动课的时候会贯穿一个总的概念。

（3）行动上更加坚定，一步一个脚印

学习是为了更好的实践。有了此次学习，我的课堂教学也会更加坚定的做到一步一个脚印。我是语文学科老师，在教学中要体现几方面：第一，用好文本。制定清晰的教学目的，教好语文方法，帮孩子掌握好语文的基础知识做好语文学科内的实践活动。第二，教育是唤醒。用有魅力的祖国语言去启发，唤醒学生的语言能力。做好语文与其他学科的一带一综合实践活动。第三，设计综合实践活动，融多学科为一，做好学生所学知识的多学科综合实践活动。

总之，一个活动有一个活动的总目标，所有学科为着同一个目的而设计、执行。

（4）要用理论武装自己

这虽然是一句很老的口头话了，却说得很实际，一味地闭门造车只会让老师的工作身心俱疲，还没有成就感。作为教师，要多多参加这种大视野、多学科融合的培训才能开拓视野，拯救自己的课堂，培养具有国际视野的学生，成为合格的老师。

第二部分　教学案例设计

从每一个学生去看课堂，从每一节课堂去看世界

《化石鱼》教学设计

一、指导思想与理论依据

教与学的策略是一种教学观念或原则，它和教学方法、步骤、教学模式同义，是为达到一定的教学目标而采取的一系列教学方式和行为。在这样的定义下，本节课的教学设计所体现的教与学的策略为：牢固树立以学生为学习主体的指导思想，尊重学生的认知规律、尊重学生已有的知识基础，并且力求在各个环节中体现出来。让学生能够"课内得法，课后用法"，举一反三，由此及彼。给学生创造学习情境，调动学生的主动性和积极性，打通语文与生活的联系，体现"大语文"思想。让学生在主动积极的思维和情感活动中，加深理解和体验，有所感悟和思考，受到情感熏陶，获得启迪，享受审美乐趣，提高学习的实效。

"阅读要尊重学生独特的体验和感受，不应以教师的分析来代替学生的阅读理解与感受。"在这样的理念下，本节课让学生在阅读文本的过程中，受到审美的熏陶，已达成自己独特的感受，从而乐读、会读、善读。在读中品味出语文与生活的关系，从而热爱生活，热爱母语。

二、教学背景分析

（一）教学内容分析

本单元汇集了四篇科普短文。《化石鱼》是其中的一篇。通过小金鱼和河公公的对话，介绍了一种化石，就是鱼类的祖先在特定的条件下形成的化石鱼。课文语言生动，引人入胜，内容充满童真童趣，把读者带入了充满童趣的世界。这是一篇从发展语言、发展思维入手的好课例。由于这篇课文内容浅显易懂，不用老师过多讲解分析。因此这节课我决定采用以读代讲的方法，让学生采用各种朗读方式，这样，不但学习了朗读的方法，还可以让他们在朗读中积累语言，理解文章内容，对科普产生浓厚兴趣，为今后学生朗读能力的提高打下了一个坚实的基础。同时也激发学生具有探索大自然奥秘的兴趣，保护化石的情感。

（二）学生情况分析

设计一堂课时，我们会考虑一些问题：学生对什么感兴趣？能不能全员参与到课堂中来？这堂课是不是一节实效性很高的语文课？能不能真正做到以本课为范本从而学好一系列的课？针对以上问题，我是这样思考的：这个年龄段的学生易于对科学探究性的文章产生兴趣，乐于参与其中。首先，在尊重教材的基础上，深入挖掘文本中的兴趣点。其次，结合教材的特点，对学生进行如何朗读课文的训练，提高学生学习语文的兴趣。最后，抓住教材中的语文训练点，在多样的听说读写活动中提高学生的语文能力。

（三）技术准备教具

多媒体课件、小金鱼和化石鱼的贴图。

三、教学目标及重、难点

（一）教学目标

1. 知道化石鱼是鱼类的祖先，产生探索自然界奥秘的兴趣。
2. 有感情地朗读课文。注意常用标点符号的用法。

（二）教学重点

有感情地朗读课文。

（三）教学难点

产生探索自然界奥秘的兴趣。

四、教学过程

（一）读单元导语，兴趣导入

1. 师：同学们，我们先来读一读单元导语。（齐读）

鱼成化石渡亿年，青蛙唱歌荡回声，

壁虎断尾来自救，蚯蚓妙招清垃圾，

蝌蚪着急找妈妈，云雀怀揣绿色梦。

科技环保小故事，我们一起来分享。

师：每读一句话，就仿佛走进了一个小故事。今天我们就一起走进第一个小故事。

[设计意图]导语中的每句话都是本单元课文的只要内容，一方面帮助学生积累语言，一方面帮助学生整体感知本单元课文主要内容。

2. 师：这节课继续学习《化石鱼》。

学生和老师书写课题，读课题。

（二）复习生字新词，感知课文内容

1. 听写下列词语

原来　祖先　答案　稀奇　一块　附近

（纠正听写，过程中随机了解文章的内容并指导易错的字）

2. 多种方法理解词语的意思

（1）出示句子"一条小金鱼在它附近游来游去，越看越觉得稀奇。"（学生读）

师："它"是谁？小金鱼在谁的附近游来游去？

生：小金鱼在化石鱼的附近游来游去。

师：（出示小金鱼）谁帮老师把小金鱼贴在黑板上？你认为贴在什么位置？（学生到黑板前贴小金鱼）

师：一边在化石鱼的周围移动小金鱼一边问贴这里行不行，随着学生的回答及时用语言肯定，如"对，靠近化石鱼的地方，也就是化石鱼的四周围

就是化石鱼的附近。"

（2）请你用"附近"说一句话。

例：我家附近有一个公园。（哪的附近有什么）

我家就在学校的附近。（谁在谁的附近）

[设计意图]通过贴图、说句子，结合生活实际理解词语的意思，使学生学会用多种方法理解词语的意思。

3.师：小金鱼和这条化石鱼之间到底反生了怎样的故事呢？请你读一读课文，回忆一下吧！

填空概括：一条小金鱼发现河里的一块岩石上有一条（化石鱼），以为是（假鱼），听了河公公的话后，它知道了化石鱼原来是它的（祖先）。

（三）以读代讲，精读品味

1.品读2—5自然段

师：小金鱼在化石鱼的附近游来游去，它在想些什么呢？它又是怎么说的呢？

（1）出示自学导航：默读课文2—5自然段，用波浪线画出小金鱼说的话。注意：默读课文的要求：做到不出声，不指读。

（2）分享学生的汇报并相机出示小金鱼的话：

汇报：①小金鱼两次问话的句子谁找到了？写化石鱼的句子呢？

"你是谁呀？为什么不和我一起游？"（好奇）

化石鱼的尾巴一下也不摆，眼睛一下也不动。

"你是谁呀？叫什么名字？"（更加好奇）

化石鱼的嘴巴一下也不张。

②一起来读一遍。

③谁自己来读一读小金鱼是怎么问的？（如果学生读不出来老师就进行范读，问学生：老师读的和那位同学有什么不一样？）你从他的朗读中听出了什么？（不要深究，读出好奇的语气即可）

④小金鱼一个劲的问，化石鱼是怎样的？谁来读一读？它的尾巴一下

也不摆，我把它概括成：尾不摆（板书），它还有什么特点，谁来学着老师的样子概括？（板书：眼不动、嘴不张）表扬：你也能概括得这样好，真了不起！

⑤（渗透表演化石鱼）我们一起来读一读化石鱼是什么样子的，齐读：尾不摆、眼不动、嘴不张。你能把化石鱼的样子表演出来吗？（一动不动像个木头人）

⑥师：无论小金鱼怎样问，化石鱼就是一动不动。找两个人分角色朗读这段话：一个人当小金鱼来问，另一个人来旁白，再请一位同学来扮演化石鱼。

师：看到化石鱼一动不动，小金鱼心里有了答案，它说：（生齐读）"哈哈！我知道啦，原来是一条假鱼。"

师：小金鱼说这句话时的心情是怎样的？（生答高兴），再一起高兴的读一遍。

师：小金鱼的答案是对的吗？那真的是一条假鱼吗？（板书：假鱼？）

师：不是，是谁告诉了小金鱼正确的答案。

2. 品读河公公说的话

（1）出示要求：用波浪线画出河公公说的话，然后读一读。

（2）出示河公公的话：你觉得应该用怎样的语气读？（生答老爷爷）

①"小金鱼，你弄错了。它不是假鱼，是真鱼。它是你最老最老的爷爷。"

②河公公笑着说："你爷爷的爷爷又是谁？就是这条化石鱼，到现在已经有四亿多年了。"

师：原来，它不是假鱼，而是一条化石鱼，距现在已经有四亿年了！板书：四亿。

（3）理解"亿"

师：别看"亿"笔画少，它表示的数字可大啦，我们一起来写一写这个数字：400000000，有什么感觉？说明这条鱼太大啦，是小金鱼的祖先。（板书"祖先"）

[设计意图]朗读的指导一方面抓住了学生的好奇的心理，利用评价语引导学生，另一方面联系学生实际生活中的"朋友""爷爷"等理解体会学习朗读。通过汉字"亿"和所表示的数字进行对比强调，使学生理解化石鱼是小金鱼的祖先，距离我们很长时间了。

（四）创设情境，分角色朗读

师：现在小金鱼终于明白了，原来化石鱼是它的祖先！这个故事很有趣，我们再来分角色朗读一下全文吧！（和老师交流一下分组，4人一组，你喜欢哪个角色就选哪个角色）

1. 分小组练习

小金鱼、河公公、旁白、化石鱼表演者。（演好化石鱼很不简单，看谁敢挑战）

2. 班内展示

师：这么多同学都想展示，这样，选一名同学读小金鱼说的话、一名同学读河公公说的话、一名同学读旁白，其他同学都来表演化石鱼。

3. 评价

自评、互评、师评。

（五）拓展阅读，对比感悟

师：同学们，小金鱼不可能回到四亿年前看看自己的祖先长什么样，但是今天它却通过这块化石看到了四亿年前的祖先，可见化石对于研究很久以前的事物是多么珍贵的资料啊！你还从什么地方，看见过其他的化石吗？

1. 引出文章《活化石》

师：值得庆幸的是，一些古老的生物克服了重重磨难，顽强地生活到现在，它们就成了特殊的化石，科学家称之为"活化石"。

2. 出示自学导航

（1）自由朗读《活化石》这篇文章，画出你喜欢的句子背一背。

（2）同桌交流，口头填空。

课题	相同点	不同点
化石鱼		
活化石		

3.总结

被称为活化石的这些动植物是幸运的，它们克服了重重磨难，顽强的生活到现在。然而，还有很多很多的动物、植物在人们对自然界过度开发下，没有留下任何痕迹就灭绝了。大家看，这是位于北京的世界灭绝动物墓地，同学们祭奠的并不是人类中逝去的成员，而是近百年来在地球上灭绝的动物朋友。那一块块倒下的墓碑，多么像被推倒的多米诺骨牌，据推断，如果一直这样下去，那最后一块墓碑将是留给人类的。看到这儿，你有什么感想吗？

师：对，大家保护动物的决心就像是一只有力的大手，一定能阻止动物灭绝的脚步！（让悲剧不再重演，爱护地球，保护动物。）

[设计意图]通过两篇文章的对比阅读，让学生感受到化石的重要价值，感受到大自然的美好，从自身心里、行动上去保护动物、爱护环境。

（六）推荐阅读

师：化石鱼的故事让我们了解了化石，如果你对化石感兴趣，或者还想了解更多化石的故事，老师向你推荐一本书——《藏在石头里的恐龙》，课下可以读一读。

[设计意图]以一篇文章带动一个想法：去了解大自然的奇妙，去了解化石的奥妙；引发一个行动：去阅读一类书籍，去向人们宣传一个理念。从文章中走到生活中去。

（七）学习效果评价

1.利用《大兴区朗读评价手册》进行朗读的评价。

2.听写词语。

3.读书分享。

（八）此教学设计与以往教学设计相比的特点

1. 课上注重了朗读方法的指导

首先联系生活实际，让学生会读。例如：文中的河公公离孩子生活中的爷爷比较近，我就抓住了这点进行训练朗读，收到了很好的效果；其次，抽象数字形象化，让学生明白。例如："四亿多年"这个数字比较抽象，我把它写成了让学生容易明白的阿拉伯数字，学生很容易理解到这个数的大小，朗读起来就很到位了。最后，创设情境，让学生入境。让学生学习课文时，把自己当成文中的角色，入情入境，学生对文本也很感兴趣，朗读起来也很有技巧了。

2. 抓住了学生的兴趣点

在教学中，我知道孩子们喜欢文本中的小角色，于是让孩子们采用多种朗读方式，替换文中的角色。引起学生全员参与的兴趣。收到了高效的课堂效果。

3. 评价到位、及时，有启发性

在教学中，评价语言应及时、肯定而富有启发性。例如："我请附近的孩子到前面贴小金鱼的图"，学生一下就明白了"附近"一词的意思，省去了过多的讲解。"我看出你这条小金鱼可真是高兴呀！"等评价语，也是学生课堂学习中的导航。

4. 对比阅读，感悟深刻

在教学中，增加了拓展阅读文章，不是简单的一份资料。学生通过交流、讨论、分享等学习活动了解了化石、活化石，懂得保护动物，保护大自然。也开阔了阅读视野，积累了语言材料。

《童趣》教学设计

（群文阅读）

一、指导思想与理论依据

语文课程致力于培养学生的语言文字运用能力，提升学生的综合素养，为学好其他课程打下基础。语文课程应引导学生丰富语言积累，培养语感，发展思维，初步掌握学习语文的方法。授课学生为一年级，该学段学生特点是活泼好动，喜欢新鲜事物，喜欢色彩鲜艳的图画，喜欢听故事。因此本课设计中不仅让学生会读、会背这三首诗，还要让孩子们知道古诗就是一个个身边的小故事，会将自己的想象用完整的语言讲一讲，感受到古诗就在自己身边，就是记录自己身边的小朋友做的有意思的事情。因此，在《池上》的基础上增加《小儿垂钓》和《所见》两首同样描写童趣的古诗让学生诵读，让学生感受到古诗就是记录自己生活的，同样也感受到"一诗一画一故事"，激发学生学习、积累、诵读古诗的兴趣，也为今后的语言积累与运用打下基础。

二、教学背景分析

（一）教学内容分析

本课教学内容是以部编版语文一年级下册课文第12课第一首古诗《池上》为引，《小儿垂钓》《所见》两首古诗为辅。这三首诗是一组诗文内容浅显画面生动有趣的古诗。古诗中有景有色，细致逼真，富有情趣。故事中的小主人公天真幼稚，活泼可爱。教学对象是一年级的小学生，也处在同样的年龄阶段。课标要求低学段学生在学习古诗时，不需要完全理解古诗中的每一个词语，只要求能够正确朗读并背诵，能够整体体会诗歌情境，能够想象诗歌画面，获得初步情感体验，感受学习古诗的趣味。

（二）学生情况分析

一年级学生活泼好动，喜欢新鲜事物，喜欢富有色彩的图画，喜欢听故事。学习经验刚刚开始储存，虽然离古诗文本中的主人公距离很远，但通过画面，可以与实际生活产生联系，学生们可以和诗中的主人公共识、共享、共趣。

三、教学方式

诵读、赏画面、讲故事、背古诗。

四、教学手段

诵赏讲背。

五、技术准备

多媒体课件。

六、教学目标

1.能够认识古诗中"首、踪、迹、浮、萍"5个字。

2.能够朗读古诗，背诵古诗。

3.能够感受到每一首诗就是一幅画，也是一个故事。

七、教学过程

（一）复习古诗，导入新课

1.古诗诵读大比拼

看看谁会背的古诗多？

师：每个小朋友都背了这么多古诗，很了不起！每一首古诗都是一个故事，你们已经储存了很多故事了。

[设计意图]激发兴趣，为学习此课做好心理准备。

2. 依图猜古诗

出示《静夜思》《寻隐者不遇》《村居》三幅图，让学生猜一猜是哪首诗，并说出依据。随着学生的回答出示古诗并诵读。

师：一首诗就是一个故事，也是一幅画。（板书：诗　画　故事）让我们边想象诗中的故事边诵读。

[设计意图]体会一诗一幅画，也为看图理解古诗、讲故事做准备。让学生学会依据古诗中的关键词观察关键事物。

（二）认读古诗

过渡：喜欢游戏是我们的天性，小朋友喜欢在春天游戏放风筝，那么我们还去了哪里呢？

1. 出示古诗《池上》《所见》《小儿垂钓》

师：①现在自由朗读这三首诗，不认识的字借助拼音读两遍，读准字音。

②现在，同桌之间相互读一读，仔细听一听他的读音是不是正确的。（学生同桌互读）

③我听到同学们都读得很棒，那么谁想来给大家展示一下你的成果？（学生个人读）

2. 认读词语

踪迹　不解藏踪迹

浮萍　浮萍一道开（出示图片，帮助理解）

牧童　樾　忽然　垂钓　垂纶　莓苔　借问

学生自己读一读，开火车读。带入古诗中再来读一读。

3. 学生齐读

[设计意图]学生随文识字，通过朗读获得对古诗的初步整体感知，并读准字音。学生通过多次诵读，读准字音，个人展示作为反馈，齐读满足学生的展示欲望。

（三）品读古诗

师：一诗一幅画，想不想看看这首古诗展现的是怎样的一幅画？

出示《池上》图，老师讲故事，指导大家一起诵读这首诗。

[设计意图]图画可以帮助学生理解古诗，可以激发学生学习古诗的兴趣。

师：每首诗都绘有一幅画，每首诗都是一个故事。

1. 故事欣赏

在南方水乡，有个可爱的小孩子，他经常撑着小木船到荷塘里去玩儿。有一天，他又去荷塘了。发现荷花都开了，红的、白的、粉的……真美呀！白荷花的花瓣就像丝绸做的一样，他太喜欢了，就悄悄地采了几朵。他知道这样做是要被大人批评的，怕被别人发现。可是他不懂得掩藏痕迹，其实他也掩藏不了。只见小船冲开水面上的浮萍，留下了一条长长的水波纹。于是人们发现啦，船上有个调皮的孩子，还有几朵白荷花呢！这情景正好被大诗人白居易看见了，他觉得真有趣，就写下了这首小诗，取名《池上》。多有趣呀，猜一猜当时的白居易是怎样读着这首诗呢？

2. 指导学生诵读、展示读

（四）赏读古诗

1. 出示《小儿垂钓》《所见》古诗图

师：请你猜一猜图上所表现的是哪首古诗？

（有了前面的基础，学生一猜就会知道，作为奖励，出示古诗让学生读）

2. 猜想诗人会怎样诵读这两首诗

指导学生诵读。

师：有了画面、通过自己的想象就会有吸引大家的小故事。（板书：想象）请你在这两首诗中选一首，编个小故事，讲给同桌听一听。

在班上展示讲。

[设计意图]拉近古诗与学生生活的联系，基于一年级小学生的年龄特

点，编故事、讲故事，让学生逐渐喜欢学习古诗，认为学习古诗并不难。

（五）享受古诗

1. 背诵古诗训练

师：你背下来的古诗，想回家背给谁听一听？

生：背（老师扮演不同的角色，听学生背古诗）

（妈妈）怎么是小船，那么大怎么开？（奶奶）听不见，大点声！什么所见？……

[设计意图]这是一次锻炼口语交际的机会，也可以看出学生有没有掌握关键性的词语。

2. 实践机会

回家把古诗背给家长听。

（六）板书设计

古诗三首

诗　故事　想象

八、学习效果评价设计

（一）评价方式

1. 诵读

可以正确地读古诗，可以有情感地诵读古诗。（课上检查）

2. 能够认读要求会认的词语

踪迹　不解藏踪迹

浮萍　浮萍一道开

牧童　樾　忽然　垂钓　垂纶　莓苔　借问

3. 借助图画理解关键词

（二）评价量规

会讲故事，爱诵古诗。

九、本教学设计与以往或其他教学设计相比的特点

1. 在教学中，注重学生对于古诗的整体感知，让学生对于古诗情境产生联想与想象，体会到古诗的情趣。

2. 借古诗的文本素材训练学生的观察、思维、语言运用与表达能力。

3. 在古诗中，"浮萍"一词是学生比较难以理解的，需要在词语中配图来说明，即对于一些关键词语的理解与把握能够借助图画桥面的完成。

4. 以激趣为主，拉近古诗与生活的距离，体现"一诗一画一故事"。符合低段学生的年龄与心理特点。

《一个_____的人》教学设计①

第1课时　习作指导课

设计思路：这是一次半命题作文，要求通过一两件事表现一个人某一方面的品质特点，并注意描写人物的语言、动作或神态。

一、教学目标

1.写人的习作练习，写"一个_____的人"。

2.学习用一两件典型事例反映人物特点或品质的写作方法。

二、教学重、难点

教学重点：用一两个典型事例反映人物特点或品质。

教学难点：注意有侧重地描写反映人物特点的动作、语言，神态、心理活动等。

三、教学过程

（一）谈话激趣，揭题、选材

1.课前谈话：同学们，今天老师想在课上和大家聊一聊我们身边的人。

（板书：人）

师：一提到这个字，你想到了哪一个人（板书：一个）？说一说。

（提倡人物多样化：朋友、小伙伴、爸爸、妈妈、邻居……）

2.师：为什么一下就想到了他们？用简单的话语或词语说一说。

---

① 写人作文教案：选自北京市义务教育课程改革实验教材第十册第二单元。

（这里提倡创新）

3.预设：学生可能说勇敢、勤劳、热心、大公无私……

（教师适当增加板书：一个（勤劳）的人……）

（二）交流材料，拓展思路

1.师：假如我是一名记者，你是他身边的朋友，我去采访你。你能用简单的话说出你朋友的一两件事，让我了解到他的品质或特点吗？

2.教师采访，交流素材，力求创新。

学生交流自己的意见和理由，老师一边采访一边指导学生选用的事例是否典型。

（引导板书：典型事例）

（三）写法指导

1.回顾

师：这一单元有4篇写人的文章，其中每一件事是通过什么方法把人物品质、特点介绍清楚的？

引导学生总结出：有的侧重写人物的语言，有的侧重写人物的动作、神态等。

（板书随机记录）

2.精确指导

（1）告诉学生这几个要素是写人文章的基本写作方法，文章中要选用合适的方法，有侧重点地选用以上方法把自己身边的人介绍给别人。

（2）可以用不同的人称介绍。

（3）如果是两件事要有主次之分。

（四）学生现场写作，教师巡视。

（五）交流学生写的段落，教师再次进行写法的指导。

（六）课上没有写完的，课下及时完成。

第2课时　习作讲评课

一、激趣导入

先读一个小的精彩段落，激发学生的交流兴趣。

师：通过上节课的练习，我们都有了自己的作品，下面我们就共同欣赏。

二、推荐一篇优秀文章进行批注

1. 大屏幕出示下水文

2. 老师和学生一同批注

（1）词句感受。

（2）修辞的妙用。

（3）布局谋算的妙处。

[设计意图]老师和学生一起批注、评价是在让学生学会评价，学会评价的学生也会按评价的要求整理自己的作品。

三、同学评价

1. 同桌评价

同桌互相欣赏习作、批注，写下自己的评语。

2. 小组评价，推荐优秀作品上交班级进行评价，要说明理由

四、班级优秀作品评析

班级集体评价。

（评价要求始终统一）

五、根据优秀作品，学生自己修改习作

六、重温写人文章的方法
在人物的特点上，语言、动作、心理活动等着重一方面。

七、班级学生作品结集问世
附下水文：

一个高大的人

放学了，老师把我留下，说："周强，你知道王洪全和徐小宇家吗？"我立即说："知道。"老师又说："下班后，我到你们三家去访问，你给我领路，好吗？"我小声说："行。"

老师开会去了，叫我在教室里做作业。我心里像十五个水桶打水——七上八下的。我是个调皮的学生，上次打了架，老师要到我家去，我哭着说："下次一定改，老师别去了。"因为我怕爸爸打我。今天老师要家访，我脑袋还没转过弯来，随口就说了个"行"。现在一想，老师如果"告状"，我不又要"皮肉受苦"了吗？我作业也做不下去了，可是又不敢走。5点，老师回来了，我硬着头皮陪老师去家访。

"头一站"就是我家。我一进门就喊："妈，我们老师来了！"妈妈笑着走出门，把老师让到西屋，我像等待处罚似的站在一旁。老师叫我坐下，她和妈妈谈了一会儿家常，就转到正题上了，我感到忐忑不安。可老师先说我学习很好，几次测验，成绩都是优等；又说我热情、懂事，缺点嘛，就是好说好动，有时带来不好的影响；最后，老师还让家长注意我的视力。妈妈听了很高兴。这时，我心头的一块石头才落了地，心想，今天的苕帚不会在屁股上"跳舞"了！

从我家出来，天已大黑了，北风"嗖嗖"地刮着。我们顺着大路一直往南走，足有二里地，才到城边的徐小宇家。徐小宇的妈妈说："我们刚搬家，这么远，老师还特地来走访。您刚接这个班，就两次到我家，真是太关心我们了。我们一定要协助老师教育好孩子。"

　　从徐小宇家出来，风吹在脸上，像刀子刮一样，路还不好走。坑坑洼洼的，老师险些跌倒。我扶着老师，到了王洪全家。他们刚吃完饭，一家人正准备看电视。老师到了，他们又拿糖，又倒茶。在欢快的气氛中，张老师向家长介绍了王洪全最近的情况。他爸爸给我们讲了他自己念书时的事："那时老师拿带眼的板子打手，手肿起老高。哪像现在的老师，不辞辛苦……"

　　这时我看见王洪全的眼泪像断了线的珠子，直往下掉，这是感激的泪吧？将近8点了，我们才从王洪全家出来。在微弱的路灯下，我觉得老师的身影是那样高大……

《植物之魂》教学设计

（群文阅读）

一、指导思想与理论依据

《义务教育语文课程标准（2011年版）》明确指出："语文课程的基本理念是积极倡导自主、合作、探究的学习方式。""学生是学习的主体。"在本课设计中，我把课堂交给学生，让学生通过运用从单元文本中学习及已经具备的阅读方法自读、自悟、自主学习并展示自己的学习成果，让学生尽情地展示、分享学习体会和积累所得，使学生真正成为学习的主人。在学生交流、分享的过程中，语言组织能力、思维能力及学习母语的自信都会有更多的发展。

二、教学背景分析

（一）教学内容分析

1. 本单元是北京版六年级第七单元的课文。有状物抒情文章《井》《天窗》，借物喻人文章《白杨》，借物喻理文章《野菊花》。三篇文章题材相近，作者不同。文章通过对物的描写抒发了对劳动创造，对美好愿望的赞美，对有着与物相同特征的人的赞美。本课所自主阅读的三篇文章是《仙人掌》《落花生》《丑菊》，与本单元文章题材相同。

2. 该课是单元整体课程设置阅读课的归纳提升，准备工作从单元的第一节课开始，贯穿整个单元教学的全过程，其隐形的过程比较长。

（二）学生情况分析

六年级的学生将要迈入七年级的大门，已经具备了一定的阅读、分析、自主学习能力。但是，将学到的能力整理、综合运用并分享的能力还是需要继续学习的。精读课上习得的阅读等语文学习方法要在充分自主阅读的课中得以练习，加以提高。再次让学生蹦出思维的火花，得以提高语文学科素养。

三、教学目标

1. 浏览课文，通过揣摩语言，体会文章表达的思想感情。
2. 掌握本单元文章的写作方法（状物抒情、借物喻人、借物喻理）

四、教学重、难点

1. 教学重点：通过揣摩语言，体会文章表达的思想感情。
2. 教学难点：浏览三篇文章，体会相同点及不同点。

五、教学过程

（一）激趣导入，展植物魅力

1. 出示导语

莲花——出淤泥而不染，濯清涟而不妖。

梅花——愈是寒冷，愈是风欺雪压，花开得愈精神，愈秀气。

松柏——大雪压青松，青松挺且直。

小草——野火烧不尽，春风吹又生。

老黄牛——老牛亦解韶光贵，不待扬鞭自奋蹄。

竹子——霜雪满庭除，洒然照新绿。

（用各种不同的方式读，能背下来更好。）

2. 出示图片（菊花、蜜蜂、梅花、松树、柳树、莲花图片）

师：看到图片上的景物，使我想到了描写它们的古诗有哪些？

《菊花》《蜂》《墨梅》《小松》《咏柳》《爱莲说》《小池》……

（回忆起古诗，大家一起背一背）

[设计意图]出示植物的图片和相应的名言警句以及描写植物的古诗，让学生充分体会到植物形神统一的特点，让学生初步体会到不同的文体，不同的形式可以表达相同的情感，也为学生理解文本内容做准备。同时，让学生积累更多的语言材料。

（二）回顾单元，再品文章特点

1. 引导学生回顾第七单元学习的写作方法

状物抒情——《井》《天窗》　　　　　借物喻人——《白杨》

借物喻理——《野菊花》

2. 小结

总结以上文章表达的思想感情。

[设计意图]再次回顾本单元文章中的写作方法、作者表达的情感，激发学生自主阅读的欲望，教会学生下一步自主阅读的方法。

（三）自主阅读，分析精湛语言

1. 阅读《仙人掌》《落花生》《丑菊》，出示自学导航。

（1）概括文章主要内容。（可以用导图简单说明）

（2）浏览文章，填写表格：找出三篇文章的共同点和不同点。（表格在课件中不出现）

课文标题	课文题材	篇章结构	写作方法	修辞方法
落花生				
仙人掌				
丑　菊				

（3）画出文章中让你印象最深刻的语句，并加上自己的理解读一读。

2. 学生自主阅读，教师巡视指导。

3. 小组交流。（边交流，教师边指导）

4. 指派代表全班汇报。（从五方面进行）

5.积累三篇课文中的语句。

[设计意图]自主学习让学生学会阅读方法，能够举一反三运用阅读方法；小组发言又让每个学生都能在小组中有发言的机会，有学习的机会；班级汇报，教师及时的指导为学生梳理、整理信息提供了帮助。通过这样的对比阅读、自主阅读，学生在比较之间更加清晰地理解以物喻人类文章的特点，为习作做好准备。

6.欣赏歌曲《小白杨》并谈感受。

[设计意图]再一次感受表达相同的情感可以用到不同的文体，感受到母语的魅力。

（四）课后作业（二选一）

1.课下搜集阅读有关"状物抒情、借物喻人、借物喻理"的文章，小组内交流。

2.运用这种写作方法完成一篇习作，题目自拟。

（五）板书设计

第七单元　自主阅读课

状物抒情

借物喻人

借物喻理

六、学习效果评价设计

1.指定课文内容，让学生有感情的朗读。

2.在本单元的习作中，让学生学习写以物喻人的文章。

七、本次教学设计的特点

1.本节课更加强调学生的主体地位，更加侧重于学生自主阅读、自我发现与交流，为学生创造和谐、自主、乐学的氛围。

2. 本节课注重对学习方法的运用，注重将学生实际生活与作者情感结合在一起。

3. 本节课在教学目标完成的同时，注重对学生进行不同文章体裁的熏陶，使学生感受到汉语言的魅力。

编写童话故事教学设计

（习作指导）

一、指导思想与理论依据

语文特级教师丁有宽曾说："读写结合，相得益彰。读写分离，两败俱伤。"可见阅读与写作的关系十分密切。以读带写，以写促读，读中学写，读写结合。"读是吸收，写是倾吐"，课上课下只有巧妙做到"读写结合"，并使两者相得益彰，才能提升学生语用的能力，提高学生语文素养。

二、教学背景分析

（一）教学内容分析

本课是在童话故事大单元教学设计的理念支持下进行的。本单元"先走进童话感受童话的特点，后欣赏精美故事感受童话的魅力；边阅读作品，边尝试编写童话片段；再从读写内容上联想，写作方法上迁移运用创作童话"的方法。在阅读中，把童话主题作为一个系列连续活动来进行，奉行"读是吸收，写是倾吐"的理念，同时关注学生已有认知，达到学习童话故事，会创编、创演童话故事目的，提高学生的语用能力。本课内容是继开设人教版教材三年级下册第五单元课文《七颗钻石》这一童话故事，自编主题童话单元中开设的《编写童话》一课。

（二）学生情况分析

此学段的学生学习习作刚半个学期，此时是学生习作养成良好习惯的重要时期。学生的写作技巧及写作兴趣和自信心都还在起始阶段。本单元整体设计童话故事的对比阅读，和学生生活实际相结合的童话故事的拓展阅读，也是为了降低学生写作起始阶段的难度，利用学生十分感兴趣的童话故事，培养学生的写作兴趣和自信心，让学生们愿意写、有的写、会写。

三、教学目标

会写一篇简单的、情节完整的童话故事。

四、教学重、难点

会写一篇简单的、情节完整的童话故事。

五、教学过程

（一）回顾整体，忆童话

1.师：今天让我们继续走进童话单元，感受童话的魅力。

读单元导语：

童话，帮你插上想象的翅膀，享受快乐的童年时光。

拥有钻石般心灵的小姑娘，

能正视自己的小蝴蝶花，

勇敢的笋芽儿，

善良的快乐王子，

可爱的小牛……

这里有生命的真谛、人情的冷暖、珍贵的亲情。

它闪耀着人生的情、善、美，滋润着每一颗充满童真的心灵，伴随着我们不断成长。

2.师：我们先来回忆几个以前学过的童话故事。

看主题图，猜童话故事。

[设计意图]通过单元导语的诵读，可以体会到童话故事的内涵思想，通过猜主题图的方法吸引学生的注意力，把学生的思维一下就吸纳到本单元的童话故事里，从而为体会童话故事的特点服务。

（二）总结特点，谈童话

师：同学们，你们也来说说你读过的童话故事，从中获得了什么道理？

师：你们读过的童话故事可真不少。我们想一想，这些童话故事有什么共同特点？

1. "一切的一切都是人"，采用拟人的手法，把物当作人来写。

2. "不受时间、空间限制"，想象丰富、大胆、有趣、神奇。

3. 蕴含一个道理，总有个美好的结局。

4. 有完整的故事情节（起因、经过、结果）。

5. 语言上多夸张、对比。

边总结特点，边出示例文《蜗牛搬家》，用文中的例句验证。

[设计意图]每生发一份例文材料，边阅读边体会童话故事的特点。

（三）写作准备，想童话

师：如果我们来写一篇从哪些方面入手呢？板书：写作过程

1. 首先想什么？

想人物——故事的主人公。

动物类、植物类、物品类、风景类……（出示一些素材）

2. 接下来想什么？

想内容——故事的主要内容。

过生日、运动会、找食物、比赛……

3. 拟题目

（   ）和（   ）   （   ）的（   ） （   ）干什么……

4. 大胆想象过程

（1）几个人物之间会发生什么事？

争吵、受伤、过生日、运动会、实现愿望……

（2）故事发生的时间、地点，以及事情的起因、经过、结果。

（3）在故事的发展过程中，他们会想些什么？说些什么？做些什么？

（4）通过故事告诉大家什么道理？

互相帮助、不怕困难、节约环保、懂得分享……

5.可以运用一些写作方法

（板书：语言描写、动作描写、心理描写、修饰词）

师小结：回忆一下我们的编写过程：想人物—想内容—拟题目—大胆想象过程

（四）酝酿情感，写童话

师：想好了吗？那就让我们拿起笔，展开你想象的翅膀，走进我们自己的童话世界吧！看看谁编写的童话最合理、最生动、最吸引人，谁就将成为咱们班的"童话大王"！

1.习作训练场（15分钟）

2.部分习作展示（没有写完可以说思路）

（1）情节完整：有起因、经过、结果。

（2）有主要人物，能说明道理。

（3）修饰词语。

（五）总结提升

师：没有完成的同学回去把它写完并修改，讲评课后我们将整理、装订成咱们班的"童话故事集"。

师：刚刚一起走进了我们自己的童话世界。让我们感受到了珍贵的亲情，可贵的友情，闪耀着人生的真、善、美，滋润着我们每一颗充满童真的心灵，让童话伴随我们不断成长。

（六）板书设计

编写童话　起因—经过（大胆想象）—结果（美好结局）

想人物　神奇　反复	语言描写
想内容	动作描写
拟题目	心理描写
想过程	形容词　修饰词

六、学习效果评价设计

1. 编写完整的童话故事。

2. 会用完整情节、人物、道理，大胆想象等要素点评习作。

3. 能够合理修改自己的习作。

4. 编写班级故事集。

5. 讲故事。

七、本次教学设计的特点

1. 本节课充分发挥学生的主体。无论是整体回顾，还是自主创作，习作点评，全部放手让学生去完成，成为课堂中的主宰。

2. 课堂中紧紧抓住学生写作初期的习作恐慌，利用"教""扶""放"的学习规律帮助学生走好第一步。

3. 本课从单元整体教学的思路为出发点进行设计，使语文学科知识与学生的思维发展能够很好地融合，便于学生阅读、理解、习作，以提升语用能力。

《大自然的礼物》教学设计

（单元导读课）

一、设计思路与理论依据

《义务教育语文课程标准（2011年版）》指出：教学中要努力体现语文课程的实践性和综合性。教师应努力改进课堂教学，整体考虑知识与能力、过程与方法、情感态度与价值观的综合，注重听说读写之间的有机联系，加强教学内容的整合，统筹安排教学活动，促进学生语文素养的整体提高。

二、背景分析

（一）教材分析

本课选自新部编版语文教材上册第七单元。本单元编排了3篇精读课文《大自然的声音》《父亲、树林和鸟》《带刺的朋友》，1个口语交际"身边的'小事'"，1次习作"我有一个想法"和1个《语文园地》。选编本组教材的目的，一方面要感受课文生动的语言，积累喜欢的语句；另一方面是培养留心生活的习惯，把自己的想法记录下来。

这三篇课文都写了人与大自然中的事和物的关系，给我们介绍了大自然赐予一个个珍贵的礼物，进而感受人与大自然和谐、融洽的美好关系。

（二）学情分析

学生已经初步形成发现信息并从中发现规律的能力。能够自觉的摘抄、写批注并养成积累的好习惯还需要继续通过学习培养。

三、教学目标

1. 认识本单元生字词语。

2. 初读《大自然的声音》《父亲、树林和鸟》《带刺的朋友》，感知文章内容。

3. 感知文章语句的精彩与魅力，为积累做准备。

四、教学重、难点

初读《大自然的声音》《父亲、树林和鸟》《带刺的朋友》，感知文章内容。

五、教学准备

多媒体。

六、教学过程

（一）导入

1. 出示单元主题

师：大自然赐给我们许多珍贵的礼物，你发现了吗?

师：这是本单元文章主题，单元里的课文有个共有的特点：

[知目标，猜课文]

生：都是大自然的礼物。

师：那咱们就一起去看看都有什么吧? 出示单元课文题目，读课题。板书：大自然的礼物

2. 出示语文元素

（1）感受课文生动的语言，积累喜欢的语句。

（2）留心生活，把自己的想法记录下来。

[知目标，会学习]

师：文章中藏着生动的语言，我们一起积累，如果能用在自己的文章中，这礼物就没有辜负大自然的一份心。在学习文章的过程里，要有自己的

真正想法并大胆表达。

3. 读单元导语

大自然

演奏着多种美妙的声音，

那是他生动的语言；

父亲喜欢到树林中，

看鸟儿扑打欢快的翅膀；

那带刺的小家伙，聪明的小东西，

更喜爱大自然的礼物……

那让我们一起去看看大自然的礼物吧！

[设计意图]通过单元导语整体感知本单元主要内容，再次呼应单元人文主题。

（二）整体学习，将课文读正确

1. 自由读

读《大自然的声音》《父亲、树林和鸟》《带刺的朋友》，注意读准字音，读通句子，读不好的句子多读两遍。

2. 认读本单元词语

（1）多音字

父亲突然站定，朝幽深的雾蒙蒙的树林，上上下下地望了又望，用鼻子闻了又闻。

黎明时的鸟，翅膀潮湿，飞起来沉重。

归拢的那堆红枣，全都扎在它的背上了。

散落　　　　　好奇心

满背的红枣　　"长"大了一圈

（2）特殊的词语

玛瑙

诡秘　　　　归拢

新月斜挂　　　　　月光朦胧

雾蒙蒙　　　　　　圆乎乎　　　　　　热腾腾

晃来晃去　　　　　爬来爬去　　　　　蹑手蹑脚

斑斑驳驳　　　　　上上下下

望了又望　　　　　闻了又闻

凝神聚气　　　　　像树一般兀立的

舒畅的呼吸着　　　深深地呼吸着

（3）

风是音乐家

微风拂过　　　　　轻轻柔柔的　　　　呢喃细语

狂风吹起　　　　　充满力量的声音　　雄伟的乐曲

水是音乐家

敲敲打打　　　　　滴滴答答　　　　　叮叮咚咚　　　　小溪淙淙

轻快的山中小曲

河流潺潺　　　　　大海哗哗

汹涌澎湃

热闹的音乐会　　　波澜壮阔的海洋大合唱

动物是歌手

鸟叫　　　　　　　叽叽喳喳　　　　　虫鸣　　　　　　唧哩哩唧哩哩

3. 再读单元导语

大自然

演奏着多种美妙的声音，

那是他生动的语言；

父亲喜欢到树林中，

看鸟儿扑打欢快的翅膀；

那带刺的小家伙，聪明的小东西，

更喜爱大自然的礼物……

[设计意图]通过不同类型的词语的复现练习，让学生对本单元字词基础

元素进行有意识的学习、归纳、积累。

（三）初读课文，感知内容

1.默读课文，根据要求填写表格

大自然有许多美丽的声音 （课文写了大自然的哪些声音？）		《父亲、树林和鸟》 （主要写了什么？）	《带刺的朋友》 （主要写了什么？）
风，是大自然 的音乐家			

2.交流

小结：动物、植物，我们听到的各种声音都是大自然赐予我们的礼物，细心观察的同学才能和自然和谐相处。

（四）板书设计

大自然的礼物

《大自然的声音》　　　　　　　　人与自然

《父亲、树林和鸟》　　　　　　　生动的语言

《带刺的朋友》

七、学习效果评价设计

1.检测学生课文读正确课文情况

2.填空

（1）

演奏着多种美妙的声音，

那是他生动的语言；

（　　　）喜欢到树林中，

看鸟儿扑打欢快的（　　　）；

那带（　　　）的小家伙，聪明的（　　　），

更喜爱大自然的礼物……

（2）（　）来（　）去　　（　）来（　）去　　（　）来（　）去

ABAB：蹑手蹑脚（　　　）　　　　（　　　）　　　　（　　　）

AABB：斑斑驳驳（　　　）　　　　（　　　）　　　　（　　　）

　　　　望了又望（　　　）　　　　（　　　）　　　　（　　　）

描写声音的词语：

八、此设计的特点

1. 树立单元整体思路

无论从教学目标还是从学习目标上，都是帮学生树立单元整体思路。使学生学到的知识与方法是个整体，不会碎片化。

2. 关注语言与结构的双向结合

本单元的语文要素是感受生动的语言，积累喜欢的语句。而字、词、句、段、篇是融合在一起学习更容易让学生有更深刻的感悟。此课的设计就是在单元主要学习目标的同时，也通过填空、师生接力读、背诵等方法，让学生感受、体会段落的结构。

《大自然的声音》教学设计

一、指导思想与理论依据

《义务教育语文课程标准（2011年版）》指出：阅读教学应注重培养学生感受、理解、欣赏、评价的能力。阅读教学应引导学生钻研文本，在积极主动的思维和情感活动中，加深理解与体验，有所感悟和思考，受到情感熏陶，获得细想启迪，享受审美乐趣。

二、教学背景分析

（一）教学内容分析

《大自然的声音》是部编版三年级上册语文教材中一篇优美的散文。课文通过描写大自然中的风、水、动物的声音，展现出大自然声音的美妙。文章语言优美，结构鲜明。表达了作者对大自然声音的喜爱之情。

（二）学生情况分析

经过前面两学年的语文实践学习，学生已初步会感悟语言的优美。将优美的语言分类并积累，结合学生生活经验得以语文实践，是本堂课应该所关注的。

三、教学目标

1. 能读懂课文内容，知道课文从哪些方面写了大自然的声音，能说出自己最喜欢的句子、词语。
2. 能发挥想象仿写段落。

3. 能有感情的朗读课文，背诵课文第3自然段。

四、教学重、难点

同教学目标1、2。

五、教学过程

（一）单元整体导入

继续学习第7单元，人文主题是：大自然赐给我们许多珍贵的礼物，你发现了吗？（学生读）本节课，让我们继续去观察大自然的礼物是什么？

读导语（出示）：

大自然

演奏着多种美妙的声音，

那是他生动的语言；

父亲喜欢到树林中，

看鸟儿扑打欢快的翅膀；

那带刺的小家伙，聪明的小东西，

更喜爱大自然的礼物……

（二）学习课文

1. 兴趣导入

（1）听声音，想象画面。

听！这是什么声音？想象一下这个画面。

大自然中有许多美妙的声音，今天我们一起来听一听、读一读、写一写。

（2）板书课题。

2. 初读课文，整体感知大自然声音之美妙

（1）读正确。

①自由读课文，把课文读正确。（字音读正确不多字不少字）

②读一读

风是音乐家

微风拂过　　　　　轻轻柔柔的　　　　　　　呢喃细语

狂风吹起　　　　　充满力量的声音　　　　　雄伟的乐曲

水是音乐家

敲敲打打　　　　　滴滴答答　　　　　　　　叮叮咚咚

小溪淙淙　　　　　轻快的山中小曲

河流潺潺　　　　　大海哗哗　　　　　　　　汹涌澎湃

热闹的音乐会　　　波澜壮阔的海洋大合唱

动物是歌手

鸟叫　　　　　叽叽喳喳　　　　　　　虫鸣　　　　　唧哩哩唧哩哩

（用各种方式读）

[设计意图]通过词语归类和类比读，发现词语的规律，为后面的积累运用打基础。

（2）整体感知，梳理脉络。

①快速阅读文章，找出最能概括全文的一句话。齐读！

大自然有许多美妙的声音。（画下来）

师：像这样的能概括全文内容的一句话，我们在第六单元的学习中知道它叫——关键句。通过关键句，我们很快知道一篇文章或者一个段落的主要内容。

②课文从哪几个方面介绍了大自然的声音呢？

预设：已知汇报，画下来。

未知：默读课文，画出关键句。（指导一目两行字）

汇报：写板书　　风之声　　水之声　　　动物之声

3. 品读精美语言，感受声音之美

（1）出示：朗读课文找出你喜欢的一到两个方面内容，画出读着有新鲜感的语句，多读几遍。

风之声：写了哪几种风声？你最喜欢哪种风声的描写？为什么？

水之声：写了哪几种水声？你最喜欢哪种水声的描写？为什么？

动物之声：写了哪几种动物的声音？你最喜欢哪种动物声音的描写？为什么？

（2）依据汇报，随机学习。

①体会"风之声"——不同风格

出示文中句子，汇报自己感觉到新鲜的语句，教师依据汇报引导学生朗读课文，了解课文内容。

a.找出2段的中心句。

b.换词读。

出示段落：风，是大自然的音乐家，他会在森林里演奏他的手风琴。当他翻动树叶，树叶便像歌手一样，唱出各种不同的歌曲。

师："他"是谁？

生：风。

师：把"他"换成"风"，读一读。

生：风，是大自然的音乐家，风会在森林里演奏他的手风琴。当风翻动树叶，树叶便像歌手一样，唱出各种不同的歌曲。

师：那声音轻轻柔柔的，发出呢喃细语的，那是微风拂过；那声音充满力量，合奏一首雄伟乐曲的，那是狂风合奏。

那真是：

c.引读。

当春季来临，风翻动柳树叶——不一样的树叶，有不一样的声音；不一样的季节，有不一样的音乐。

当夏季来临，风翻动杨树叶——不一样的树叶，有不一样的声音；不一样的季节，有不一样的音乐。

当秋季来临，风翻动银杏树叶——不一样的树叶，有不一样的声音；不一样的季节，有不一样的音乐。

师：嗯！当微风拂过，那声音轻轻柔柔的，好像呢喃细语，让人感受到大自然的温柔。

接着引读：当冬季来临，当狂风吹起——整座森林都激动起来，合奏出一首雄伟的乐曲，那声音充满力量，令人感受到大自然的威力。

②体会"水之声"——不同类型。

a.提炼中心句。

b.通过找重点词语朗读，体会不同类型的水的声音。

提炼重点词语读：当小雨滴汇聚起来，他们便一起唱着歌：小溪淙淙，流向河流，河流潺潺，流向大海，大海哗哗，汹涌澎湃。

c.看图品读。

师：美妙的声音让你想象到了哪些美丽的画面？

③体会"动物的声音"——不同地点。

a.提炼中心句。

b.通过不同地点的引读，体会动物们的快乐，声音的美妙。

师：喜欢进了心里，喜欢在了脸上，喜欢通过语气表达出来了。

小结：回顾不同风格的风的声音，不同类型的水的声音，不同地点的动物的声音，美妙的声音，让我们想象到更美丽的画面。让我们，再来读一读大自然的声音，欣赏一下大自然的美丽。

生：通读全文。

[设计意图]通过不同方式的朗读，设计以读文本的语文课堂，让学生在读中体会，感受大自然的声音之美。并感悟、积累词语、具有特点的段落。

（3）诗文转换读。

①将课文转换成散文诗的形式，让学生继续朗读。（师生配合读）

②填空背第2、3自然段。

（4）链接读《瀑布》。

①声音还可以这样描写。

读一读，听一听，看一看。

②类比不同和相同。

4.拓展探索

①小练笔：大自然的礼物不只只有风声、水声、动物声，还会有……

写一个小段落：（可以用书上的段落开头，也可以自拟开头）

"鸟儿是大自然的歌手""厨房是一个音乐厅"

②评价

小结：大自然的礼物不只是声音，还有《父亲、树和鸟》，还有《带刺的朋友》，让我们后边继续学习。

（三）板书设计

大自然的声音

风之声　　　　　风格（独奏　合奏）

水之声　　　　　类型（雨滴　小水滴　大海　河流　　小溪）

动物之声　　　　地点（公园里　树下　水塘边）

六、学习效果评价设计

1. 仿写一段描写声音的总分段落。

2. 朗读课文，填空完成第二、三自然段。

七、本教学设计的特点

1. 将散文和诗对比鉴赏

本文是散文，优美的语言如诗如画，更加容易感染学生，读起来通俗易懂。《瀑布》一文是现代诗，也具有以上特点。通过对比阅读、鉴赏语句，学生能够感受到声音从不同体裁的文本中，表达出的效果相同。

2. 诗文与散文变换形式的朗读

通过这种变换形式的朗读，使学生的小练笔有了范例。让学生感受到诗歌和散文并不在遥远的天边，而在自己的身边，同时能感受到此篇文章的语言之美。

3. 将生动的语言归类记忆，更有益于积累运用

在回顾课文词语的时候，有意识地将文中具有共同特点的词语归纳在一起让学生读，让学生感受到生动语言的同时，有规律地积累，也有利于今后的运用。

《人间真情》教学设计

一、单元概述

1. 本单元安排了两篇精读课文《穷人》《理想的风筝》，三篇略读课文《沉香救母》《母亲》《为我唱首歌吧》，以及"语文实践活动4"。带读课文有《共同的秘密》《真正的圣诞》《优美的琴声》《点灯的人》《十一枝康乃馨》《生日卡片》《最后一片藤叶》。

2. 本单元课文侧重是，要注意引导学生理解关键语句的意思，体会作者所表达的思想感情。引导学生揣摩描写人物方法，把作文写具体并写出真情实感。同时，要通过朗读体会课文所表达的感情，并注意加强语言积累。

二、设计理念

以"单元主题——人间真情"为主线，以"单元主题阅读教学法"策略为指导，以"以读代讲"为重点，在分享阅读的基础上，学生体会文章表达的思想感情，理解作者的写作方法。

三、教学内容

1. 精读

北京市义务教育课程改革试验教材：《穷人》《理想的风筝》《沉香救母》《母亲》。

2. 拓展阅读

校本教材：《为我唱首歌吧》《共同的秘密》《真正的圣诞》《优美的

琴声》《点灯的人》《十一枝康乃馨》《生日卡片》《最后一片藤叶》。

四、教学目标

（一）"一主"目标

1. 能正确认识并理解课文中出现的生字、新词。

2. 引导学生在不同形式的诵读中积累好词佳句，感悟诗文。

3. 在阅读中使学生体会文章表达的思想感情，理解作者的写作方法。

（二）"两辅"目标

1. 拓展阅读7篇文章。

2. 运用"以读代讲"等方法指导学生深入感悟主题。

3. 指导学生运用批注式阅读法，积累好词好句。

五、教学重、难点

通过揣摩语言，体会文章表达的思想感情，理解作者的写作方法。

六、课时教学设计

课时	教学内容	基本课型	"一主"目标	"两翼"目标	教学建议
第一、二课时	单元导读，《穷人》《理想的风筝》《沉香救母》	单元导读	1. 初读本单元北京版3篇课文，了解大致内容。 2. 正确，流利朗读课文。 3. 积累优美词句。	背诵单元导语	教学时整体浏览本单元的3篇京版课文，基本扫清字词障碍，体会人世间的真情真意，了解课文大致内容。

续表

课时	教学内容	基本课型	"一主"目标	"两翼"目标	教学建议
第三课时	《穷人》	以文带文	1. 学会12个生字及新词,认读3个字。概括课文主要内容。 2. 有感情地朗读课文体会省略号的不同用法。 3. 比较准确地理解桑娜的心情,评价桑娜这个人物	通过自主阅读了解沙皇统治下俄国渔民的悲惨生活,感受桑娜与渔夫宁可自己吃苦也要帮助别人的高尚品质。	《穷人》抓住重点,感受人物美好心灵。《共同的秘密》以读代讲,比较两篇课文的异同。
第四课时	《理想的风筝》	读写联动	1. 学会11个生字。 2. 有感情地朗读课文,背诵第一和第五自然段。 3. 通过讨论理解为什么课文叫"理想的风筝"。 4. 感受刘老师对工作、对生活强烈的爱与追求,体会作者对他深深的思念之情。	小组交流、相互启发。	重在学生的自主发挥、老师适时点播。
第五课时	《母亲》《十一枝康乃馨》	自主阅读	1. 自主学习《母亲》《十一枝康乃馨》 2. 朗读文中感受最深的句段,积累精彩句子,能熟读成诵。 3. 体会并学习记叙文文章的写作特点,能够学以致用。	运用批注阅读深入感悟文章表达的思想感情,感受人间的亲情,是学生理解母爱的伟大,产生孝敬父母的感情。	注重学生的自主阅读、鼓励学生自由表达。
第六课时	《沉香救母》《生日卡片》	自主阅读	1. 自主学习《沉香救母》《生日卡片》 2. 朗读文中感受最深的句段,积累精彩句子,能熟读成诵。	运用批注阅读,深入感悟文章表达的思想感情,感受人间的亲情,是学生理解母爱的伟大,产生孝敬父母的感情。	体会并学习记叙文文章的写作特点,能够学以致用。

续表

课时	教学内容	基本课型	"一主"目标	"两翼"目标	教学建议
第七课时	《为我唱首歌吧》《真正的圣诞》《优美的琴声》	自主阅读	1. 自主学习《为我唱首歌吧》《真正的圣诞》《优美的琴声》。 2. 朗读文中感受最深的句段，积累精彩句子，能熟读成诵。	体会并学习记叙文的写作特点，能够学以致用。	运用批注阅读深入感悟文章表达的思想感情，感受文中的人性善良。
第八课时	《点灯的人》《最后一片藤叶》	自主阅读	1. 自主学习《点灯的人》《最后一片藤叶》。 2. 朗读文中感受最深的句段，积累精彩句子，能熟读成诵。	1. 自主学习，以读代讲，交流感悟。 2. 朗读课文，体会真情给人们生活带来的变化。	批注式阅读，以读代讲，带领学生感受生活的快乐。
第九课时	完成基础训练试卷	基础训练	1. 完成"语文实践活动4"。 2. 完成"文中寻宝"。 3. 进行单元测试。	通过回顾本单元的课文及习题，强化基础知识与提高技能。	做题、纠正，强化基础知识。
第十课时	习作指导《帮助》	单元习作	1. 复习本单元写人物文章的写法。 2. 自主习作，鼓励学生自由表达。		
第十一课时	习作评改	单元习作	了解修改习作的方法，培养修改习作的良好习惯。		
第十二课时	单元回顾 分享积累和学习成果	分享展示	诵读优美句段、词汇，增强语文素养，培养学生爱生活、会生活、快乐生活的情感。	通过多种形式的主题诵读提升情感、态度、价值观；为学生提供更多的展示平台。	分享展示不求统一、不求多少，但求自主展示的勇气；形式可多样：个人展示、同伴、小组展示均可。

七、十二课时教学设计详案

第一、二课时　单元导读课型

（一）教学目标

1. 了解本单元主题，背诵单元导语。

2. 能说说每篇课文的主要意思。

3. 初步归纳每篇课文的特点，找出相似处和不同处。

4. 体会每篇课文表达的不同情感。

（二）教学重、难点

初读《穷人》《理想的风筝》《沉香救母》《为我唱首歌吧》《共同的秘密》《真正的圣诞》《优美的琴声》《点灯的人》《十一枝康乃馨》《生日卡片》《最后一片藤叶》感知文章内容。

（三）教学准备

基础练习题多媒体课件。

（四）教学过程

1. 单元导入

（1）出示单元导语

师：生活处处有真情。

真情是盲老人点起的明灯，指引路人通向光明的道路；

真情是永远不落的藤叶，让垂危的生命有了生的希望；

真情是那张粗糙的生日卡片和十一枝康乃馨，滋润了父母干涸的心田；

真情是理想的风筝，带给我们无穷的力量……

真情流露，是世界上最甜美的享受，让我们共同感受真情的美好，让爱在我们的心灵深处扎根！

（2）自由读，同桌互读，男女生配合读

（3）提示关键承接读

真情是盲老人点起的明灯，＿＿＿＿＿＿＿＿＿＿＿＿＿＿＿＿＿＿；

真情是永远不落的藤叶，＿＿＿＿＿＿＿＿＿＿＿＿＿＿＿＿＿＿；

真情是那张粗糙的生日卡片和十一枝康乃馨，＿＿＿＿＿＿＿＿＿＿；

真情是理想的风筝，＿＿＿＿＿＿＿＿＿＿＿＿＿＿＿＿＿＿＿＿……

真情流露，＿＿＿＿＿＿＿＿＿＿＿＿＿＿＿＿，让我们共同感受真情的美好，让爱在我们的心灵深处扎根！

[设计意图]导语的朗读和背诵注重了学生语言的积累。

2. 初读课文，感知内容

自由读《穷人》《理想的风筝》《沉香救母》《为我唱首歌吧》《共同的秘密》《真正的圣诞》《优美的琴声》《点灯的人》《十一枝康乃馨》《生日卡片》《最后一片藤叶》注意读准字音，读通句子，读不通顺的句子多读两遍。

[设计意图]让学生学会略读和浏览，培养学生广泛的阅读兴趣，扩大阅读面，增加阅读量。

3. 认读本单元词语

（1）文中生字词语

舒适　　顾惜　　抱怨　　倾听　　保佑　　糟糕　　倒霉

喇叭　　女娲　　蜈蚣　　翱翔　　幼稚　　糊涂　　抻动

（2）四字词语

汹涌澎湃　　　心惊肉跳　　　忐忑不安　　　自作自受

翩翩起舞　　　大名鼎鼎　　　绚丽多姿　　　随心所欲

（3）多音字所组的词语

娜：桑娜　　婀娜

铺：店铺　　铺路

咽：哽咽　　咽喉

翘：翘起　　连翘

（还可以总结ABB、AABB式的词语、区分意思相近的词语、读句子找出近义词等）

[设计意图]积累词语。使学生有按类别积累词语和品读赐予的习惯，培养学生语感，对于特殊词语的敏感。

4.读课文，了解课文内容

（1）自己默读课文，完成表格内容。

（2）集体交流。

（3）根据自学导航进行批注式阅读课文。

课文	相似处	不同处	备注
《穷人》			
《理想的风筝》			
《母亲》			

（4）小组交流。

（5）班级交流展示。

5.课外拓展

小结：人间真情处处在，请大家课下继续读一读以上的文章。

6.作业设计

预习"基础练习题"，在日后的学习中不断掌握本单元知识点。

[课后反思]单元导读课重在导，一导趣，引发情感参与；二导读，全面感知内容。单元导读课旨在引导学生初步了解本单元精读课文的主要内容，用一条线将课文内容串起来。学生预习的还可以，只有个别学生偷懒，对课文内容不熟悉，读得不熟练。

第三课时 《穷人》教学设计

（一）教学目标

1.学会12个生字及新词，认读3个字。概括课文主要内容。

2. 有感情地朗读课文，体会省略号的不同用法。比较准确地理解桑娜的心情，评价桑娜这个人物。

3. 了解沙皇统治下俄国渔民的悲惨生活，感受桑娜与渔夫宁可自己吃苦也要帮助别人的高尚品质。

（二）教学重点

从桑娜、渔夫的思想和言行中感受穷人的美好心灵。

（三）教学难点

理解桑娜矛盾的心理，体会省略号的不同用法。

（四）教学过程

1. 齐读导语，引出课题

师：生活处处有真情。

真情是盲老人点起的明灯，指引路人通向光明的道路；

真情是永远不落的藤叶，让垂危的生命有了生的希望；

真情是那张粗糙的生日卡片和十一枝康乃馨，滋润了父母干涸的心田；

真情是理想的风筝，带给我们无穷的力量……

真情流露，是世界上最甜美的享受，让我们共同感受真情的美好，让爱在我们的心灵深处扎根！

今天这节课我们就来继续来学习《穷人》这篇文章，请齐读课题。

2. 复习词语，导入新课

（1）复习词语

①课件出示

舒适　　顾惜　　抱怨　　倾听　　保佑　　糟糕　　倒霉

汹涌澎湃　　心惊肉跳　　忐忑不安　　自作自受

②开火车检测读、读对跟读

（2）词语回文，回顾大意

把词语带回到课文中，边读边回忆，文章的主要内容是什么。

3. 精读文本，品味感悟

（1）自主学习，合作探究

出示自学导航课件。

默读课文，边读边画：

①用"_____"画出描写桑娜心理活动的句子。

②用"～～～"画出文中带有省略号的句子。

③画好后和同桌读一读。

（2）汇报交流，指导朗读

4.分析桑娜的内心活动，体会人物崇高的品德

现在，我们就同学提出的第二个问题展开讨论。

（1）出示文章中描写桑娜内心活动的段落

桑娜脸色苍白，神情激动。她忐忑不安地想："他会说什么呢？这是闹着玩的吗？自己的五个孩子已经够他受的了……是他来啦？……不，还没来！……为什么把他们抱过来啊？……他会揍我的！那也活该，我自作自受……嗯，揍我一顿也好！"

（2）出示自学要求

①读读这段话，想一想，这段话的大意。

②这段话里出现了几个省略号？请你想象出桑娜的内心活动。

③可以采用课本剧或者自己喜欢的形式展示自学情况。

（3）学生准备、交流

（4）汇报展示

（5）教师总结

这段描写是桑娜抱回两个孤儿以后，作者细致地描写了她紧张、担忧，甚至后悔的矛盾心理。造成桑娜内心矛盾的客观原因，就是桑娜一家的生活十分艰难，而收养两个孤儿，无异于在极为沉重的生活压力上，再增加一个包袱。作者在这段描写中，运用了直接描写人物心理活动的方法，展示了桑娜崇高的品德。

（6）练习朗读

5.总结全文

（1）通过本课的学习，你有哪些收获？（引导学生从文章内容和写作

方面进行总结）

（2）选择自己喜欢的段落，练习朗读。

6. 对比阅读，巩固提升

师：《点灯的人》又讲述了一个怎样的故事呢？赶快读一读吧！

出示自学导航。

（1）自由朗读《点灯的人》，注意读准字音，读通句子。

（2）默读课文，说一说这两篇文章有什么相同点和不同点？你从文章中读懂了什么？

7. 作业设计

（1）把这2篇文章读给你的家长听，听听他们是怎么评价文中主人公的？

（2）思考本单元后面的习作。

8. 板书设计

$$
穷人\begin{cases}
等待丈夫 \quad 温暖而舒适的家 \quad（勤劳）\\
抱回孤儿\begin{cases}探望生病的西蒙\\抱回可怜的孩子\\忐忑不安的心情\end{cases}（善良）\\
丈夫归来 \quad 严肃——忧虑——能熬过去（关心他人）
\end{cases}
$$

[课后反思]这节课我们通过抓主要问题寻找解决问题的途径并解决问题的方式，在读中思考交流的方式学习了这篇文章，了解到穷人最善良的人性魅力。愿我们的理解能时时感悟在生活中。

第四课时 《理想的风筝》教学设计（读写结合课）

（一）教学目标

1. 学会11个生字。

2. 有感情的朗读课文，背诵第一和第五自然段。

3. 通过讨论理解为什么课文叫"理想的风筝"。

4.感受刘老师对工作、对生活强烈的爱与追求，体会作者对他深深的思念之情。

（二）教学重、难点

教学重点：感受刘老师对工作、对生活强烈的爱与追求，体会作者深深的思念之情。

教学难点：理解为什么课文题为"理想的风筝"。

（三）教学过程

1.齐读导语，引出课题

师：生活处处有真情。

真情是盲老人点起的明灯，指引路人通向光明的道路；

真情是永远不落的藤叶，让垂危的生命有了生的希望；

真情是那张粗糙的生日卡片和十一枝康乃馨，滋润了父母干涸的心田；

真情是理想的风筝，带给我们无穷的力量……

真情流露，是世界上最甜美的享受，让我们共同感受真情的美好，让爱在我们的心灵深处扎根！

[设计意图]单元导语在每节课前都要诵读、背诵，整个单元下来孩子们记忆就没有问题了。语言的积累也会达到一定量的。

2.复习词语，导入新课

出示词语，齐读、开火车检测读

喇叭　　女娲　　蜈蚣　　翱翔　　幼稚　　糊涂　　掮动

3.精读文本，品味感悟

（1）自主学习，合作探究

出示自学导航。

默读课文，边读边画。

①为什么"我"一看到春天的一些景物，就不由自主地想到刘老师？

②作者描写刘老师在课上讲课和在课下放风筝这两个情景，它们之间有

什么关系？

③结尾句"他一定依旧仰仗那功德无量的圆木棍，在地上奔走、跳跃、旋转，永远展示生命的顽强和对生活的爱与追求。"

④题目"理想的风筝"有什么含义。

（2）汇报交流，指导朗读

①笑谈腿疾

出示："只是有一次，他在讲女娲造人的传说时，……同时更增加了对刘老师的尊敬。"

•读读刘老师说的话，并交流感受。

•不知你留意没有，在感受到刘老师的幽默风趣后，每个学生的心里都泛起一股酸涩的感情？

•听老师这样讲述自己腿断的经历，同学们心中会怎么想？

出示："他只靠着健壮的右腿和一根圆木棍，……就引起同学们一阵激动的心跳。"

•请学生小声朗读，交流感受。

•你能想象一下，刘老师是怎样旋转的吗？

•教室里的同学们和大家有着同样的感受，此时此刻，如果你就在刘老师的教室里，你会对他说些什么？

②放飞风筝

出示："他的风筝各式各样：……而是一个同我一样的少年。"

•读读这段话，交流感受。

•连转身写个字都很困难，却能做出各种各样的风筝，这心灵手巧的背后是什么？（对生活的热爱）

•放飞风筝的时候，作者常常看到刘老师脸上漾出甜蜜的笑，他的笑容是因为——

•他仰望白云，注视着那青黑的小燕在风中翱翔盘旋。注视着风筝，刘老师也许会想——

出示："有一次，……因为他感到了自己生命的强壮和力量。"

• 每位同学放开声音读读。

• 交流感受："他笑着、叫着，拄着拐杖，蹦跳着去追赶绳端"中体会到了什么?

• "得意"一词写出了刘老师的什么?

• 我们一起读读这一段描写，你觉得此刻的刘老师像什么?

4. 对比阅读，感悟提升

师:《理想的风筝》给我们讲述了一个感人的故事。《最后一篇藤野》又给我们带来怎样的情节呢?

（1）自由朗读《主题阅读》第48课《最后一篇藤野》，注意读准字音，读通句子。

（2）默读课文，思考并口头填空。

题目	相同点	不同点
《理想的风筝》		
《最后一篇藤野》		

（3）同桌交流。

5. 兴趣练笔

（1）用一两件事来描述一个人，在写事的过程中可以写人物的外貌。

（2）如果让你在刘老师的风筝上写一句话，你会写什么?

6. 板书设计

身有残疾　　乐观　　坚强

上课　　　　工作认真负责

对学生　　　和蔼可亲

放风筝　　　热爱生活　　自强不息

[课后反思]通过读悟、自主学习、合作交流等多种形式的学习，刘老师的形象、特点在学生头脑中更加清晰、高大起来。另外，本节课，我还注重了课文写法的指导与总结，如开头写景的作用、叙事与议论抒情相结合等，

为学生的习作提供了有力的保证。

第五课时　《母亲》《十一枝康乃馨》（自主阅读课）

（一）教学目标

1. 自主学习《母亲》《十一枝康乃馨》

2. 朗读文中感受最深的句段，积累精彩句子，能熟读成诵。

3. 体会并学习记叙文的写作特点，能够学以致用。

（二）教学重点

运用批注阅读深入感悟文章表达的思想感情，感受人间亲情，使学生理解母爱的伟大，产生孝敬父母的感情。

（三）教学难点

体会并学习记叙文的写作特点，能够学以致用。

（四）教学过程

1. 齐读导语，引出课题

师：生活处处有真情。

真情是盲老人点起的明灯，指引路人通向光明的道路；

真情是永远不落的藤叶，让垂危的生命有了生的希望；

真情是那张粗糙的生日卡片和十一枝康乃馨，滋润了父母干涸的心田；

真情是理想的风筝，带给我们无穷的力量……

真情流露，是世界上最甜美的享受，让我们共同感受真情的美好，让爱在我们的心灵深处扎根！

2. 复习词语，整体感知

（1）出示词语，齐读、开火车检测读。

晕倒　　闺女　　给予　　漫无目的

突如其来　　忐忑不安

（2）将词语带回到课文中，边读边回忆，课文的主要内容是什么。

3. 自主阅读，运用提升

（1）出示自主学习内容：《母亲》《十一枝康乃馨》。

（2）出示自学导航。

①浏览课文，完成表格，比较相同点和不同点。

②画出你最感动的句段，带着感情和理解和组内同学读一读。

（方法：读—画批—完成表格）

题目	主要内容	写作特点	表达情感	相同点	不同点
母亲					
十一枝康乃馨					

（3）小组内交流自学内容。

过渡语：哪个小组愿意与大家分享一下你们的学习结果？

（4）全班分享交流表格内容以及相同点和不同点。

①汇报时以小组为单位，每组一课，逐课进行。

②每个小组派一位代表汇报一课的表格，然后带着自己的理解和感情读自己最感动的段落，说说原因。组员和其他同学可以补充或发表不同意见。如未说全，老师补充。

③说一说相同点和不同点，朗读最感动的句段。

④质疑解疑

有问题：小组内解答——组内未解答的全班内解答

4. 学习写法，读写结合

（1）总结写法，适时板书。

（2）读写结合，学以致用。

（3）选择自己成长过程中印象深刻的事情，运用今天所学的方法写一篇写事文章。

（4）推荐阅读和欣赏。

（5）格言积累——关于母爱的名言。

世界上的一切光荣和骄傲，都来自母亲。 ——高尔基

母爱是一种巨大的火焰。 ——罗曼·罗兰

世界上有一种最美丽的声音，那便是母亲的呼唤。 ——但丁

慈母的胳膊是慈爱构成的，孩子睡在里面怎能不甜? ——雨果

人的嘴唇所能发出的最甜美的字眼，就是母亲，最美好的呼唤，就是
"妈妈"。 ——纪伯伦

母爱是世间最伟大的力量。 ——米尔

成功的时候，谁都是朋友。但只有母亲——她是失败时的伴侣。

——郑振铎

[课后反思]自主阅读课也要重视朗读的训练。

语文课上训练朗读，是培养学生语感必不可少的环节，所以我几乎每段
都设计了不同形式的朗读，有自己读、指名读、同桌互读、齐读等。

第六课时　《沉香救母》《生日卡片》（自主阅读课）

（一）教学目标

1. 自主学习《沉香救母》《生日卡片》
2. 朗读文中感受最深的句段，积累精彩句子，能熟读成诵。

（二）教学重点

运用批注阅读深入感悟文章表达的思想感情，感受人间的亲情，使学生
理解母爱的伟大，产生孝敬父母的感情。

（三）教学难点

体会并学习记叙文文章的写作特点，能够学以致用。

（四）教学过程

1. 齐读导语，引出课题

师：生活处处有真情。

真情是盲老人点起的明灯，指引路人通向光明的道路；

真情是永远不落的藤叶，让垂危的生命有了生的希望；

真情是那张粗糙的生日卡片和十一枝康乃馨，滋润了父母干涸的心田；

真情是理想的风筝，带给我们无穷的力量……

真情流露，是世界上最甜美的享受，让我们共同感受真情的美好，让爱在我们的心灵深处扎根！

2. 初读课文，扫清障碍

（1）借助工具书自由读文，注意读准字音、读通句子，标出自然段。

（2）出示词语，开火车检测读。

派遣　　伉俪　　妖怪　　外甥

怅然离去　　思忖再三　　缔结姻缘　　怒不可遏

3. 自主学习

（1）出示自主学习内容

《沉香救母》

《生日卡片》

（2）出示自学导航

①浏览课文，完成表格，比较相同点和不同点。

②画出你最感动的句段，组内带着感情和理解读一读。

（方法：读—画批—完成表格）

题目	主要内容	写作特点	表达情感	相同点	不同点
沉香救母					
生日卡片					

（3）小组内交流自学内容

过渡语：哪个小组愿意与大家分享一下你们的学习结果？

（4）全班分享交流表格内容和相同点、不同点

①汇报时以小组为单位，每组一课，逐课进行。

小组派一个代表汇报一课的表格，然后带着自己的理解和感情读自己最感动的段落，说说原因。组员和其他同学可以补充或发表不同意见。如未说

全，老师补充。

②说一说相同点和不同点。

③朗读最感动的句段。

④质疑解疑

有问题：小组内解答——组内未解答的全班内解答

4. 学习写法，读写结合

（1）总结写法，适时板书

（2）读写结合，学以致用

选择自己成长过程中印象深刻的事情，运用今天所学的方法写一篇写事文章。

（3）推荐阅读和欣赏

[课后反思]运用批注阅读深入感悟文章表达的思想感情，感受人间的亲情，是学生理解母爱的伟大，产生孝敬父母的感情。

第七课时 《为我唱首歌吧》《真正的圣诞》《优美的琴声》（自主阅读课）

（一）教学目标

1. 自主学习《为我唱首歌吧》《真正的圣诞》《优美的琴声》
2. 朗读文中感受最深的句段，积累精彩句子，能熟读成诵。

（二）教学重点

运用批注阅读深入感悟文章表达的思想感情，感受人间的亲情，使学生理解母爱的伟大，产生孝敬父母的感情。

（三）教学难点

体会并学习记叙文文章的写作特点，能够学以致用。

（四）教学过程

1. 回顾写法，导入新课

（1）齐诵单元导语

师：生活处处有真情。

真情是盲老人点起的明灯，指引路人通向光明的道路；

真情是永远不落的藤叶，让垂危的生命有了生的希望；

真情是那张粗糙的生日卡片和十一枝康乃馨，滋润了父母干涸的心田；

真情是理想的风筝，带给我们无穷的力量……

真情流露，是世界上最甜美的享受，让我们共同感受真情的美好，让爱在我们的心灵深处扎根！

（2）回顾课文，总结写法（指名回顾课文写作特点）

师：今天我们再来学习几篇课外的叙事文章。从中任选2—3篇按照自学导航学习。（出示学习内容）

2. 自主学习，批注阅读

（1）根据出示自学导航自主学习

①浏览课文，完成表格，比较相同点和不同点。

②画出你最受感动的句段，组内带着感情和理解读一读。

（方法：读—画批—完成表格）

题目	文章体裁	写作特点	主要内容及表达情感	相同点	不同点
为我唱首歌吧					
真正的圣诞					
优美的琴声					

过渡语：自学完成后，组内有序交流。

（2）小组内交流自学内容

过渡语：哪个小组愿意与大家分享一下你们的学习结果？

（3）全班分享交流表格内容和相同点不同点

①汇报时以小组为单位，每组一课，逐课进行。

小组派一个代表或小组合作汇报一课的表格，然后带着自己的理解和感情读自己最感动的段落，说说喜欢的原因。组员和其他同学可以补充或发表不同意见。如未说全，老师补充。

②说一说相同点和不同点。

师："积跬步至千里，汇点滴成江河。"课前我们搜集了一些自己喜欢的关于爱国方面的格言、古诗、文章、歌曲等，有谁愿意与大家分享一下呢？（最先站起来出声音的同学先展示。）

③背诵积累的好词好句好段。

刚刚我们画出的自己喜欢的段落，利用课余时间把它们背下来吧。

师：对于这几篇叙事文章，你还有什么问题吗？

④质疑解疑。

有问题：小组内解答——组内未解答的全班内解答

过渡语：学了这几篇文章，你觉得作者运用什么方法将这浓浓的亲情写得这么有条理而且还非常感人呢？

3. 学习写法，读写结合

（1）总结写法，适时板书

引导学生说出：通过一件或几件事，按照一定顺序，抓住细节描写，恰当使用修辞方法写出真情实感。

（2）读写结合

①完成文中寻宝我会感悟中的两个习题。

②运用今天所学的方法写一篇叙事文章《帮助》。

4. 板书设计

人间真情

一件或几件事

按照　　一定顺序

抓住　　细节描写

运用　　修辞方法

写出　　真情实感

第八课时　《点灯的人》《最后一片藤叶》（自主阅读课）

（一）教学目标

1. 自主学习《点灯的人》《最后一片藤叶》。

2. 朗读文中感受最深的句段，积累精彩句子，能熟读成诵。

（二）教学重点

1. 自主学习，以读代讲，交流感悟。

2. 朗读课文，体会真情给人们生活带来的变化。

（三）教学难点

批注式阅读，以读代讲，带领学生感受生活的快乐。

（四）教学过程

1. 齐读导语，引出课题

师：生活处处有真情。

真情是盲老人点起的明灯，指引路人通向光明的道路；

真情是永远不落的藤叶，让垂危的生命有了生的希望；

真情是那张粗糙的生日卡片和十一枝康乃馨，滋润了父母干涸的心田；

真情是理想的风筝，带给我们无穷的力量……

真情流露，是世界上最甜美的享受，让我们共同感受真情的美好，让爱在我们的心灵深处扎根！

2. 复习词语，导入新课

（1）课件出示词语，齐读、开火车检测读。

彻底　　恐怖　　温馨　　栖身

皱纹　　衰竭　　疾病　　恶劣

（2）回到课文中，边读边回忆，课文的主要内容是什么。

3. 自主学习

（1）出示自主学习内容。

《点灯的人》《最后一片藤叶》。

（2）出示自学导航。

①浏览课文，完成表格，比较相同点和不同点。

②画出你最感动的句段，和组内同学带着感情和理解读一读。

（方法：读—画批—完成表格）

题目	主要内容	写作特点	表达情感	相同点	不同点
点灯的人					
最后一片藤叶					

（3）小组内交流自学内容。

过渡语：哪个小组愿意与大家分享一下你们的学习结果？

（4）全班分享交流表格内容和相同点、不同点。

①汇报时以小组为单位，每组一课，逐课进行。

小组派一个代表汇报一课的表格，然后带着自己的理解和感情读自己最感动的段落，说说原因。组员和其他同学可以补充或发表不同意见。如未说全，老师补充。

②说一说相同点和不同点。

③朗读最感动的句段。

④质疑解疑

有问题：小组内解答——组内未解答的全班内解答

4. 学习写法，读写结合

（1）总结写法，适时板书。

（2）读写结合，学以致用。

选择自己成长过程中印象深刻的事情，运用今天所学的方法写一篇写事文章。

（3）推荐阅读和欣赏。

人的嘴唇所能发出的最甜美的字眼，就是母亲，最美好的呼唤，就是

"妈妈"。

——纪伯伦

成功的时候，谁都是朋友。但只有母亲——她是失败时的伴侣。

——郑振铎

[课后反思]重视朗读的训练。将课外阅读引入课内，实现方法迁移，积累优美词句的同时，将知识转化为能力。

第九课时　基础训练课

（一）教学目标

1. 认读大写数字。巩固本单元新学的成语。让学生积累格言警句。引导学生恰当使用标点符号。

2. 培养学生初步的独立阅读能力，学习比较阅读法。了解对同一件事情，不同的作者会有不同的认识，表达方式也不同。

3. 学习比较阅读法。了解对同一件事情，不同的作者会有不同的认识，表达方式也不同。

第四单元　基础训练

（一）查字典，认读大写数字

零　壹　贰　叁　肆　伍　陆　柒　捌　玖　拾　佰　仟

抄一抄、写一写

[设计意图]帮助学生认识大写数字。

（二）根据意思写出合适的成语。

1. 自己做错了事，自己承担后果。　　　　　　　　（　　　　　　）

2. 心里七上八下不能安定，形容心神不定。　　　　（　　　　　　）

3. 因遇到出乎意料的好事而高兴。　　　　　　　　（　　　　　　）

4. 担心灾祸临头而十分恐惧不安。　　　　　　　　（　　　　　　）

5. 另有一种与众不同的风格。　　　　　　　　　　（　　　　　　）

6. 人工的精巧胜过天然。形容技艺精妙高超。　　　（　　　　　　）

7. 像天上的浮云，像江河的流水。多形容诗文、书法等自然流畅，不受拘束。　　　　　　　　　　　　　　　　　　　　（　　　　　　　）

8. 像天上仙人穿的衣服那样没有缝儿。比喻事物完美自然，没有一点儿破绽。　　　　　　　　　　　　　　　　　　　　（　　　　　　　）

[设计意图]理解成语意思，积累并运用。

（三）积累格言警句

1. 你把快乐带给别人，（　　　　　　　）。

2. 你付出了多少爱，你就（　　　　　　　）。

3. "腾出一只手"给别人，胜过（　　　　　　　）。

4. 理解别人的处境，才会（　　　　　　　）。

5. （　　　　　　　），它能使人创造奇迹。

6. （　　　　　　　），是送给他人最好的礼物。

7. （　　　　　　　），相信命运不如相信自己。

8. （　　　　　　　），你才能长成参天大树。

[设计意图]让学生积累语文素材，明确做人的道理。

（四）给一段话加上合适的标点

对话过程中，提示语在前面，在中间，在后面这三种情况下，标点符号的正确用法。

高远和志强一起聊天　高远问　志强　你知道中国古典小说四大名著是哪四部书　这个问题可难不倒我　志强胸有成竹地说　四大名著是指　三国演义　水浒传　西游记　红楼楼　这四部书　回答正确　加5分　高远接着问　你读过　西游记　原著吗　没读过　我只看过电视剧　志强不好意思地回答　高远说　我也没读过　过几天我们一起读吧

[设计意图]恰当使用冒号、引号、书名号、问号等标点符号。学会使用三种对话方式的标点符号的用法。

[课后反思]认读大写数字。巩固本单元新学的成语。让学生积累格言警

句。引导学生恰当使用标点符号。培养学生初步的独立阅读能力，学习比较阅读法。了解对同一件事情，不同的作者会有不同的认识，表达方式也不同。学习比较阅读法。了解对同一件事情，不同的作者会有不同的认识，表达方式也不同。

第十课时　习作指导

（一）教学目标

1.继续练习写叙事文，懂得在习作中有意识的运用心理描写、环境描写，表达自己的真情实感；

2. 通过本次习作，引导学生进一步感受人与人之间的真情，培养学生的奉献精神。

3.通过具体事例写出帮助的过程。

（二）教学重点

懂得在习作中有意识的运用心理描写、环境描写，表达自己的真情实感。

（三）教学过程

1. 谈话引入

相互帮助是中华名族的传统美德。在学习和生活中，每个人都有可能遇到困难，每个人都离不开他人的帮助。

2. 指导习作

（1）想一想自己遇到过什么困难，别人是怎样帮助你的；别人遇到困难时，自己是怎样帮助别人的。

（2）和本组的同学说一说自己的经历。

（3）指名说一说自己帮助别人或者别人帮助自己的过程。

（4）列写作提纲，突出重点。

（5）完成草稿。

（6）自己修改草稿，抄到作文本上。

[课后反思]通过本次习作，引导学生进一步感受人与人之间的真情，培养学生的奉献精神。

第十一课时　习作评改

讲评过程

1. 出示评价标准表格，读一读进行自评。

2. 分组根据评价标准进行阅读评价、打分，并写出建议。

3. 各组推荐优秀作文，在全班展示，并说出推荐理由。

4. 班级学生评价，教师依据本班学生实际情况，习作要求评价。

5. 根据修改意见，自行修改自己的作文。

6. 将改后的作文与本组同学交流。

7. 班级展示，结集积累。

[课后反思]懂得在习作中有意识的运用心理描写、环境描写，表达自己的真情实感。

第十二课时　分享展示课

（一）教学目标

1. 大量积累、诵读有关父母、老师、朋友、他人的名言、诗句、诗歌、古文等。

2. 通过学习，以不同形式写出自己的小创作，表达对父母、老师、朋友、他人感恩或赞美之情。

（二）展示过程

1. 单元导语背诵展示

师生齐声诵读：

生活处处有真情。

真情是盲老人点起的明灯，指引路人通向光明的道路；

真情是永远不落的藤叶，让垂危的生命有了生的希望；

真情是那张粗糙的生日卡片和十一枝康乃馨，滋润了父母干涸的心田；

真情是理想的风筝，带给我们无穷的力量……

真情流露，是世界上最甜美的享受，让我们共同感受真情的美好，让爱在我们的心灵深处扎根！

（播放阎维文的《母亲》，做背景音乐）

师：人的情感世界可谓千姿百态，在人类美好感情的百花园中，有一枝尤为鲜艳芳香的花卉，那就是最纯最美的亲情——

[设计意图]此环节是本节课的总起，也是本单元课的总结。在学生思维中也有此总结、归纳的意识。

2. 第一篇章：天下第一情——父母亲情永不忘

生1：亲情是那份"临行密密缝，意恐迟迟归"的无言牵挂；是那份"马上相逢无纸笔，凭君传语报平安"的真挚嘱托；也是"来日倚窗前，寒梅著花未"的无限思念；更是"雨中黄叶树，灯下白头人"的凝望守候。你们又积累了哪些有关父母的名言和诗句呢？

（1）展示积累，古今中外的名言、古文、背诵古诗以及现代诗，如孟郊的《游子吟》、郑敏的《金黄的稻束》、李汉荣的《生日》、张九龄的《望月怀远》、冰心的《纸船——寄母亲》《写给母亲的信》、泰戈尔的《母亲》等。

（诵读形式多样：个人、小组、男女生、自愿结组等）

生2：一首淳厚深挚的母爱诗句，没有谆谆叮咛，没有涟涟别泪，一片母爱的纯情凝聚在临行缝衣那无声的场景之中。这份亲情高如山，深似海。

生3：山感恩地，方成其高峻；海感恩溪，方成其壮阔；天感恩鸟，方成其博大；花感恩叶，方其成娇艳；"羊有跪乳之恩，鸦有反哺之义"。让我们满怀感恩之情，来表达我们对爸爸妈妈那份真挚情感吧！

（2）展示学生自己的作品，表达对父母的赞美，感激之情以及养育之恩。

作品形式多样：对联、古诗、散文、诗歌、现代文等。

（3）师小结：孩子们，从你们那一句句饱含深情的话语中老师感受到了浓浓的爱意。千言万语，也无法表达对父母的养育之恩。提议：全体起立，向深爱你们的爸爸妈妈深深鞠上一躬，再向他们大声道一句：爸爸，妈妈，你们辛苦了！我爱你们！

（预先请家长参加今天的课）

生4：有一种职业最美丽，那就是教师；有一种精神最感人，那就是师魂；有一种情感最动人，那就是师生情……纯真的师生情，像一条长河：它恬静，泛着微微的涟漪；它清澈，看得见河底的块块卵石；它轻柔，如春风缓缓暖人心。

3. 第二篇章：师生之情——老师恩情重如山

师：孩子们，把你们积累的诗句展示出来吧！

（1）背诵赞美老师的诗句。

龚自珍的《己亥杂诗》第五首《天净沙·管仲图》、冰心的《纸船——寄母亲》、郑燮的《新竹》、李商隐的《无题》、杜甫的《春夜喜雨》、罗振玉的《鸟沙石室佚书·太公家教》、刘向的《史记·李将军列传》等。

生4：草木为了感激春的到来而吐露新芽；鲜花为了感激夏的到来竞相开放；硕果为了感激秋的到来挂满枝头；雪花为了感激冬的到来把大地母亲银装素裹。是呀，让我们感恩的光芒延伸到浩瀚的苍穹，在我们的心中留下一道永恒的记忆。让我们满怀感激之情，来表达我们对老师那份真挚情感吧！

（2）学生展示自己的创作，以表达对老师们的爱戴、赞美、感恩之情。

作品形式多样：对联、古诗、散文、诗歌、现代文等。

（3）播放歌曲《长大后我就成了你》。

生5（小结）：这一首《长大后我就成了你》，透着情真意切的情思，在我们心灵的回音壁上激起悠远的回响，余音袅袅，如缕不绝。正如夏日的百花，散发着馥郁的芳香。

117

生6："孤帆远影碧空尽，唯见长江天际流"，是朋友间依依惜别，不舍得留恋；"折花逢驿使，寄与陇头人"，是相隔万里的朋友间真情而洒脱的问候。"同师为朋，同志为友"，朋友间的情感，弥足珍贵。让我们吟诵着真诚动人的友谊诗篇，去寻找生活和学习中的知己吧！

4. 第三篇章：莫逆之交——朋友友情要珍惜

（1）诵读表达友情的诗句。

李白的《赠汪伦》，汪国真的《给友人》，刘恒武的《朋友，说一声再见》，王维的《山中送别》，高适的《别董大》，李白的《送孟浩然之广陵》，王维的《送元二使安西》，白居易的《赋得古原草送别》，王勃的《送杜少府之任蜀州》，孟浩然的《送朱大入秦》等。

生7：友情不是一堆华丽的辞藻，而是一句热心的问候；友情不是一个敷衍的拥抱，而是一个会心的眼神；友情不是一些无关痛痒的安慰，而是让你感到心安的陪伴；友情不是一幕短暂的烟火，而是一幅真心的画卷。听一听，同学们是怎样理解友谊的。

（2）展示自己送给朋友的诗，表达对朋友的感谢之情。

古文、诗歌、散文、对联等。

生8：赠人玫瑰，手留余香，在我们的学习和生活中也离不开他人的关爱。

他人的关爱，让你我的生活更美好，他人的关爱，让我们体会到了人间的真情。

5 第四篇章：人间真情——他人人情记心上

（1）师生接力诵读读过的文章，升华主题。

真情是盲老人点起的明灯，指引路人通向光明的道路；

真情是永远不落的藤叶，让垂危的生命有了生的希望；

真情是＿＿＿＿＿＿＿＿＿＿＿＿＿＿＿＿＿＿＿＿＿＿＿＿＿

学生通过读过人间真情的文章或是结合生活实际，说一说，

真情是＿＿＿＿＿＿＿＿＿＿＿＿＿＿＿＿＿＿＿＿＿＿＿＿＿

生9（小结）：真情流露是世界上最甜美的享受，让爱在我们心灵深处

扎根!

[设计意图]将生活与学习紧密相连，在生活中去实践语文，进一步体会到语文即生活，生活即语文。

5. 结束篇

读为学生写的诗，表达对学生的美好祝愿

送给我最爱的学生们：

朝夕相伴已两载，句句话语记心间。

师生情谊伴人暖，声声关爱浓意绵。

今昔学子把梦圆，师愿诸君破浪前。

不忍惜别道珍重，桃李芬芳绽笑颜。

[课后反思]充分搭建展示的平台，将本单元学习过程中学生的积累充分展现。通过学习，以不同形式写出自己的小创作，表达对父母、老师、朋友、他人感恩或赞美之情。

《军神》教学设计

一、指导思想与理论依据

《义务教育语文课程标准（2011年版）》指出：语文课程丰富的人文内涵对人们精神领域的影响是深广的。学生对语文材料的反应往往是多元的。语文课程为学生形成正确的世界观、人生观、价值观，形成良好个性和健全的人格打下基础。为学生的全面发展和终身发展打下基础。对继承和弘扬中华民族优秀文化传统和革命传统，增强民族文化认同感，增强民族凝聚力和创造力，具有不可替代的优势。

语文课程应重视培养学生的品德修养和审美情趣，使他们逐步形成良好的个性和健全的人格。阅读教学不宜过多的讲解，应引导学生钻研文本，在主动积极的思维和情感活动中，加深理解和体验，有所感悟和思考，受到情感熏陶，获得思想启迪。注重培养学生感受、理解、欣赏、评价的能力，不应以教师讲解代替学生的思考。

二、教学背景分析

（一）教学内容分析

本课教学内容是北京市义务教育课程改革试验教材五年级上册第30课。这篇课文记叙了刘伯承在重庆治疗受伤的眼睛时，拒绝用麻药的事情，表现了刘伯承钢铁般的意志，表现了作者对刘伯承的敬佩和赞扬的感情，课文按事情发展的顺序记叙的，先写沃克医生给刘伯承检查眼睛伤势：发现这个"邮局职员"是个军人；接着写沃克给刘伯承做手术，刘伯承拒绝用麻药；最后写手术后沃克对刘伯承的钦佩。

从文章的写作方法上看：有侧面描写，人物的语言、动作、神态描写。

（二）学生情况分析

此时的学生已具备初步的阅读、欣赏、评价等能力。然而课文中的事件、人物离学生的距离有些远。学生从文本单一的文字中，很难通过自主阅读感受到作者想要表达的情感，很容易游离在外。怎样利用好教材？怎样发挥语文课程的多功能及奠基作用？文字与场景的结合符合此时学生的年龄特点。

三、技术准备

多媒体教学设备，如教学用演示文稿、影视资料。

四、教学目标

1. 能够了解课文主要内容，体会人物的情感。学习分角色朗读课文。
2. 找出描写沃克医生神态、情感变化的语句，体会这样写的好处。
3. 对刘伯承坚强的意志产生敬仰之情。

五、教学重、难点

教学重点：理解描写人物对话、神态的语句，体会人物的内心世界。

教学难点：理解"你是一个真正的男子汉，一块会说话的钢板！你堪称军神！"

六、教学过程

（一）整体感知，归纳主要内容

1. 谈话导入新课：这节课，我们接着学习第30课《军神》，请大家齐读课题。

2. 整体回顾：现在请同学们快速浏览课文，回忆文章的主要内容。

[设计意图]归纳课文的主要内容，对文章再次形成整体认识。

（二）理解课文，提升情感，双基训练

1.激发情感，引出问题

（1）这位被称作军神的人是谁？（板书：刘伯承）

（2）教师导语，引起学生兴趣：上节课，有很多同学被文中的人物深深地打动了。这节课，我们就再一次了解这个曾发生在刘伯承身上的震撼人心的故事。你们还记得沃克是怎样赞美刘伯承的吗？

（3）提出统领全文的中心句：

出示：你是一个真正的男子汉，一块会说话的钢板！你堪称军神！

（学生单人读、齐读）

[设计意图]质疑统领文章的问题，直入课文的重点。

2.默读课文，学会理解课文的方法

（1）引导学生自读自悟。提出自学要求：沃克医生为什么这么赞美刘伯承，为什么称他为军神？请同学们默读课文，在文中找到答案。你认为哪一句最能体现就用曲线画下来，读一读，说说自己的理由。

（老师巡视指导）

（学生默读、思考、批画、朗读）

[设计意图]让学生学会阅读方法。

（2）组织全班汇报交流：随学生发言点播指导学生品读重点词语与句子，体会文章中的情感。

①根据学生的汇报相机出示："沃克医生，眼睛离脑子太近，我担心施行麻醉会影响脑神经。而我，今后需要一个清醒的大脑！"

（板书：拒绝麻醉）

师问：刘伯承是不是怕施行麻醉影响身体健康？

生答：是怕不能为革命事业作贡献。

师：用什么样的语气读？

生：恳切的语气。

（指导朗读）

[设计意图]建立在自主学习的基础上，全班交流，不足之处有补充。开

阔学生视野，扩大学生参与度，尊重学生个人阅读体验。从刘伯承的语言中体会到他的如钢意志。

②此时沃克医生有什么表现，为什么？

出示：沃克医生表现的句子。

"沃克再一次怔住了，竟有点口吃地说：'你，你能忍受吗？你的右眼需要摘除坏死的眼球，把烂肉和新生的息肉一刀刀割掉！'"

[设计意图]通过品味沃克医生态度初次改变的重点句，再次体会刘伯承的钢铁意志。使刘伯承和沃克医生的情感贯穿全文。

师：如果你是沃克医生，面对此情此景，你会想些什么？

生：会想到军神，真是一个有毅力的人。

师：用朗读来表现出来。让我们把这份感情投入其中，自由读读15—17自然段，我们分角色读一读。

[设计意图]通过分角色朗读，使学生融入其中，能够更深地体会文中的情感。

③根据学生汇报出示："病人一声不吭，他的双手紧紧抓住身下的白垫单，手臂上青筋暴起，汗如雨下，他越来越使劲，崭新的白垫单居然被抓破了。"

（板书：一声不吭）

从句子中找到词语"一声不吭、紧紧、汗如雨下、青筋暴起、抓破"，体会情感。

（重点体会这段）

师：从哪些地方可以看出刘伯承很痛？（指导读书）

师：此时，你能用一个词来形容刘伯承的疼痛吗？

生：痛苦难甜、痛彻心扉、撕心裂肺。

（再次指导读书）

过度：这是个怎样的军人？他竟然为保持清醒的大脑而情愿忍受常人无法忍受的剧痛，来摘除坏死的眼球，把烂肉和新生的息肉一刀刀割掉，让我们一起来看一下这惊心动魄的场面吧！

④播放电影《青年刘伯承》片段。

师：请你谈一谈看后的感受。

师：（渲染感情）面对这样的年轻人，一向镇定的沃克医生双手也有些颤抖，脑门的汗擦了一遍又一遍，他对年轻人说（引读）：

"你如忍受不住可以哼叫。"

"你如忍受不住可以哼叫。"

生："病人一声不吭，他的双手紧紧抓住身下的白垫单，手臂上青筋暴起，汗如雨下，他越来越使劲，崭新的白垫单居然被抓破了。"

师：此时，再次用沃克医生的情感从侧面衬托刘伯承的意志。

问：他为什么允许年轻人哼叫？于是，他说：（引读）

"你如忍受不住可以哼叫。"

师：然而，经受了3个多小时手术后的病人：（引读）

"病人一声不吭，他的双手紧紧抓住身下的白垫单，手臂上青筋暴起，汗如雨下，他越来越使劲，崭新的白垫单居然被抓破了。"

[设计意图]重点体会这段中的高潮，通过句子中的重点词语，老师的引读，精彩的影片片段的观看，在学生与文本之间建立了一架饱含深情的桥梁。为学生理解文本，理解刘伯承和沃克医生的情感做了很好的铺垫。

⑤根据学生汇报出示：病人脸色苍白，勉强说，"我一直在数你的刀数"。说一说你的理解。

（板书：谈笑自若）

师：难熬的手术终于结束了当脱去手术服的医生从病人的口中得知自己割了72刀时，他惊呆了。他大声嚷道：（引读）

"你是一个真正的男子汉，一块会说话的钢板！你堪称军神！"

师：太了不起了、不仅能忍受疼痛，还能笑看人生、我们都不禁和沃克医生同声嚷道：（引读）

"你是一个真正的男子汉，一块会说话的钢板！你堪称军神！"

⑥让我们再来回顾这惊心动魄的场面吧！分角色读第17—24自然段。

[设计意图]通过引读体会这层层递进的话语，强化文中作者所要表达的

情感。

3. 回顾全文，体会情感

师：让我们看前文，刘伯承开始去就医沃克医生的态度是什么？

生：冷淡。

师：后来的态度是什么？

生：慈祥、肃然起敬、微笑。

师：为什么？

（板书：意志如钢，坚韧不拔）

[设计意图]通过这次回顾，学生从侧面、从沃克医生的态度上体会到文中的情感、即一次次态度的明显变化。

4. 总结全文

为什么堪称军神？用"因为……所以……"照着板书总结全文，进行说话练习。

例如：刘伯承因为做手术拒绝使用麻醉，意志如钢，所以堪称军神。

[设计意图]让学生通过说话练习再次对全文进行整体的回顾。

（三）学习写作方法，升华情感

1. 提出本文的写作方法，指导学生进行写作。

师：为什么书中的主人公是刘伯承？却描写了沃克医生的许多语言、神态？

写作方法的一种：侧面描写（板书），以突出刘伯承的意志。

2. 你还知道哪些英雄的事迹？收集整理汇报。

3. 你想对文中的他说什么？在书上写下来，和同学们交流。

4. 赠予学生一句名言，读一读。

"生活就像海洋，只有意志坚强的人，才能到达彼岸。"

（四）推荐阅读

1. 一本书《刘伯承传奇》。

2. 一部电影《青年刘伯承》。

3. 写一篇读后感。

（五）板书设计

30军神

拒绝麻醉

刘伯承 { 拒绝麻醉 一声不吭 谈笑自若 } 意志如钢

七、学习效果评价设计

1. 写一写你想说的话。

2. 有感情地分角色朗读课文。

八、本教学设计的特点

1. 正确把握语文教育的特点，充分尊重学生的阅读体验

在教学中，不以教师的理解去代替学生的阅读，更多的让学生从文本出发，通过提炼关键词语重点读、重点段落师生配合读、分角色读等多种朗读方式去体会文章中人物的情感，感受语言的魅力；通过影片的穿插，拉近学生与文本故事的距离，让学生更加直接地感受文中人物的情感。

2. 重视阅读方法的学习与品德修养的培养

课上，当学生欣赏到影片中惊心动魄的场面时，一张张原本不为所动的面孔渐渐严肃起来，一双双紧盯屏幕的眼睛渐渐湿润，此时，学生心中的品德修养以及对人物的情感感悟，只有学生才体会得到。通过默读、批画、朗读等环节，学生学会提炼关键词，阅读重点段落。通过人物的语言、神态的描写也使学生掌握了阅读的方法。

课文是个例子，学生能从中学会阅读的方法，提升语文学科素养，培养品德修养和审美情趣，可真是收获很大。

《汉语拼音复习课》教学设计

一、指导思想与理论依据

《义务教育语文课程标准（2011年版）》指出：汉语拼音教学应尽可能有趣味性，宜多采用活动和游戏的形式，应与学说普通话、识字教学相结合，注意汉语拼音在现实生活中的运用。

二、教学背景分析

（一）教材分析

本课教学内容是部编版一年级语文教材第一册第三单元拼音教学学习之后的一节实践课。此时，拼音已经全部学习完成。本节课拼音复习教学以趣先行，以读为主。将拼音的拼读、记忆复习与学生的生活相联系，巩固学生识记拼音，练习拼读。

（二）学情分析

学生刚刚步入小学的课堂一个月有余，对于学校、知识刚刚建立起完整的联系。对于拼音、汉字的输入还是以图片为主，以鲜艳的颜色和与自己生活联系紧密的知识为先。喜欢有游戏，充满愉悦的课堂；喜欢更多地参与到课堂之中。

三、教学目标

1. 复习声母、韵母、整体认读音节和标调歌。
2. 会用拼音读小儿歌。

四、教学重、难点

1. 能够区分形近拼音，把音节读准确。

2. 能借助拼音完整拼读小儿歌。

五、教学过程

（一）课前导入

师：让我们一起走进拼音王国的大门。（出示课题：拼音复习课）

（二）拼音闯关我能行

第一关：走进拼音小家庭

1. 出示23个声母

学生自己先读读、开火车读、指读，巩固记忆。

2. 出示24个韵母

学生自己先读读、开火车读、指读，巩固记忆。

3. 出示16个整体认读音节

学生自己先读读、开火车读、指读，巩固记忆。

[设计意图]通过整体认读声母、韵母、整体认读音节，给学生建立整体的印象，为拼音的认读打基础。巩固记忆拼音表。

第二关：双胞胎弟兄我认识

读一读、记一记

1. d—b   d—g   n—h   q—p

   t—f   i—j   m—n   iu—ui

2. a   ao   ai   an   ang

   e   ei   ie   er   en   eng

   y   yu   yue   yun   yuan

学生自己先读读、开火车读、指读、跳读

[设计意图]学生通过比较，能够正确区分形近字母，并记忆。

课中休：　　　　　　　　　拍手小儿歌

拼音头上戴小帽，

读音不同要记牢。

一声平，二声扬，

三声拐弯四声降。

第三关：戴上小帽我们认得清

认一认、读一读

1. yuan

　　yuān　　　yuán　　　yuǎn　　　yuàn

2. juē　　　xué　　　quán

　　xuǎn　　　zhuàn　　　yuǎn

3. liǔ　　　niú

各种方式读一读

第四关：标调歌曲我会读

有a标a上，

无a找o、e，

i、u并列标在后，

i上标调点去掉。

第五关：音节词语同回家

走出拼音王国，请你帮助拼音和相一致的词语回家。

桂花　　回家　　尾巴　　火腿　　奶嘴　　害怕　　比赛　　猜谜

语　　吹喇叭

（三）总结奖励

同学们闯关成功，奖励你把儿歌学会读给妈妈听。

qiū　yè piāo piāo

秋 叶 飘 飘

hóng sè　de　hú dié　　huáng sè　de xiǎo niǎo

红 色 的 蝴 蝶， 黄 色 的 小 鸟，

zài kōngzhōng fēi xiáng　　zài fēngzhōng wǔ dǎo
在 空 中 飞 翔 ， 在 风 中 舞 蹈 。

bú shì hú dié　　bú shì xiǎo niǎo
不 是 蝴 蝶 ， 不 是 小 鸟 ，

shì hóng yè wǔ　　huáng yè piāo
是 红 叶 舞 ， 黄 叶 飘 ，

xiàng qiū gū niang fā lái de diàn bào
像 秋 姑 娘 发 来 的 电 报 ，

gào su wǒ men qiū tiān yǐ jīng lái dào
告 诉 我 们 秋 天 已 经 来 到 。

（四）板书设计

拼音王国

声母23　　韵母24　　整体认读音节16

六、学习效果评价设计

1.拼读、记忆拼音表。

2.正确、流利读小儿歌。

七、本教学设计的特点

1.构建以生为本的课堂

根据一年级学生的年龄特点，本节课的教学主要以学生为主体，让学生在课堂中能够充分、主动地参与进来。课上的每个环节，学生都是主要角色，充分体现我参与、我实践。

2.以趣先行，游戏教学贯穿全程

一年级的小学生喜欢童话王国，从童话中成长起来。因此，本教学设计以拼音王国游戏为主线，通过老师带领同学们过关闯卡，将词语朋友送回家完成复习、识记、拼读的教学任务。学生在兴趣的引导下，快乐地将此节拼音复习课上得扎实有实效。

《七颗钻石》教学设计

一、指导思想与理论依据

《义务教育语文课程标准（2011年版）》提出中段学生应"能初步把握文章的主要内容，体会文章表达的思想感情，体会关键词句在表达情意方面的作用。"教学过程中通过"提取信息读""提炼重点词语读""分角色理解文本读"等多种方式的朗读和标画信息思考默读，思考并理解文章表达的思想感情，体会童话故事的特点。

教材无非就是个例子。用好本篇例文，适当增加拓展阅读，通过对比阅读使学生能够学会举一反三的阅读方法，充分获得审美体验。

二、教学背景分析

（一）教学内容分析

《七颗钻石》是人民教育出版社三年级下册第五单元的一篇课文，这篇精读课文是俄国作家列夫·托尔斯泰的一篇童话。课文首先写了故事发生的背景，地球上的一次大旱灾，使所有的河流和水井都干涸了，使许多人和动物都焦渴而死，突出了水在当时的重要性；然后写小姑娘出门为生病的母亲找水，随着一次次让水，水罐也一次次地发生着神奇的变化，最后地球上终于有了一股清澈又新鲜的水流。从水罐的一次次变化中体会爱心的神奇力量。无私广博的爱能带来意想不到的奇迹，爱心能为世界创造美好的未来；爱心是永恒的，它像钻石一样晶莹闪烁。

（二）学生情况分析

三年级是第二学段的起始段，通过前半个学期的训练，学生在语言学习方面，已经有了一定的学习方法和习惯，但他们的认识区域及学习能力仍有一定的局限性，对情感的体验不是很深，对于情节曲折的文章，不能把握文章的主要内容，所以还需要老师搭桥铺路，在学习的过程中，还需要运用多种方法，创设一定的情境，激发学生的学习热情，学会阅读方法。

三年级的学生以形象思维为主，能运用一定的抽象思维，想象能力也由模仿性和再现性向创造性的想象过渡。这时的学生有极强烈的好奇心、求知欲，对童话、故事兴趣盎然。虽然以前在课本中从未学过童话，但在课外学生已读过许多的童话故事，因此在学习本文的过程中，学生不会感到陌生和吃力。

三、教学目标

1.熟读课文，并能有感情地朗读课文。

2. 从水罐的一次次变化中，体会爱心的神奇力量；感知童话丰富的想象力。

3.学会懂得关心别人，懂得用爱对待生活。

四、教学重、难点

教学重点：了解水罐发生了哪些变化及变化的原因。

教学难点：体会小姑娘美好心灵与七颗钻石的关系。

五、教学过程

（一）复习导入

同学们，今天我们继续学习"童话世界"单元，去领略童话的魅力，首先，请大家有感情地朗读一下本单元的单元导语吧！

这节课我们就继续学习第18课：七颗钻石（齐读题目），让我们再次走进这个神奇的故事。

（二）回顾课文内容

1.复习词语

钻石   干渴   水罐   绊倒   干涸   新鲜   涌出

干枯　　递给　　唾沫　　旱灾　　清澈　　一瞬间　　忍不住

匆匆忙忙　　喜出望外

2.将以上词语放到课文中读一读，边读边回忆

故事中的这只水罐发生了哪些变化呢？

（汇报并板书：木——满水——银——金——钻石）

师：真是一只神奇的水罐！这个神奇的童话故事发生在一次大旱灾中，没有水，大地会是什么样呢？现在，让我们一起走进那枯黄的世界看看。

师：课文是怎样描述这场大旱灾的呢？

【课件出示第一自然段】

（齐读第一自然段。）

你从哪个词中，最能感受到这场旱灾的严重？

（所有的、干涸、干枯、干渴而死　都）

谁能通过朗读表现出旱灾的严重呢？（抽生读）

【课件出示旱灾图片】

师：从你的朗读中，让我体会到当时的水是多么的重要啊，水是生命的希望、是活着的力量。为了生的希望，为了母亲的健康，一个小女孩在一天夜里拿着一个木水罐走出家门，为生病的母亲找水喝。在找水的过程中，她的水罐发生着一次次的神奇变化。

（师生一起说：木空水罐到装满了水，木水罐变成银水罐，银水罐变成金水罐，金水罐里跳出七颗钻石，涌出水流。）

是什么原因使水罐发生着一次次的神奇变化呢？

（三）品读2—4自然段，体会爱心

【出示自学导航】

1.自读课文，思考水罐变化的原因，并用"＿＿＿＿"画出相关的句子，用"△"标出重点词语，并读一读。

2.小组交流。

（1）指导分析水罐第一次发生变化的原因。

【课件出示句子】

一天夜里，一个小姑娘拿着水罐走出家门，为她生病的母亲找水。小姑娘在哪儿也找不到水。她累得倒在草地上睡着了。当她醒来的时候，拿起罐子一看，里面竟然装满了清亮新鲜的水。

a.抽生读。

b.从这段话中你体会到了什么？是从哪些词语中体会到的？

（小姑娘找水不容易，小姑娘爱妈妈，水罐神奇……）

师：谁能通过朗读将你的体会表达出来呢？（指导朗读）

师：现在你肯定知道了，（孝心）使空木水罐里装满了水。（板书：孝心）

师：看到这清澈、新鲜的水，小姑娘的心情用哪个词概括最准确呢？请同学们默读第二自然段找找答案。（生：喜出望外）真是太高兴了，这时的小姑娘就不渴吗？你从哪里知道的？（生：真想喝个够）可她没有喝，她心里牵挂的是她的妈妈，正是小姑娘对妈妈的孝心使水罐发生了神奇的变化。让我们通过朗读，再现那感人的一幕吧！

c.有情感朗读。

【课件出示段落】

一天夜里，一个小姑娘拿着水罐走出家门，为她生病的母亲找水。小姑娘在哪儿也找不到水。她累得倒在草地上睡着了。当她醒来的时候，拿起罐子一看，里面竟然装满了清亮新鲜的水。小姑娘喜出望外，真想喝个够，但又一想，这些水得给妈妈留着，就赶紧抱着水罐往家跑。

（2）第二次变化原因。

a.抽小组代表读句子谈体会。

【课件出示句子】

句子：小姑娘把水倒在手心里，让小狗喝。小狗立刻变得欢快起来。当小姑娘再拿起水罐时，木制的水罐变成了银的。

（感受：小姑娘很爱小动物）

师：如果小姑娘没有给那个渴得哀哀尖叫的小狗喝水的话，小狗会怎样？此时此刻，水对于小狗来说就是——（生命的希望），喝了水，小狗就能活下去。这如生命般宝贵的水，小姑娘自己都没舍得喝一口，却分给了一只小狗。小姑娘不仅爱她的妈妈，也爱——（小动物），正是爱心的力量使水罐再次发生神奇的变化。

b.（填空："爱心"使水罐变成了银的。）

师：当她回到家里，水罐又变成金的了，这又是为什么？

（3）分析水罐第三次变化的原因：抽小组代表读句子谈体会。

【课件出示句子】

小姑娘把银水罐带回家，交给了妈妈。妈妈说："我就要死了，还是你自己喝吧。"小姑娘说什么也不肯喝，她用小勺一口一口地喂妈妈。就在这一瞬间，水罐又从银的变成了金的。

（感受：妈妈爱小女孩   小女孩也爱妈妈   喂）

师：母亲在生命垂危的时候，是多么需要水呀，可是她没舍得喝，把水罐递给了自己的孩子，她把生的希望留给了自己的孩子，可见她是多么的爱自己的孩子！小女孩也强忍着焦渴给妈妈喂水。同学们，正是这母女间真挚的感情使水罐又发生了神奇的变化，你们知道，是什么使水罐变成金的了吗？（板书：亲情）

过度：真挚的母女情让水罐再次发生神奇的变化，那么又是什么使水罐里跳出七颗很大的钻石，涌出一股巨大而清澈的水流呢？

（4）分析水罐发生第四次变化的原因：抽小组代表分析。

【课件出示句子】

小姑娘正想喝一点水，突然从门外走进一个过路人，要讨水喝。小姑娘咽了一口唾沫，把水罐递给了那个过路人。

（读句子，谈体会，分析原因）

师引导：小姑娘一而再、再而三地把水让给别人，难道她就不渴吗？你从哪些词语体会到的？读出你的体会来！在极度干渴的情况下，小姑娘把生命般珍贵的水毫不犹豫地给了一个陌生的过路人，此时你想说什么？（小姑娘善良！）把你的理解带进去再来读一读！

小姑娘无私广博的爱心再次显示了水罐的神奇！这时——

【课件出示句子】

这时，突然从水罐里射出了七颗闪闪发光的钻石，接着从里面涌出一股清澈、新鲜的水流。

（三）情感升华

集中提升：

小姑娘此时就像是沙漠里的一只小鸟，抱着这费尽千辛万苦找到的清亮新鲜的水，真想喝个痛快，但当她看到小狗即将被渴死时，小姑娘把水倒在手心里，让小狗喝。

好几天没喝一口水，她浑身都是软绵绵的。头昏眼花，四肢无力，口干舌燥，小姑娘说什么也不肯喝，她用小勺一口一口地喂妈妈。

她感到特别干渴了，眼冒金星，头愈来愈沉重，喉咙里像塞满了干柴禾。

当路人请求帮助时，小姑娘咽了一口唾沫，把水罐递给了那个过路人。

师：不断变化的是水罐，可始终不变的是"爱心"，是爱创造了一个又一个奇迹！神奇的变化还未停止。

【课件出示最后一自然段】

那七颗钻石越升越高，升到了极高的天空，变成了七颗灿烂的星星。这就是人们看到的北斗七星。

童话故事美丽的结尾寄托了列夫·托尔斯泰美好的愿望，星星和钻石一样，象征着美好的心灵，象征着爱心。星星永远挂在夜空里，象征着爱心永恒，它光照人间，还表示爱心普照人间。

此时此刻，你们一定知道作者为什么以《七颗钻石》为题了吧？

（因为钻石晶莹剔透，闪烁着美丽的光芒，它可以用来表示对美好事物的赞美。文中用七颗钻石赞美了小姑娘和妈妈美好的心灵。）

师：就让我们读一遍课文，再来感受一下小姑娘的美好心灵吧！

师：爱心创造了奇迹，战胜了旱魔，是啊，如果人人都有爱心，那世界就会变得多么美好！

（四）拓展阅读

在我们的《主题阅读》里也有一位善良有爱心的小姑娘，让我们来认识一下她吧！

【出示自学导航二】

1. 自由朗读《亮眼宝石》，注意读准字音，读通句子。

2. 默读课文，思考并口头填表。

题目	相同点	不同点
七颗钻石		
亮眼宝石		

3. 同桌交流。

（五）提升情感，总结全文

师：是啊，在我们身边也处处充满着爱！它是我们这个世界永恒的主题，它像钻石般晶莹纯洁。老师给大家带来几句爱的名言，请你读一读：

爱是美德的种子。 ——但丁

人生是花，而爱是花蜜。 ——雨果

爱之花开放的地方，生命便能欣欣向荣。 ——凡·高

爱就是充实了的生命，正如盛满了酒的酒杯。 ——泰戈尔

小结：

今天，我们在心里种下这颗爱的种子，愿它在你们的心底慢慢发芽、长大！老师希望你们都能成为充满爱心的人，因为你们的爱，世界将会变得更加美好！

推荐阅读：王尔德《巨人的花园》

（六）板书设计　　　　　　七颗钻石

童话故事
神奇
夸张
想象
对比
循环

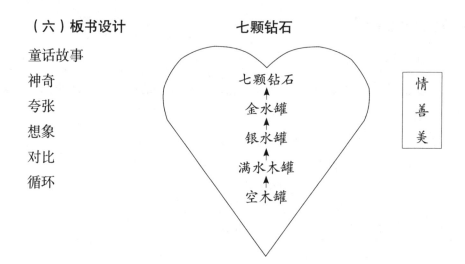

七颗钻石
↑
金水罐
↑
银水罐
↑
满水木罐
↑
空木罐

情
善
美

六、学习效果评价设计

1. 有感情地朗读课文。

2. 写一段学完此课的感受。

七、本次教学设计的特点

1. 本节课选择恰当教学方法，课堂上有效地调动了学生学习的积极性，学生思维活跃，探究意识强，培养了学生的多种能力。课堂以童话故事为切入点，利用创设情境的方法，使学生很快地进入了童话之中，用以读代讲的方法，使学生形成自己的阅读感悟的同时体会到了童话故事的特点。从而为后续的阅读、编写做了积淀。

2. 本节课注重文本内容与实际生活的整合，让情感进一步升华。

3. 本节课突出对比阅读方法的指导，感受童话故事的特点。

《升国旗》教学设计

（整体识字课）

一、指导思想与理论依据

《义务教育语文新课标（2011年版）》中明确指出："识字写字内容是小学第一学段的教学重点和难点，是学生进行语文阅读和写作的基础。"识字写字教学在义务教育阶段的地位和重要性不言而喻。低年级阶段学生"会认"与"会写"的字量要求有所不同，在教学过程中要多认少写。

笔者奉行"语境是水，字词是鱼"的理念，坚持在语境中识字，贯彻"字不离词，词不离句，句不离段"的原则。让学生在学习、积累、比较中掌握字的识记规律。让学生感受到祖国汉字的有趣与神奇，对汉字学习产生兴趣，继而培养学生喜欢学习汉字，有主动识字、写字的愿望。

二、教学背景分析

（一）教学内容分析

本课是北京市义务教育课程改革试验教材一年级上册，识字课。课文通过几个词语和1首小儿歌让学生认识生字新词，理解词语的意思，会写课文中的4个生字。感受升国旗时的骄傲与庄重。

（二）学生情况分析

学生刚入学1个月，对于汉字学习处在初级阶段。兴趣此时是他们的第一个老师。只有调动学生的写字兴趣，从而转化为主动要写好字的强烈欲望，在这种动力的推动下，学生才能乐于听从老师的指导，并积极主动、认真地投入到观察、描红、书写活动中。

三、教学目标

1. 认识儿歌中的生字新词，会写"中""五""立""正"4个生字。
2. 能正确、流利朗读儿歌。

四、教学重、难点

教学目标1、2。

五、教学过程

（一）激发兴趣，导入新课

1. 出示国旗图——出示词语：国旗　五星红旗

师：有谁认识这是什么？让学生先说一说看见了什么图，再出示后边词语读一读。

[设计意图]让学生通过图认识词语。

2. 出示课题

师：要想长大以后为祖国贡献力量，先要闯关成功。

（二）初读儿歌，文中识字

战前动员：想闯关成功，先加油吧！自读课文，把不认识的生词画出来，再认真读读。之后，同桌互相读一读，不认识的可以互相帮助。

[设计意图]这是学生在课上第一次读课文，使学生能够初步感知课文内容，读准字音，把课文读正确。

（三）设置情境，智慧闯关

第一关：我会读（词语中识字）

1. 出示带拼音词语

中国　国旗　升起　升国旗　五星红旗　国歌　多么美丽　立正

（1）自己读。

（2）开小火车读。

2. 拼音小朋友回家了，请你读一读（去掉拼音读）

（1）自己读。

（2）开小火车读。

第二关：我会用

1. 组词

中（　　）（　　）五（　　）（　　）

立（　　）（　　）正（　　）（　　）

2. 读上边的词语，选一个词语说一句话

[设计意图]再组词、说句子的过程中理解生字新词的意思。

第三关：生字回文，我会读

1. 将生字词语带入到课文中，读一读

2. 出示小韵文《国旗国旗真美丽》，再读一读

国旗国旗真美丽，金星金星照大地，我愿变朵小红云，飞上蓝天亲亲你；

国旗国旗真美丽，金星金星照大地，我愿变朵小红云，飞上蓝天亲亲你！

[设计意图]不同的文中识字，调动生字词语的位置，再读，创造多次与生字词语见面的机会，巩固记忆。如果第二个小儿歌学生已经会读了，说明本课生字新词就已经会读了。通过两次儿歌的朗读，学生对国旗、国歌的那份骄傲也越加深刻。

课中休：跟唱《国旗国旗真美丽》

（四）情系汉字，美观书写

第四关：我会写

1. 出示四个生字"中""五""立""正"，让学生读一读。

2. 会看书：看书上的笔顺跟随，自己先记一记。

生：我会记"中"它的笔顺是……

3. 会观察：写时竖和横要压竖中线和横中线。（谁来教小朋友写一写？）

4. 大家说完，我们都来写一写。

5. 会评价：他写的字正确、书面整洁、字端正美观，我给三颗星。×××，你是小小书法家我要向你学习。

6. 我会修改。

[设计意图]观察是写好字的基础。让学生在长时间的以上六步练习中掌握识字、写字的规律，从而提升识字写字能力、素养。

（五）板书设计

升国旗

中　　　　五　　　　立　　　　正

六、学习效果评价设计

1. 在田字格中规范书写"中""五""立""正"
2. 认识指定词语和句子，正确读词语和儿歌。

七、本次教学设计的特点

1. 调动学生的识字写字兴趣

本课通过智勇闯关、课间休息小儿歌等环节调动学生识字、写字兴趣，激发学生识字、写字欲望。学生在课堂上的学习欲望被老师激发出来，愿意主动去读、去写。

通过我来教你记一记、写一写等方法强化学生在课堂中的主体地位，激发学生主动学习汉字的愿望，经过长时间的练习从而养成主动学习、识记、书写的习惯。

"趣味识字，轻松识字"正是此课最大的特点。

2. 在语言环境中学习生词新词

　　语境识字就是把生字词语放在特定的、不同的语言环境中学习和记忆。本课通过游戏闯关的情境，通过课间休息儿歌让生字新词复现，让学生从不同的语境中再次熟悉需要认识的词语。生字词语出现在不同语境中的频率越多学生掌握得越熟练。到最后的书写时，生字新词已经在不同的语境中和学生见面了多达七、八次。学生辨识起来就容易多了。

四年级下册第三单元整体教学设计

瑰丽的语言，美丽的世界

一、设计理念

诗歌是文学宝库中的瑰宝，叩击着一代又一代人们的心灵。现代诗更是以简洁明快、独特的语言，丰富的想象及真挚的情感受到很多学生的喜爱与诵读。小学语文的启蒙教育也是从现代诗歌开始的。从刚刚入学的《上学歌》到四年级时学生已经积累诵读了60多首诗歌，教材在四年级上册已经单独出示现代诗2首。可见，现代诗歌是学生言语生命发展的重要载体，也是容易让小学生阅读、积累并进行语言、思维发展训练的更好的文体。

课标第一学段要求诵读儿歌、儿童诗和浅近的古诗，展开想象获得初步的情感体验，感受语言的优美。第二学段指出诵读优秀诗文，注意在诵读过程中体验情感，展开想象，领悟诗文大意。

运用现代诗展开教学活动，能够激发儿童的思维能力和想象能力，有利于培养儿童的审美意识和文学鉴赏能力。小学生的年龄跨度在6—13岁，这个阶段正适合现代诗教学。

本单元是第一次以现代诗歌为文体整合出现，在语文核心素养下，怎样让学生去初步了解现代诗歌的一些特点？怎样去体会诗歌表达的真挚情感，从而喜欢阅读诗歌，喜欢梳理杂乱的思绪抒发美好的情感去创作诗歌？基于以上因素，本单元着重引导学生以朗读为主，使学生读中想象、读中品析、读中学写、读中感悟，即在读中鉴赏美、理解美、创造美。以激发学生阅读兴趣，增加学生阅读量、积累量，提升阅读能力、思考力及创造力。

二、内容简介

本单元选编的四篇作品，是由不同作家创作、不同风格、不同国籍的现代诗。有冰心《繁星》诗集里的3首短诗，艾青的《绿》，苏联诗人叶赛宁的《白桦》和戴望舒的《天晴了的时候》。4篇现代诗以学生最为熟悉的"母亲"和"自然"为中心的意向，展现了现代诗包含情感、想象丰富、语言表达独特等特点。"语文园地"中的交流平台也对现代诗的这些特点进行了回顾与梳理，帮助学生将零散模糊的认知清晰化，使其初步了解现代诗的一些特点。

教材已经从第一学段开始通过识字、读一读、和大人一起读、快乐读书吧、日积月累等学习形式中向学生渗透了诗歌的语言的特点。在二年级上册的教材中也已经有独立小诗歌篇幅出现，逐步向学生渗透诗歌语言的魅力以及试着开始通过丰富的想象仿写诗歌、表达情感。以上出现的诗歌也都明确了朗读的要求。本单元精读课文的课后练习和略读课文的"阅读提示"均设置了朗读诗歌的要求，"综合性学习"中还以小贴士的学习方式提示了朗读诗歌的基本要求，帮助学生通过朗读更好地体会诗歌情感。可见，朗读是感受诗歌特点，体会诗歌情感的主要方式。

本单元安排了一次性综合学习活动，主题是"轻叩诗歌大门"，要求根据需要收集资料，初步学习整理资料的方法，这是三年级下册综合性学习单元语文要素"传统节日的资料"的巩固与提升。本单元的综合性学习活动依托课文学习开展，与阅读教学相辅相成。

写小诗歌创作安排在了第11课课后的活动提示和第12课的阅读提示中，可见创编小诗歌依据学生年龄特点及学生情况要随诗歌学习而行。在学习中习得创编诗歌的方法、获得灵感。

立足第一、二学段所有现代诗，整合语文要素、课后习题，整合单元现代诗的关联之处。帮助学生梳理、整理、总结落实要素1。借助现代诗的描写类别或者抒发情感等的不同，指导学生学会整理资料的方法，落实要素2。要素3则是随着学习内容的递进而逐渐变化，是前面学习的基础上的一个输出与分享。

三、学习目标

（一）核心目标

1. 初步了解现代诗的一些特点，体会诗歌的情感。

2. 根据需要收集资料，初步学习整理资料的方法。

3. 合作编小诗集，举办诗歌朗诵会。

（二）常规目标

1. 集中学习生字词语。认识"藤""潇"等19个生字，会写"朦""寂"等23个生字，会写17个词语。

2. 能通过朗读体会诗歌的韵味。能够有感情的朗读《绿》《白桦》《在天晴了的时候》；背诵《繁星》《绿》《在天晴了的时候》3首诗歌和日积月累中的名言警句。

3. 能借助诗歌中的关键语句初步体会现代诗词的一些特点，体会诗人情感和诗歌韵味。

4. 在学习现代诗歌、品味语言、感悟情感的基础上，能够借助丰富的想象使读写一起飞。

5. 能够产生阅读、积累、诵读、创编现代诗歌的兴趣并做到积极与人分享。

四、总体设想

单元课文内容	双线	整合点	模块	教科书	整本书	语文实践活动
课文：3首短诗《繁星》《繁星》《繁星》《绿》《白桦》《在天晴了的时候》。 综合性学习：轻叩诗歌的大门——合作编小诗集，举办诗歌朗诵会 语文园地： 交流平台：把学习本单元诗歌后的感受与同学交流。 识字加油站：认识、了解古代文人。 词句段运用：体会描写颜色的词句的特点和方法并积累；感悟诗句特点，仿写诗句。 日积月累：积累现代诗的名言警句。	人文主题：诗歌，让我们用美丽的眼睛看世界 语文要素：初步了解现代诗的一些特点，体会诗歌表达的情感。根据需要收集资料，初步学习整理资料的方法。合作编小诗集，举办诗歌朗诵会。	主题：让我们用美丽眼睛看世界语文要素：初步了解现代诗的一些特点，体会诗歌表达的情感。学过朗读法品体代一点味力，悟的情从现一起飞。会通过多种方法鉴赏、现的特韵魅感歌挚实写会鉴赏、现的特韵魅感歌挚读一起。	阅读鉴赏	活动一：由积累的诗歌引入学习现代诗。 活动二：初读单元4篇现代诗，进行整体识字。 活动三：初步了解四首现代诗的内容。	《世界金典儿童诗集：中国卷》 活动一：听老师演读现代诗《花的太阳》，引起学生阅读兴趣。 活动二：课上同一主题鉴赏。 活动三：自主阅读	
			梳理探究	活动一：整合读诗文《短诗三首》初步了解现代诗的特点，体会诗歌表达的情感。学习现代诗歌的方法。 活动二：对比阅读诗文《绿》《白桦》《在天晴了的时候》，初步了解现代诗特点，体会诗歌表达的情感。用学过的学习方法继续学习诗歌。		
			表达交流	活动一：练习诵读、背诵、分享（演读）4篇现代诗歌。 活动二：利用4篇现代诗歌，梳理创编诗歌的方法。 活动三：独立创编现代诗。	积累并分享阅读成果。	活动一：初步展示诗集。 活动二：诗集展，举办诗歌朗诵分享会。

简要说明：

本单元的整体教学设计体现教科书教学、整本书教学、实践活动教学三个方面，重点从阅读鉴赏、梳理探究、表达交流三个板块进行教学。

第一，在教科书教学模块一阅读鉴赏中，通过集中识字掌握本单元生字新词，总体感知本单元诗歌及课后阅读链接文章的内容、主题、文体；梳理探究分两组对比阅读，得方法而后用方法：在对比阅读第9课3首短诗后，进入后几篇诗文的阅读梳理探究。在表达交流中诵读、背诵、演读诗歌进而了解诗歌特点，体会作者情感，在情感被充分激发后进行仿写、创编诗歌。通过后两个模块的学习，学生通过整合、对比、梳理阅读，再到创编的循环阅读，帮助学生了解诗文内容，了解现代诗可以通过简洁、明快且有韵味的语言，通过运用比喻、夸张、拟人等修辞方法通过丰富想象，多彩的画面，借助动植、植物、景物等抒发丰富的情感。指导学生通过多种方式的朗读品析诗文，使学生在3篇短诗的学习中学会学习鉴赏阅读诗文的方法，并能够举一反三在后面的诗歌学习中得以运用。学会创编短诗的方法在后面的创作中得以发挥。

第二，整本书教学中，在阅读鉴赏模块通过教师诗文演读、设疑激趣等多种方式激发学生阅读诗集的兴趣，并自主阅读；在表达交流板块通过现代诗分享诵读，体验阅读的快乐。

第三，实践活动教学中，通过教学教科书和整本书的教学过程中分别进行搜集、收集诗歌、整理诗歌、仿写诗歌、创编诗歌、合编诗集、诵读诗歌、演读诗歌的练习和指导，在此环节组织学生结成小组，并根据评价标准进行练习，课上通过组内展示、评比推优、班级展评的方式进行实践活动，增加学生对诗文的兴趣，由课内引向课外，由学习引向生活，使学生先愿意读，后乐意诵读，最后乐于演读分享，从而提升学生语文素养。

以下是各部分教学模块和课时安排：

设计安排	模块	目标	课时分配
第一部分：教科书教学	一	阅读鉴赏	2课时
	二	梳理探究	2课时
	三	表达交流	3课时
第二部分：整本书教学	一	阅读鉴赏	2课时
	二	表达交流	1课时
第三部分：语文实践活动	一	表达交流	2课时

五、第一部分　教科书教学

模块一　阅读鉴赏（2课时）

（一）学习目标

1. 了解单元整体编排情况、人文主题及语文要素，发布"轻叩诗歌大门"活动事宜。

2. 正确、流利地朗读4首现代诗及课后链接《西湖漫笔》。

3. 集中学习生字词语。

4. 初步整体感知4首现代诗的内容、主题及作者等。

（二）学习过程

第一课时　走进诗文，夯实字词

1. 整体感知，激发兴趣

师：同学们，还记得我们学过的那些诗歌吗?

（学生回答学过的诗歌名称，读上一两句或者整首）

师：哦，真了不起! 还记得这么多。我们学过的还有很多……

（出示学习过的现代诗歌）

师：是呀! 语言简洁明快的小诗歌和我们学习的其他课文不一样。让我们读起来朗朗上口，记起来也容易。同学们，诗歌还有其他功能，你们知道吗？它们还可以让我们用美丽的眼睛去看世界呢！从本节课开始，让我们一起去研读现代诗歌，感受它瑰丽的语言。

初识单元人文主题与语文要素，做到心中有数。

师：诗歌常常表达诗人独特的感受，蕴含着丰富的想象。通过学习本单元的诗歌，能让我们掌握什么本领呢？请读一读本单元的主题和语文要素。

[设计意图]从单元整体开始，让学生试着整体感知单元目标，了解本单元要学习的目标，做到心中有方向。

2. 夯实基础，自主学习

师：学习文章，字词这个拦路虎一定要过关，本节课我们自己闯关。

（1）自由读诗文，扫清文字障碍。

师：请你自由读本单元的4篇现代诗和课后阅读链接以及"语文园地"中的句子、词语、名言警句，之后在小组内交流。

①小组合作学习。

·有哪些易读错的字词，在小组内和队员读一读。

·你读我来听。

小组4人每人读一首诗歌，其他的内容也是队员轮着读，大家互相正音。

②词语检测。

·诗歌中有特点的词语，课后的词语；多音字组词。

·归类词语梳理检测。

·"识字加油站"中的古代文人词语。

·词句段运用中的描写颜色的句子、诗句。

·"日积月累"中的名言读一读并训练背诵记忆及展示。

（2）书写生字新词。

师：请你将认为难写的、易出错的课后生字和同桌说一说，各自在桌上写一写。

①学生交流学习。

②挑选易错、问题出现多的字集体提示。

"繁"上面是"敏"中的"每"第四笔是横折不要写成横折钩且不要超出竖折；

"潇"是左右结构不是上下结构；"穗"右上部分的"提"是左边出头的。

③挑选几个你认为最易错的生字，正确、工整地抄写在田格纸上。

④展示、评价。

[教学意图]学生已有初步的识字能力，要利用自主学习、争当小老师等方法继续激发学生识字写字兴趣，养成主动识字的习惯。在自主识字的过程中还要体现识字方法的指导。

3.回读诗文，巩固字词读音

[设计意图]学生从整体出发、经过阅读、发现、识记的过程中回归到整体，思维从发散再到集中的过程。

4.作业布置

师：诗歌的海洋里有无数珍宝。课下可以到报纸、杂志、书籍里寻找、收集自己喜爱诗歌，下节课带来。也可以是我们学过的诗歌。也可以找到后就读给朋友及家人听一听。今天我们开启"轻叩诗歌的大门"第一步——搜集。

[设计意图]作业布置在本单元是依照课内学习的内容循序渐进的。先从搜集、收集，自己喜欢的出发，也为读诗歌打下基础。

第二课时　初赏诗文，整体感知内容

1.赏诗文，整体感知

师：上节课，我们一起学习了本单元的生字词，这节课我们一起看看本单元的诗文写了什么内容？

（1）请自由读本单元诗文，完成下面表格。若找到诗中你喜欢的语句，可以和同桌读一读。

课题	作者	主题	体裁	比较相同点与不同点
繁星				
绿				
阅读链接《西湖漫笔》段落				
白桦				
在天晴了的时候				

（2）学生自主阅读，填表。

2. 默读诗文，组内研讨表格内容

小组合作学习，大家互读诗文中喜欢语句。

3. 班级汇报，订正表格内容

（1）第9—12课都是现代诗歌，阅读链接是文章（散文），在编写上有小节（称为诗节）和自然段的不同。

（2）第9课诗歌题目虽都是《繁星》，但主题分别是母爱和大海；第10课虽然也是写绿，但是体裁不一样，绿的种类也不一样，方法也不一样，写的植物也不尽相同。

（3）第11课描写的植物与第12课中描写的又不同，这里的植物是大自然，是祖国。

[设计意图]在正确、熟练朗读诗文的基础上初步了解诗文的主题、内容，不能通过初步对比阅读，寻找并朗读自己喜欢的语句使学生整体感知本单元现代诗歌的特点及体会诗歌的情感。

4. 回读诗文，阅读体会

师：看，我们通过对诗文朗读、阅读比较有这么多的收获，让我们带着这种收获再去放声朗读本单元的诗文吧。

5. 作业布置

（1）诗歌收集初步展示。

师：同学们，诗歌收集的怎么样了？快来给同学们看看，说说你都在哪里看到的？

生：……

（为学生提供搜集的范围）

（2）布置摘抄任务。

①展示已准备好的诗集。

师：说说你的发现。

②实践操作进行时。

可以自己独自积累摘、抄诗集、也可以小组合作。

师：课下，让我们也准备个漂亮的摘抄本，把收集到的诗词工整地抄写下来。我们可以根据写的主题内容为收集下来的诗歌分分类别。每天都有新收获，有想法可以同小组同学合作交流。

[教学意图]给学生提供更多的阅读视野和展示平台，激发学生继续积累的兴趣及阅读的视野。初步指导学生整理资料的方法。

模块二　梳理探究（2课时）

第一课时

（一）学习目标

1.通过反复朗读，品析《繁星》3首短诗的语言特点。背诵诗歌。

2.通过3首短诗的诵读、对比阅读、分析学会阅读现代诗歌的方法。从而初步了解现代诗的特点，体会诗歌表达的情感。

（二）学习过程

1.谈话导入，了解作者及出处

师：《繁星》是冰心老人的第一部诗集，收录现代诗歌164首，对母爱、童心及自然的赞美是诗集永恒的主题。本节课攫取的是其中3篇，在前面的学习中，我们已经知道3首短诗的主题分别是母亲和大海。下面让我们一起走进冰心老人的诗歌，和她一起用美丽的眼睛看世界。

2. 诵读诗文，感受节奏、韵律美

（1）请同学们放声朗读3首短诗，你认为哪个词语的后面可以停顿就画"/"。

①通过多种方式汇报读（指读、教师范读、师生接读等）

②出示画好停顿的诗文读

③放名家朗诵音频

（2）让我们再次放声朗读，对忽入你眼帘的词语可以在下面点点然后重读。

（通过多种方式汇报读，如指读、教师范读、师生接读等）

师小结：读出节奏、韵味，找出关键语句朗读，是学习现代诗的第一步。

[设计意图]让学生放声朗读是鉴赏诗歌的最恰当的方式。通过学生自己读、汇报读、名家朗读、教师适当地范读、师生接读等多种方式朗读让学生初步认识和感受到现代诗的特点。

3. 诵读诗文，品析情感美

师：每首诗歌都表达作者真挚而独特的情感，下面让我们通过读、讨论、对比阅读的方法去品析诗文。自己先独立填写，之后小组交流。

默读诗歌，完成下列表格。

题目	繁星（七一）	繁星（一三一）	繁星（一五九）
表现的（事物）景物			
表现形式			
表达的情感			

小组合作梳理汇报，依据汇报内容，教师相机指导。

（1）出示：

月明的园中，

藤萝的叶下，

母亲的膝上。

①请轻声朗读以上诗句，边读边想象诗中这是怎样的画面？仿佛你看到了什么？听到了什么？和自己的生活联系一下，有怎样的感受？

②承接读：

永久的记忆在自己熟悉的——学生接读"月明的园中"；永远难以磨灭的回忆在园中——学生接读"藤萝的叶下"；更让我们难以忘却就是——学生接读"母亲的膝上"。

③出示"这些事——"

仅仅一个破折号就能勾起作者如繁星般的童年回忆，那永远也漫灭不了的母亲的伟大、慈祥的爱。

④师：通过诗文中的关键词语表现出了童年的生活在母亲慈祥的爱中永不漫灭。

让我们闭上眼睛静静地欣赏这童年的回忆——学生放声配乐读、从关键词句中体会诗歌表达的情感。

（2）生：刚才大家提到了破折号，我又从第二、三首诗的"！"中，我们看到作者直接抒情——直接表达爱大海，爱妈妈。

①出示句子，朗读体会！

注意读音

大海啊（ya）！母亲啊！

师：这也是诗歌的特点显而易见。直抒胸臆——让我们直接就能看到、感受到作者表达的情感。

②第二首诗中的3个反问句

出示：

哪一颗星没有光？

哪一朵花没有香？

哪一次我的思潮里没有你波涛的清响？

星光、花香、思潮让我们感受到了什么？与同学说一说。

体会关键词男女生对读。

③配乐读：听着涛声让我们再次边读边想象大海的博大胸怀。

（3）第三首诗中2次提到了"风雨"，是重复？

①出示：

> 天上的风雨来了，
>
> 鸟儿躲到它的巢里；
>
> 心中的风雨来了，
>
> 我只躲到你的怀里。

相同的"风雨"一词，在诗歌中反复出现2次。是大自然中的现象，也是作者比喻的心中的风雨，作者在这里还用了比喻的修辞方法。

②关键词语重点读：

> 天上的风雨来了，
>
> 鸟儿躲到它的巢里；
>
> 心中的风雨来了，
>
> 我只躲到你的怀里。

（4）梳理学习方法。

同学们，学习诗歌让我们用美丽的眼睛看世界，也学会用智慧的眼睛赏诗歌。我们从诗句中的标点（板书）、关键的字词（板书），恰当的修辞方法甚至标题、简洁的诗句中，借助生活中熟悉的景物，我们所热爱的人（板书）纪念一段难以忘记的回忆，表达对母亲的慈爱的深深的怀念；表达我们对美好事物的赞美；表达作者真挚的情感。

[设计意图]通过多种方式的朗读、体会、指导，使学生知道品析诗歌中的标题、关键字词、标点、音韵，通过联系生活实际，通过想象画面体会诗歌表达的真挚情感。

（5）回读喜欢的一首诗歌，感受诗文带给你的情感。

4. 有法可循，背诵诗文

填空背诗文

5. 课后总结

再次梳理学习诗歌的方法：明主题—品诗句（抓特点）—悟情感

（读—诵—背—演）

6. 作业布置

1. 熟读或者可以背诵自己收集的诗歌，试着品析诗文语句及诗歌表达的情感。

2. 继续完善诗集。

第二课时

（一）学习目标

1. 有感情的朗读，对比阅读《绿》《白桦》《在天晴了的时候》3首诗歌。

2. 背诵《绿》《在天晴了的时候》2首诗歌。

3. 通过诗歌与课后散文的对比阅读，进一步了解诗歌特点，体会诗歌表达情感。

4. 能够初步了解并梳理诗歌的特点，体会诗歌表达的情感，并与同学交流。

5. 能够通过诗歌诵读、演读等丰富的形式体会诗歌表达的情感。

（二）教学过程

1. 开门见山、直接导入

（1）作者简介

（2）知目标。

师：同学们，咱们在第9课中见到的诗歌都有一个诗节，这节课我们一起学习第10课《绿》、第11课《白桦》、第12课《在天晴了的时候》3首诗歌，有更多的诗节，通过阅读我们会更加了解到诗歌这种文体的特点，体会表达的情感。同时对比阅读课后阅读链接《西湖漫笔》段落，体会诗歌与其他文体表达语言及情感上面的方法的异同。

（3）明方法。

师：通过第9课的学习我们知道学习诗歌最好的方法就是朗读。"明主题—品诗句（抓特点）—悟情感（读—诵—背—演）"即读出节奏、读出韵味，读中品析诗歌语句特点，读中悟情感。

下面我们就用学到的好方法一起来学习。

2. 比同求异，品析感悟

（1）阅读几篇诗文，类比它们在写法和内容上面有什么相同点和不同点？完成表格，或者制作思维导图。

篇目	主题	表现形式	你的感受	作者情感	其他发现
《绿》					
《西湖漫笔》					
《白桦》					
《在天晴了的时候》					

（2）小组交流，继续品析交流感悟。

（3）班级交流指导。

用一个字表达你读诗歌后的感受，板书

① "绿"是大自然的景象，是颜色，更是诗人的感觉。

一个字"多"，通过不同的词语、段落体会。

（板书）

范围广：翻倒　到处

种类多：颜色　省略号

自然事物多：风　雨　水　阳光

状态多：挤　重叠　交叉

把心情化作想象、化作比喻一起抒发

②《绿》和《西湖漫笔》段落。

主题相同，所描写景物不同，表现形式不同，情感都随心而动，而《西湖漫笔》更多的是写现实中的绿，《绿》更多的是想象中的绿。

③《白桦》主题是植物。

一个字"美"：洁白、晶莹的美。

诗歌抓住诗中的"桦""花""洒""画""霞""华"体会诗歌的韵律。

抓住课后习题中的特点的词语，体会诗歌语句的特点，感受作者对白桦的赞美，对家乡对大自然的热爱。

④《在天晴了的时候》主题是雨后天晴的景象。

一个字"闲"或"愉"

诗歌依次描写了小路、小草、小白菊、凤蝶等景舞，想象与现实结合表达亲近自然后的愉悦的感受。

师小结：作者想表达真挚深厚的情感，却只言不提半字，只借助植物、事物等的描写，通过丰富的想象表达，可见诗歌魅力。

[设计意图]通过比同求异的阅读、发现、讨论、交流，使学生再一次应用了学习现代诗的方法，并又一次了解了现代诗的特点，体会诗歌表达的情感。

3. 整体回读，诵读诗文

（1）练习朗读

师：通过阅读我们梳理出了这几首诗歌表达的情感，再一次体会到诗歌的特点。请将你的理解带到朗读中，练习有感情地朗读第10、11、12课。

（2）积累背诵

及时背诵《绿》《在天晴了的时候》。

4. 课后总结，作业布置

（1）总结本节课收获

（2）作业布置

①继续丰富诗集，摘抄及编写的类别可以丰富一些。可以有植物的、动物的、人物的等分类，也可以有同一诗人的。

②下节课初步展示。

模块三 表达交流（3课时）

（一）教学目标

1.通过展示、评价诗集，指导学生继续积累、完善诗集。

2.通过诵读、背诵、演读本单元诗歌学习朗诵、演读的方法。

3.学习仿写、创编诗歌的方法。

4.学会围绕主题仿写、创编诗歌。

5.学习修改诗歌并与人分享。

（二）教学过程

第一课时

1.展示、评价学生积累、摘抄的诗集

总结优缺点，提出优化方法。

[设计意图]继续根据学生积累、整理的成果给予明确的指导。丰富学生的思路，激发学生的兴趣，为最终的活动打下基础。

2.诵读、背诵本单元诗歌展示

（1）练习

（2）评价

①围绕断句、语气、表情、手势给出三星等级。

②小组展示，评价；全班展示，集体评、教师评。

[设计意图]有感情地朗读是学生理解诗文之后形成的解释，是教师评价学生从输入文本到输出情感的重要环节。本节课用大量的时间让学生学习、练习，也是对学生了解诗歌特点、体会诗歌情感的继续和必须，也为后面的

写诗和实践活动铺设一条必经之路。

3. 作业布置

（1）继续背诵要求背诵的诗歌。

（2）在指导的基础上继续积累、摘抄诗歌，完善小诗集。

第二课时

1. 回忆诗歌，提炼方法

（1）诵读或者背诵上节课学过诗歌。

（2）出示诗句，说说你的发现。

一组：这些事——　　　　　　　　春天的早晨，

　　　使用不漫灭的回忆：　　　　怎样的可爱呢！

　　　月明的园中，　　　　　　　融冶的风，

　　　藤萝的叶下，　　　　　　　飘扬的衣袖，

　　　母亲的膝上。　　　　　　　静悄的心情。

二组：大海啊！　　　　　　　　　母亲啊！

　　　哪一颗星没有光？　　　　　天上的风雨来了，

　　　哪一朵花没有香？　　　　　鸟儿躲到它的巢里；

　　　哪一次我的思潮里　　　　　心中的风雨来了，

　　　没有你波涛的清响？　　　　我只躲到你的怀里。

《绿》《白桦》《在天晴了的时候》诗歌中有特点的词句。

集思广益说方法

想主题：人物、事物、大自然中的景物（范围广）。

定结构：先总后分、先问后答、一问一答、开门见山抒情后面是原因，。

写景写实与想象同步（形式多）

标点有特点，语言有特点，同样的语句反复交叉出现（细节美）

抒情感：美丽的眼睛看世界，美好的情感来表达

2. 牛刀小试

3. 点评修改

4. 课后总结，作业布置

（1）总结收获

通过前面的学习、创作我们知道诗歌让我们用美丽的眼睛看世界，我们学会了鉴赏美、理解美、创作美，也能够用到以后的学习生活中。

（2）作业布置

①将自己编写的诗歌一同摘抄到你的积累本中，可以给积累本起个好听的名字。

②看看你积累创编的诗歌与我们学过的内容，在表现形式上有什么异同。

第三课时

1. 创编（仿写）诗歌赏析

（1）选出有代表性的诗歌6首（仿写2和创编4），让学生围绕"主题是否统一，诗句是否有修辞、有特点的词语，语句是否通顺，诗句是否分行，是否表达出作者情感"做出评价。

（2）指出修改建议。

（3）仿写和创编的标准：仿写诗歌给出基础90分，创编诗歌在基础分的基础上加特色20分。

2. 修改创编（仿写）诗歌

（1）先独自修改。

（2）小组合作评价并推荐优秀诗歌。优秀诗歌在创编特色的基础上再加20分。

（3）展示分享。

（4）交流心得。

3. 课后总结，作业布置

师：继续仿写、创编诗歌，可将诗歌反复诵读进行演读，即美丽的画面可以通过美妙的声音让人能听见也能从你的动作、表情中看见。

在"轻叩诗歌大门"活动中，让你的诗歌，你们的情感感染别人。

[设计意图]通过优中选优的方法肯定仿写跟要鼓励创编，通过诵读诗歌表达情感更深的让学生体会诗歌能够表达真挚情感。进而做到读写一起飞。

六、第二部分　读整本书教学（3课时）

模块一　阅读鉴赏（2课时）

（一）学习目标

1.通过导读，激发学生阅读《世界金典儿童诗集——中国卷》的兴趣。

2.拓宽学生阅读面，扩大学生阅读量。进一步让学生了解现代诗的特点，体会诗歌表达的情感。

3.自主阅读

（二）学习过程

第一课时

1.开门见山，激发兴趣

（1）教师演读，激趣

老师配乐演读（边表演边朗读）书中现代诗《花的太阳》。

[设计意图]一方面是以教师演读让学生感受到诗文演读中的美，一方面以教师演读形式激发学生的阅读兴趣，还有一方面是让学生们知道朗诵诗歌动情之处是演读，从而学习演读。

（2）主题展示，激趣

变脸的太阳，出示本书的目录。

（请学生观察出示的目录）师：你有什么发现？

师：是呀！主题有很多"太阳"，你猜猜每个太阳都是我们心中的同一颗吗？

[设计意图]一是激发学生阅读兴趣,一是诗歌鲜明的特点表现同一主题,诗句完全会不同,作者的想象不同,通过对比阅读能够让学生进一步感受到诗歌的特点。

2.导读课中找相同

(1)再来看看目录,你还有哪些发现?

(2)你在积累诗的过程中,有哪首诗你见到过?诗文内容和你积累的一样吗?

(3)你打算怎样阅读这本书?

说一说阅读方法

(4)向学生介绍可以有对比性的跳读,有目的性的朗读等阅读方法。

[设计意图]抓住诗歌的语言表达独特、具有丰富的想象这一特点,激发学生产生对比阅读、梳理阅读的兴趣,给学生阅读的方法,使学生做好开始阅读的心理准备。

3.寻找阅读点,开始阅读

(1)老师刚才演读的诗歌就在这本书中。

(2)让我们一起去读读,看看诗的语言有什么特点?写了哪些植物?事物?景物?表达了作者什么情感?可以填表格或者画思维导图辅助阅读。你也可以开始你的阅读之旅了!

篇目	主题	内容方法	感受	情感	其他发现

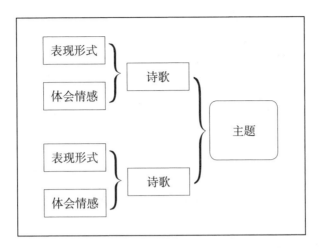

[设计意图]表格和导图的填写与制作为学生提供阅读诗歌整本书的方法，也能帮助学生再次回忆学习现代诗的方法，初步了解现代诗的特点，体会诗歌表达的情感；提升学生阅读的兴趣。

4.布置作业

（1）自主阅读：绘图、填表、积累。

（2）继续完善诗集：可加入自己仿编或创编的现代诗。

第二课时

1.布置阅读任务

一边阅读，一边对比书中的诗歌和我们学过的诗歌有什么异同？

2.学生自主阅读

填写表格，绘制导图

第二模块 表达交流（1课时）

（一）学习目标

1.通过展示、表达体会到阅读的乐趣。

2.更加了解诗歌的特点，体会到诗歌表达的情感。

3. 乐于阅读，乐于表达。

（二）学习过程

1. 展示阅读成果

（1）班级依据版面、内容评价阅读单即表格和导图。

（2）优秀者获得阅读之第一颗星。

2. 分享阅读成果

（1）用各种方式与同学分享你喜欢的书中的诗歌。

①先小组评选。

②班内展示评选。

（2）优秀者获得阅读之第二颗星。

3. 摘最亮一颗星

评选本书中最受大家喜爱的一首诗歌。

（1）围绕主题、内容（特点）、情感说明理由。

（2）诵读展示最喜爱的诗歌体会特点及情感。

[设计意图]在表达交流课中，设计不同形式的展示、分享及评价激发学生阅读的兴趣，为学生阅读书籍提供方法，又进一步落实了本单元语文要素。

七、第三部分 语文实践活动（2课时）

模块一 表达交流（2课时）

（一）学习目标

1. 通过交流与展示提升学生收集、整理、设计、合作的多方面能力。

2. 提升学生对诗歌阅读及诵读的兴趣。

3. 进一步了解诗歌特点，体会诗歌的情感。

（二）活动过程

第一课时　（提前布置诗集展会）取长补短，合编小诗集，并举行展示会

1. 回顾主题——轻叩诗歌的大门

2. 回顾前期活动

（1）从任务的布置到阶段展示交流的顺序。

（2）小组成员或者组长汇报过程中的收获和体会。

（3）汇报本人或者本组实际特点或者最大的亮点。（可以用PPT的形式激发参观者兴趣）

3. 展示、评价成果

（1）宣布评价内容：封面设计、字迹工整、名称优美、编排合理等。

（2）每位同学拿5颗星去给诗集评价。

（3）收集整理，发布结果。

（4）颁布奖项并发表获奖感言。

4. 发布诗歌朗诵会任务

第二课时　诗词朗诵分享会

1. 课前编制朗诵会诗单（诗集中的、课文中的、学生创编和仿写的）、主持词、评价表。

2. 诗单出来后，要求学生根据课上学习到的朗诵、演读的要求反复练习。

3. 每位同学既是表演者又是评分者。

4. 按节目类别分组展示分享。

5. 分组展示评价、教师点评。

6. 综合评选"最佳表演奖""最佳朗诵奖""最佳合作奖""最佳编排奖"。

7. 总结回顾。

（1）针对本单元诗歌学习的总结。

（2）针对本次"轻叩诗歌大门"活动进行总结。

8.阅读书写展望。

寄语诗词，真情流露

瑰丽语言，美丽眼睛

诗情合一，倾诉继续

《螳螂捕蝉》教学设计

（以文带文）

一、指导思想与理论依据

《义务教育语文课程标准（2011年版）》指出：阅读教学是学生、教师、教科书编写者、文本之间的对话过程。教学中努力体现语文课程的实践性和综合性。注重听说读写之间的有机联系，加强教学内容的整合，促进学生语文素养的整体提高。

此课基于学生对文言文学习比较困难的角度，由白话文小故事层层深入，直奔寓言的寓意。使学生在亲身参与阅读、实践的过程中就已经很自然地领悟到文章的主旨，而没有被经过老师过多的分析代替。

二、教学背景分析

（一）教学内容分析

这是一篇文言文寓言故事，讲的是一位少年以树上的螳螂欲捕蝉，却不知被身后的黄雀即将啄食的故事，劝诫吴王一心想得到眼前的利益，顾不到身后的隐患是危险的。全文分"准备攻打楚国→少年巧妙劝说→打消攻打念头"三部分，结构紧凑、前后照应、生动有趣、寓意深刻。

（二）学生情况分析

对寓言这一体裁，学生并不陌生。但对于古文寓言，学生还是第一次见到。既学习古文又知道文中蕴含的道理对学生来说是个难点。而故事是学生乐于喜于阅读的体裁。学生对于故事的学习早在二、三年级就已经明知其特点了。

三、教学目标

1.学习文言文的学习方法，提升学生学习古文的兴趣。

2.会背诵课文，并将故事讲给别人听。

3.通过学习此则寓言故事，明白"螳螂捕蝉，黄雀在后"的道理。

四、教学重、难点

（一）教学重点

1.学习文言文的学习方法，提升学生学习古文的兴趣。

2.会背诵课文，并讲故事讲给别人听。

（二）教学难点

通过学习此则寓言故事，明白"螳螂捕蝉，黄雀在后"的道理。

五、教学过程

（一）导入

师：你知道或看到过哪些寓言故事吗？（板书：寓言）

（生说一说）

1.读单元导语

一段段论语启心智，一首首诗歌抒胸臆。

一则则寓言道真理，一篇篇小说映人生。

品味传统经典，点亮智慧人生。

2.给图猜故事

老师这里有几幅图，你来猜一猜是哪个故事？出示图片说名字。

师：一则小小的寓言故事，蕴含着一个大大的道理。

过渡：今天来学习一则小寓言故事，看看他能告诉我们什么道理呢？

出示课题（学生齐读）

（二）品读白话文故事，领悟寓言寓意

1.学习小故事

（1）出示：

花园里有一棵树，树上有一只蝉。蝉高高在上，悠闲地叫着，自由自在地喝着露水，却不知道有只螳螂在它的身后。那螳螂拱着身子，举起前爪，要去捕蝉，却不知道有只黄雀在它的身后。黄雀伸长脖子正要啄食螳螂，却不知道我拿着弹弓在瞄准它呢。蝉、螳螂、黄雀，它们都一心想得到眼前的利益，却没顾到自己身后正隐伏着祸患呢！

（2）学生读正确读熟练。

（3）故事中的小动物都是怎样的呢？通过问题了解故事主要内容随机回答后出示图。

（4）接力读词语。

高高在上　　悠闲　　自由自在　　喝着露水

拱着身子　　举起前爪　　伸长脖子　　啄食螳螂

（5）一边加上自己的想象，一边再读小故事，体会三种小动物的样子及状态。

（6）再读故事，我们看一看这三种小动物的共同心愿是什么呢？它们都一心想得到眼前的利益。

[设计意图]通过重点词语的朗读，体会三种小动物的不同姿态，感受其共同的心愿。

2.学习大故事

师：一个"却"字暗藏杀机，让我们来读一则大故事。

（1）出示：

吴王准备出兵攻打楚国，遭到了一些大臣的反对。大臣们认为，攻打楚国虽然取胜的希望很大，但如果其他诸侯国乘虚而入，后果将不堪设想。可是吴王固执地说："谁敢来劝阻我，我就处死他！"

有一位侍奉吴王的少年，听了大臣们的议论，想去劝说吴王。可是吴王已经下了死命令，怎么办呢？

第二清晨，他拿着一只弹弓，在王宫花园里转来转去。露水沾湿了他的衣裳和鞋子，他也毫不介意。就这样，一连转了三个早晨。

少年终于被吴王发现了。吴王问道："你早晨跑到花园里来干什么？看你的衣裳都被露水打湿啦！"

少年回答说："禀报大王，我在打鸟。"

吴王问："你打着鸟了吗？"

少年说："我没有打着鸟，却见到一件挺有意思的事。"

吴王来了兴趣，问："什么事啊？"

少年说："花园里有一棵树，树上有一只蝉。蝉高高在上，悠闲地叫着，自由自在地喝着露水，却不知道有只螳螂在它的身后。那螳螂拱着身子，举起前爪，要去捕蝉，却不知道有只黄雀在它的身后。"吴王夸奖说："你看得真仔细！那黄雀要捉螳螂吗？"

少年接着说："是的，黄雀伸长脖子正要啄食螳螂，却不知道我拿着弹弓在瞄准它呢。蝉、螳螂、黄雀，它们都一心想得到眼前的利益，却没顾到自己身后正隐伏着祸患呢！"

听了少年这番话，吴王恍然大悟，他说："你讲得太有道理了！"于是打消了攻打楚国的念头。

（2）学生各种方式读正确。

师：同学们，在这则故事中，这三种小动物都在干什么呀？

生：读文中句"蝉、螳螂、黄雀，它们都一心想得到眼前的利益，却没顾到自己身后正隐伏着祸患。"

（3）依据地图分析故事中的局势。（对比三种小动物的状态与姿势）

（4）画出少儒子说的最有道理的那段话。少儒子是个怎样的人？（板书）

（5）吴王听了少儒子的话，脑中浮现这样的画面。（出示课中插图）

这时，吴王会怎么想呢？为什么听了其他大臣的话就大怒，而听了少儒子的话就决定罢兵？第二天早朝会对群臣说什么呢？

[设计意图]通过白话文小故事与大故事的阅读，通过强调三种小动物的共同心愿，通过古今故事的对比读，使学生关注到并明白寓言的道理。

（三）读写联动，古今串演

1. 写一写

如果你是吴王，明日朝堂之上你将怎样下场？写一写上朝演说词。

2. 演一演

（1）小组练习，老师巡视指导。

（2）班级汇报。

（3）评价。

3. 说一说

随机说一说吴王是个怎样的人？（板书）

[设计意图]通过编写上朝演说词与演一演，使学生融入古今寓言故事之中，真正成为故事中的主角，也真正成为课堂中的主体。

（四）互文学习，学会朗读

这是由这样一则白话寓言故事改成的文言文。

1. 出示文言文

吴王欲伐荆，告其左右曰："敢有谏者死！"舍人有少孺子者欲谏不敢，则怀丸操弹，游于后园，露沾其衣，如是者三旦。吴王曰："子来何苦沾衣如此？"对曰："园中有树，其上有蝉，蝉高居悲鸣，饮露，不知螳螂在其后也；螳螂委身曲附，欲取蝉，而不知黄雀在其傍也；黄雀延颈，欲啄螳螂，而不知弹丸在其下也。此三者皆务欲得其前利，而不顾其后之患也。"吴王曰："善哉！"乃罢其兵。

（1）练习读正确。

（2）指导断句，指导朗读：声断气连。

（3）反复练习读。

2. 理解意思读

老师读古文，学生读现代文中的句子。

3. 问：此文言文中，这三种小动物的想法是：此三者皆务欲得其前利，而不顾其后之患也。（学生齐说）

4. 出示竖排版古文

（引导读）

5. 填空背诵文言文全文

[设计意图]通过现代白话文寓言故事与文言文寓言故事的对比，从而感受文言文寓言故事的魅力。

（五）总结提升，提炼道理

师：不同的文字，表达着相同的道理：不要只顾眼前利益，要通盘谋划。记住这个寓言及成语：螳螂捕蝉，黄雀在后。

（六）板书设计

螳螂捕蝉　黄雀在后

吴王：有大局观　　知错就改　　瞻前顾后　　居安思危

少儒子：勇敢　　爱国

不要只顾眼前利益，要通盘谋划

六、学习效果评价设计

1.填空背诵。

2.白话文与文言文互相依照意思连线。

七、本教学设计与以往教学设计相比的特点

1.激发学生学习寓言的兴趣

此课中，现代白话文与文言文的对比阅读，使学生体会到汉字的魅力，愈加对文言文的学习兴趣浓厚。另外，课中寓言故事呈现的不同形式，也激发学生学习的兴趣。让学生参与到课堂之中帮助吴王写上朝之词，通过在课本短剧中扮演吴王也同样激发学生学习的热情。

2.以学生学习为主体

课中的每一个环节都在让学生读故事，说故事，写朝词，演故事。在每一个环节中都在为学生理解寓言的寓意服务，最终学生很容易的就找到了寓意，理解了少儒子和吴王是个怎样的人。没有老师的分析与包办，水到渠成、自然而然的是最好的。

童话世界

一、指导思想与理论依据

《义务教育语文课程标准（2011年版）》指出：阅读是学生的个性化行为。阅读教学应引导学生钻研文本，在主动积极的思维和情感活动中，加深理解和体验，有所感悟和思考，受到情感熏陶，获得思想启迪，享受审美乐趣。要珍视学生独特的感受、体验和理解。

本课教学设计从单元整体教学开始思考；从课内阅读延伸到课外阅读，使学生得法于课内，用法于课外；从有指导的阅读，走向独立阅读。是真正的把课堂交给学生，学生从有指导的阅读走向自主决定阅读方式，让学生实现"我的课堂我作主"。

二、教学背景分析

（一）教材内容分析

本单元教学内容是北京市义务教育课程改革试验教材三年级下册第六单，共安排了《七颗钻石》《小蝴蝶花》《笋芽儿》《征友启事》4篇童话故事。学校校本教材中有《七色花》《小燕子和快乐王子》《消失的森林王国》《点金术》《渔夫和金鱼的故事》5篇童话故事。

（二）学生情况分析

学生喜欢听童话故事，读童话故事。童话故事中的主人公的命运、故事的结局是学生们最关心的。童话故事中的语言也最贴近学生的生活。

（三）设计思路

本单元设计上是从大单元整体教学思路上面考虑的，有单元导读课1课时、精读课5课时、实践活动2课时、自主阅读2课时、习作1课时、展示分享1课时。此设计只把第1课时，第9、10、12课时详细记录，精读课和习作课在另篇中呈现。

三、教学目标

1.熟读背诵单元导语。

2.认识本单元生字词语。

3.初读《七颗钻石》《小蝴蝶花》《笋芽儿》，感知文章内容。

4.感知童话的魅力，激发学生阅读童话的兴趣，感受童话故事的特点。

5.能够产生编写的兴趣，愿意创作童话故事并愿意与他人分享。

6.能够背诵课文优美段落，能够展示分享教材、校本教材中精美段落、优美词语。推荐书目中的段落，分享推荐理由。

四、教学重、难点

编写想象丰富的童话故事，并与他人分享。

五、具体课时安排（单篇精读、习作没在内）

第一课时（单元导读）

（一）教学重难点

初读《七颗钻石》《小蝴蝶花》《笋芽儿》，感知文章内容。

（二）教学过程

1.单元导入，激发兴趣

（1）出示：《卖火柴的小女孩》《灰姑娘》《白雪公主》《丑小鸭》《小红帽》《快乐王子》。

师：孩子们，这几个小故事你们都读过吗？那你们知道这是什么故事吗？（出示单元导语）

（2）自由读，同桌互读，男女生配合读。

（3）提示关键承接读。

童话，帮你_____，享受_____。拥有_____，_____的小蝴蝶花，_____的笋芽儿，_____的快乐王子，_____的小牛……这里有_____、_____、_____。它闪耀着_____，滋润着_____，伴随着_____。

2. 初读课文，感知内容

自由读《七颗钻石》《小蝴蝶花》《笋芽儿》，注意读准字音，读通句子，读不好的句子多读两遍。

3. 认读本单元词语

（1）文中部分词语。

（2）四字词语。

（3）ABB、AABB式的词语。

（4）多音字所组的词语。

（5）区分意思相近的词语。

（6）读句子找出近义词

4. 读课文，了解课文内容

（1）自己默读课文《七颗钻石》，完成表格内容。

（2）集体交流。

（3）根据自学导航进行批注式阅读课文。

①默读《小蝴蝶花》《笋芽儿》，根据要求填写表格。

课题	主人公	文章脉络
《七颗钻石》		水罐的变化： （　　）→（　　）→（　　）→（　　）→（　　）

续表

课题	主人公	文章脉络
《小蝴蝶花》		心理变化： 在（　　）里，感到＿＿＿＿ 在（　　）里，感到＿＿＿＿ 听了（　　）的话，感到＿＿＿＿
《笋芽儿》		帮助过笋芽儿的人有＿＿＿＿　＿＿＿＿　＿＿＿＿ ＿＿＿＿　＿＿＿＿

②小组交流。

③班级交流展示。

《小蝴蝶花》

师：你们发现了小蝴蝶花在草丛与花园中，心里的变化。

《笋芽儿》

师：沉睡在土里的笋芽儿，不知道自己成长的好季节到了。是（　　　）呼唤她钻出地面的。春天这么美，小笋芽儿在大家的关心、爱护下长成了大竹子，它可真幸福。

（4）根据提示说一说课文主要内容。

师：大家通过静静地读书，默默地思考，对这三篇童话故事有了一定的了解。那你能根据表格提示或词语提示来说一说课文的主要内容吗？（同学们互相补充，集体纠正。大家都说一说，练一练。）

5. 课外拓展

小结：童话，就像一颗甜甜的糖果，充满特别、幸福的味道。

童话，就像一个美丽的梦，充满离奇与神秘感。

（1）请大家课下读一读校本教材中的童话故事，和同学们说一说你的发现。

（2）师：向大家推荐几本童话书，我们来读一读，最后推荐给同学们，整理推荐理由。

6. 作业布置

读本单元词语，练习朗读本单元童话故事。

第九课时（自主阅读）

教学过程

1. 导语引入

齐诵单元导语《我们的童话》

童话，帮你插上想象的翅膀，

享受快乐的童年时光。

拥有钻石般心灵的小姑娘，

能正视自己的小蝴蝶花，

勇敢的笋芽儿，善良的快乐王子，

可爱的小牛……

这里有生命的真谛、人情的冷暖、珍贵的亲情。

它闪耀着人性的真、善、美，滋润着每一颗充满

童真的心灵，伴随着我们不断成长。

2. 单元简单回顾

本单元童话的特点。（想象、拟人）

《七颗钻石》

水罐的变化：

（　　）——（　　）——（　　）——（　　）——（　　）

《小蝴蝶花》

心里变化：

在（　　）里，感到_____在（　　）里，感到_____听了

（　　）的话，感到_____

《笋芽儿》

帮助笋芽儿的人_____　_____　_____　_____　_____

3. 自主阅读

（1）出示3篇文章。

《七色花》《小燕子和快乐王子》《消失的森林王国》。

（2）出示自学导航。

默读课文用"＿＿"画出故事中描写的人物，用"～～"画出故事中最能打动你的句子并说说理由。（可参考下表语言准确一点）

课文标题	人物	感动语句	感受（用简洁的语言）
七色花			
小燕子和快乐王子			
消失的森林王国			

[设计意图]基本部分30分钟自己阅读，之后推荐阅读。由课内阅读走向课外的阅读桥梁，更深入地体会到童话故事的特点。

（3）自主阅读、小组交流展示。

4. 拓展延伸

欣赏童话故事一则《点金术》。

5. 作业布置

阅读你喜欢的童话故事书，为推荐会做准备。

世界四大童话：《安徒生童话》《格林童话》《快乐王子》《一千零一夜》（又名《天方夜谭》）。

（出示：书的封面拍下来，文学价值简单介绍一下。）

（1）几分钟谈自己印象最深的一篇文章，互相推荐读物。

（2）积累摘抄、背诵。

（3）任务：最感动人的语句画下来。

（4）喜欢读哪篇文章，写出理由。

第十课时（推荐阅读童话故事）

教学过程

1. 导语引入

齐诵单元导语《我们的童话》。

2. 自主阅读

（1）出示自学导航。

①读一读自备的童话故事书中自己喜欢的故事。

②选择这些故事中感兴趣的情节准备介绍给其他同学，或者把自己喜欢的书籍介绍给同学听。

（课前就布置教学准备：带文章、整本书）

2. 根据自学导航自己阅读。

3. 组内推荐

（1）小组内交流。

（2）以小组为单位班内推荐（一个小组）

[设计意图]本环节设计读书30分钟以上，让学生充分阅读、充分在小组内发言，之后有目的的推荐阅读，大家达到共读一本书。

4. 老师推荐

老师推荐一些好的童话故事书。（推荐可以详细一些）大家共同选取一本作为本次共读一本书任务，编写戏剧以备表演。

5. 作业布置

自创一篇童话故事。

（在第11课时时，具体指导编写。）

第十二课时（展示分享课）

教学过程

1. 童话故事我会背

（1）单元导语。

①个人背诵。

②集体背诵

（2）背诵课文优美段落。

小蝴蝶花——第3自然段。

笋芽儿——第8、9、10自然段。

七颗钻石——自选一段。

2. 童话故事我推荐

（1）读教材或者校本教材中自己喜欢的段落给大家听，并说说推荐理由。

（2）推荐自己喜欢的童话书或故事，并说说推荐理由。

3. 童话故事我来讲

自编童话，先小组内部交流，再每组推荐一个童话。

4. 童话故事我来演

（1）展示自排童话剧：小柳树与小枣树。

（2）评价。

5. 童话故事我知道

师：每个人都需要童话。因为天真是另一种真实，比现实更动人。每人心中都住着童话。爷爷奶奶讲的，外公外婆讲的，爸爸妈妈讲的。书本上读到的，动画片里看到的，舞台上表演的。童年就是一个童话。让我们用想象力告诉世界我们内心的国度里天真的"真善美"。让我们的365天里都有童话相伴成长，告诉自己每一天都不放弃童话。

六、教学效果评价设计

1. 编写童话故事并评价。

2. 课本剧的编写及表演。

七、本教学设计的特点

1. 将本单元主题归纳为童话单元，使学生的学习成为一个整体。

2. 按照学生掌握的学习规律先走近童话、体验童话，秉着学生对童话故事越来越是喜欢，再由课内带动课外，将输入转化为输出，达到更好的教育效果。

3. 将更多篇童话故事及书籍一起阅读，使学生感受童话故事的特点更深，也使学生编写童话故事更加有底气。

《小蝌蚪找妈妈》教学设计

一、指导思想与理论依据

《义务教育语文课程标准（2011年版）》指出："语文课程是一门学习语言文字运用的综合性、实践性课程。""人文性与工具性的统一是语文课程的基本特点。"在小学一年级阶段，要让学生在学习语言文字的同时，培养语感，发展思维；培养学生喜欢阅读，感受阅读的兴趣。

在本课中，为了高效提高学生的语言技能，提升学生阅读兴趣。教师在课前做好学情分析，结合学生年龄特点和已有知识结构设计本课，通过多样的活动和多种形式的朗读，让学生乐于朗读、乐于学习。

二、教学背景分析

（一）教学内容分析

本课教学内容是义务教育课程标准实验教科书人教版语文一年级下册第八单元中的第34课，课型是随文识字课。本课是一篇富有童趣的课文，一群天真活泼的小蝌蚪在寻找妈妈的过程中，不知不觉变成了小青蛙，并帮助妈妈一起捉害虫。教材以童话故事的形式呈现了青蛙生长过程的科学知识，蕴含了从小能独立生活，遇事主动探索的道理。本课是连环画形式的课文，教材插图根据课文内容，生动形象地展示了小蝌蚪的变化过程。

（二）学生情况分析

1.年龄特点

本课授课的对象是我校一年级学生，在一学期的语文学习基础上，绝大多数学生乐于参与课堂之中，乐于表达，乐于书写。一年级学生对小蝌蚪的变化过程、青蛙等益虫了解得不是很清楚，这可以作为本节课的吸引点。针对学生的年龄特点，这篇童话故事也是学生乐于朗读、乐于学习的。

2. 能力特点

在一学期的学习中，我校一年级学生已经初步养成了同伴合作和小组合作的能力。教师考虑到学生个体差异，在本课设计小组合作的方式，鼓励组内学生能力强的学生带动能力稍弱的学生，激励每个学生都积极参与到学习活动中，使学生在原有的认知基础上有所提高。

本班学生活泼好动且表演能力强，因此设计分角色朗读激发学生朗读的兴趣，从而提高学生的朗读能力。

3. 知识特点

（1）学生的已知：基本的识字的方法，生字的结构组成，生字在田字格中的占格规律，汉字的避让特点。

（2）学生的新知：本课的8个二类字，6个一类字。

三、教学方式

1. 通过多种方式识字。

2. 通过分角色朗读课文知道朗读，加深巩固学生对本课知识的了解。

3. 通过说句子训练学生的语言表达能力。

四、教学手段

通过评价系统，激励学生积极参与课堂活动；通过图片让学生了解蝌蚪变成青蛙的过程，激发学生的学习兴趣。

五、教学准备

计算机、多媒体PPT演示文稿。

六、教学目标

1. 会认"灰","迎","阿""姨""追""顶""披""鼓"等8个生字，会写"变"1个字，进行感叹句和疑问句句式的训练。

2. 正确、流利、有语气的朗读课文，分角色朗读课文。

3. 了解青蛙一生的变化，培养学生对自然科学的兴趣，懂得独立生活、遇事主动探索的道理。

七、教学重、难点

1. 了解青蛙的生长过程以及它在不同阶段的体型变化。

2. 会分角色、有感情地朗读课文。

八、教学过程

（一）创设情境，导入课题

师：同学们，这节课给大家介绍一位新朋友，你们看，他是谁？

出示小蝌蚪（贴板书）

师：孩子们，你们的妈妈爱你吗？可是这只小蝌蚪却找不到他的妈妈了。到底发生了什么事情呢？今天就让我们来一起学习《小蝌蚪找妈妈》这篇课文。

（出示课题）

师：请齐读课题。

[设计意图]利用学生本学段的年龄特点，创设情境，激发学生学习的兴趣。

（二）初读课文，学习生字词

1. 初读课文，解决字词障碍

（1）学生自读课文。

检查标的自然段和1、2类字。

纠正

（2）把课文读正确。

不加字，不减字，不错字。

2. 整体认识1、2类字

3. 考考你

（1）课件出示本课的会认会写的生字，带拼音和不带拼音认读。（指读、带读、开火车读）

（2）没有拼音的词你们会读吗？课件出示无拼音的词（多形式读）

4. 生字回家，熟悉课文内容

师：小朋友们生字读得真不错，老师相信你们课文一定能读得更好！现在老师把生字宝宝送回到课文里，请你打开课本，再大声地自读课文。想一想到底发生了什么事情？

[设计意图]课文是水，字词就是水中的鱼。鱼离不开水，水里没有了鱼，也就失去了风采。多种形式的识字方式，使鱼水联系得更紧密，更能让学生体会到语言的特点。学生在这种情境中反复辨认词语，掌握起来也比较容易了。

（三）设计情境，学习课文

1. 学习第一自然段

师：请看第一幅图，图上画的是什么？那这群小蝌蚪是什么样子的？快读一读课文第一自然段，找一找里面的句子读一读。

出示："大大的脑袋，黑灰色的身子，长长的尾巴"（配合读）

师：这是一群怎样的小蝌蚪？

生：活泼、可爱……

师：哪只活泼可爱的小蝌蚪来读一读这一段。

理解"甩着"这个词（可以做动作）

2. 学习第四、五自然段

师：文章的题目是小蝌蚪找妈妈，那最后它们找到妈妈了吗？它们的妈妈是谁？

生：青蛙。（出示"青蛙"，贴板书）

师：这是一只什么样子的青蛙？请读一读第4自然段，找到描写青蛙的句子读一读。

出示：披着碧绿的衣裳，露着雪白的肚皮，鼓着一对大眼睛。

师：啊！这只青蛙多可爱、多漂亮呀！再读句子"披着碧绿的衣裳，露着雪白的肚皮，鼓着一对大眼睛。"体会一下。

师：你知道吗？它不仅漂亮，而且还有特别大的本事呢！捉害虫，所以小蝌蚪才这么着急去找妈妈。（用三角号把课题中的"找"字标注出来）

师：那么，他们在找妈妈的过程中都遇见了谁？

生：鲤鱼妈妈和乌龟妈妈。（出示"鲤鱼"和"乌龟"，贴板书）

过渡：小蝌蚪游哇游，过了几天，长出了两条后腿

3. 学习第二、三自然段

（1）他遇见了谁呢？出示二、三自然段自己读。

指读，看图理解"迎"字的意思。生说一说（面对面走上去）

老师请两个同学来演一演迎上去这个动作。

师生共读对话。

过渡：小蝌蚪游哇游，过了几天，长出了两条前腿，它遇见了乌龟妈妈。（出示贴图）

（2）那着急的小蝌蚪看见乌龟妈妈，连忙追了上去，你该怎样读这一段呢？自己试一试。

指读这一段

设计情境，读对话。

师：着急的小蝌蚪，连忙追上去，叫着……

生：妈妈，妈妈！

（教师读"妈妈"的话，示范"妈妈"的语调）

师：自己试着再来读一读2、3段中的对话。

4. 学习第五自然段

师：同学们，小蝌蚪在找妈妈的过程中，发生了什么变化？请你用书上

的话来说一说。

生："先长出两条后腿，再长出两条前腿，不久尾巴变短，最后尾巴不见了。"（贴图）

师：找到妈妈的小蝌蚪该多高兴呀，让我们快去读一读吧。

师：自己大声地读一读这一段。

出示"不知什么时候，小青蛙的尾巴已经不见了。他们跟着妈妈，天天去捉害虫。"师生对读。

师：同学们，你们可以用"已经"说一句话吗？

[设计意图]抓住学生的心理特点，指导学生朗读，提高学生的朗读能力，为后面的分角色读做准备。多种方法理解关键词语，发展学生的思维。利用文本，训练学生的语言表达能力。

（四）角色朗读，深化理解

师：同学们，小蝌蚪为了找妈妈，历尽千辛万苦。最终，它成功找到了妈妈。我们来进行角色扮演，再回顾回顾这个故事吧。

请你看着老师的课件，选择你喜欢的角色，先大声读一读吧。

教师设计情境让学生分角色朗读课文：

小蝌蚪长出两条后腿，看见鲤鱼妈妈，就迎上去，问："鲤鱼阿姨，我们的妈妈在哪里？"

鲤鱼妈妈说："你们的妈妈有四条腿，宽嘴巴。你们到那边去找吧！"

小蝌蚪长出两条前腿，看见一只乌龟，连忙追上去，叫着："妈妈，妈妈！"

乌龟笑着说："我不是你们的妈妈。你们的妈妈头顶上有两只大眼睛，披着绿衣裳。你们到那边去找吧！"

小蝌蚪尾巴变短了，看见一只大青蛙，叫着："妈妈，妈妈！"

青蛙妈妈笑着说："好孩子，你们已经长成青蛙了，快跳上来吧！"

过渡：可爱的小蝌蚪终于变成了小青蛙，找到了妈妈。我们真替她高兴啊！快来学一学下面的生字吧！

（五）学习生字

1. 出示"什""么"，请你先组词。

2. 请你记一记这两个字，说一说书写的时候注意什么。

3. 教师范写，学生描红一个写一个，展示、评价。（写字姿势和拿笔姿势提醒）

（六）知识拓展

一只青蛙一天能吃60多只害虫，而一年中有半年是它的冬眠期，如此推算，一只青蛙一年至少要吃掉10000多只害虫。

（七）板书设计

小蝌蚪找妈妈

小蝌蚪不同变化的图1　2　3　4　　青蛙图　　鲤鱼图　　乌龟图

九、学习效果评价设计

（一）评价方式

1. 看拼音写词语

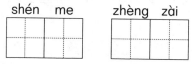

2. 读儿歌

小蝌蚪真可爱，黑灰色身子长尾巴；

心中着急找妈妈，

遇到鲤鱼阿姨迎上去，遇到乌龟妈妈追上去；

原来青蛙妈妈有特点，捕捉害虫是能手；

头顶鼓着两只大眼睛，身披一身绿衣裳；

蝌蚪变化真是大，甩掉什么成妈妈？

原来是条长尾巴！

（二）教师评价学生课上表现及朗读情况

十、本教学设计与以往或其他教学设计相比的特点

1. 分析学情，因材施教

在设计本课的前后，教师着重分析了学情，根据学生的知识框架指定合适的学习目标，使学生在本课"跳一跳，够得到"。教师根据本班学生的年龄特点以及学习特点，因材施教，设计了能调动学生积极性的活动，使具备不同天赋的学生在本课都能有所收获，提高语言能力。

2. 提高兴趣，注重实效

因本课内容是学生感兴趣的科学童话，因此借助文本训练学生的语言表达能力，朗读能力真正得到锻炼。联系生活实际理解文本，训练学生的朗读能力也是此课设计的亮点。因此，可提高课堂的实效性。

《语言的魅力》教学设计

一、指导思想与理论依据

一个人的阅读史就是他的精神生命成长史。一个人阅读的广度、深度和高度，决定了他人生的广度、深度和高度。因此，我们倡导让学生多读书，读好书，爱读书，会读书。

一个主题就是一种思想；一个主题就是一种情感；一个主题就是一个知识体系；一个主题就是学生的一个智慧世界。此文为八大主题的第四单元：言语留香，主要体会语言具有的魅力并学习着运用，同时逐渐热爱母语（祖国语言文字）的情感。

此课采用"一主带两辅"的模式，即主文的学习规律和学习方法可以迁移到"辅文"的拓展阅读中，举一反三，学以致用；辅文的大量阅读既可以加深学生对感知、研读、体悟规律的把握，能更好地践行由"文字—文学—文化"的梯次提升。三篇文章主题相同，这样，在同一主题的引领下，由于主题类似，但选文宽泛，把众多的文章放在一起阅读，形成了一个大语境，学生的视野自然会打开，就可以实现由一篇文章到多篇文章，甚至一系列书籍的阅读，加强对主题的理解和运用，让学生学会在理解中运用、在运用中理解，即"得法于课内，用法于课外"，最终达到"反三归一"。

这样在相同的时间内，学生的阅读量是传统阅读教学的五倍以上。对于教师来说，不是在"教教材"，而是在"扩展教材""生成教材"。对于学生来说不是在"读教材"，而是在"感悟教材"。对于师生共同体来说，则是在这种"教—生成—读—感悟"的过程中，实现语文素养的提高和文化内涵的积淀。教师不仅着眼于教材，同时关注课程，更用心于学生，这样既可以培养学生广泛的阅读兴趣，扩大阅读面，增加阅读量，遵循少做题，多读书，读好书，读整本的书的原则，又可以丰富学生语文底蕴，养成良好的读书习惯，同时为学生习作（写话）奠定良好的语言积累基础。

这样一来，就解决了长期困扰语文教学的两大难题：一是解决了学生课外阅读难以落实、阅读量不够、效果不佳的问题。二是解决了学生自学时间难以保证、自学能力难以提高的问题，将课外阅读的方法在课内指导，有效地减少了过多的提问和烦琐的讲解，而把重点放在引领学生从"多读书"向"会读书"发展。

课内习得，课外运用，符合认知规律。在这样的课堂上，再也听不到教师烦琐的讲解，也听不到烦琐的提问，听到最多的是学生琅琅的读书声和学生滔滔不绝地交流学习心得，讨论或争论，看到的是学生默读思考的自学，保证了学生的主体地位，学生获得了自主学习权，课堂不只是教师的课堂，而且是学生的学堂。

语文课程的核心任务是：学习语言文字的运用。运用的途径是多读多写，在大量的语文实践中体会，把握运用语文的规律。

学科改进意见中：中高年级要培养学生掌握语言应用的规律，引导学生关注语言应用的效果，重视听说读写的结合，加强语文学习与实际生活应用的联系，拓展阅读视野，提升阅读能力。

此课中将有魅力的语言与学生的生活联系在一起，给学生创造学习情境，调动学生的主动性和积极性，打通语文与生活的联系，体现"大语文"思想。让学生在主动积极的思维和情感活动中，加深理解和体验，有所感悟和思考，受到情感熏陶，获得启迪，享受审美乐趣，提高学习的实效。

二、教学背景分析

（一）教学内容分析

这是一篇精读课文，有六个自然段。先讲在巴黎一条繁华的街道上，一位衣衫褴褛，头发斑白，双目失明老人，他的身旁立着一块木牌，木牌上写着"我什么也看不见！"他在行乞。可是过往的行人都无动于衷，没有人施舍给盲老人，他没有得到钱，神情悲伤。接着讲法国著名诗人让·彼浩勒非常同情盲老人，得知老人什么都没得到，便悄悄地在那行字的前面添上了"春天到了，可是"几个字。之后，这诗一般的语言使老人行乞的结果与以前大不相同，大街上的很多人纷纷解囊，给他钱的人多极了。诗人感到很满意。课文通过行人、老人、诗人前后行为的不同表现对比，通过最后的语言告诉我们语言具有感情色彩，运用得恰当，会取得意想不到的效果。

（二）学生情况分析

学生读懂这个小故事很容易，因此分析文章不作为此课的重点。面对这样的课文，我们都会思考这么一个问题，那就是如何上好这一节课？抓住学生的知识起点——自读学习生字、初步了解词义，读懂课文。学生已会的，能自己读会的就不教。把时间和方法花在重点、难点上。在读中正确理解感受语言文字的魅力是什么，结合生活实际来思考如何让我们自己说的话语、写的文字更有魅力是重点和难点，需要老师采取恰当的方法去指导学习。

三、教学方式与教学手段说明

以读带讲　一篇带多篇　课内得法课后练　一读解千愁　读写结合

四、技术准备教具

多媒体课件

五、教学目标

1. 结合句子，联系课文内容，体会诗人添上那几个字所产生的巨大作用，从中感受到语言的魅力。

2. 有感情地朗读课文，背诵第6自然段。

3. 积累句子，练习用有魅力的语言写警示语、写话。

六、教学重、难点

教学重点：体会诗人添上那几个字所产生的巨大作用，从中感受到语言的魅力。

教学难点：理解第6自然段，学习运用有魅力的语言。

七、教学过程

（一）读导语——吮吸言语的清香甘露

师：一起学习本课之前，我们读一读导语。

1.读背本单元导语，男女生用不同方式读一读、背一背。

> 语言如诗，激发无限的遐想；
>
> 语言似画，描绘五彩的画卷；
>
> 语言如风，扬起希望的风帆；
>
> 语言似泉，润泽干涸的心田；
>
> 美好的语言传递美好的情感，
>
> 魅力的语言能让爱永驻人间！

师过渡："美好的语言传递美好的情感，魅力的语言能让爱永驻人间！"

2. 让我们来一起书写课题，齐读课题（出示课题，同学们和老师一起书写魅力，注意"魅"右边的"未"上横短，下横长）。回忆：什么是魅力？

预设：特别有吸引力的，有语言的魅力，也有人格的魅力。那本课的语言会有怎样的魅力呢？让我们走进文本……

[设计意图]语言的积累不是速成，要在每节课上逐渐加深；读了单元导语，学生对于语言的魅力有了一种"掀起你的盖头来"感受与期许。

（二）回读课文，整体感知

1.学生默读课文，回忆文章主要内容。

2.指读文中易读错词语。

盲人　木牌　添上　陶醉　衣衫褴褛　无动于衷　漆黑　魅力　衣着

绅士　让·彼浩勒　姗姗而去　良辰美景

（学生易读错的词语要强调并多读几遍）

3.根据指定词语说一说文章的主要内容是什么？

盲人   木牌   无动于衷   添上   魅力

[设计意图]抓住本学段学生的训练重点就是会归纳文章的主要内容，从整体入手学习课文，下要对学生保底，做好基础字、词这一关。

（三）提炼中心句，直入主题

1.同学们，此时我们定神想一想：课文中那具有魅力的语言是哪一句呢？让我们一起猜一猜。

师生异口同声说出，同时课件出示：春天到了，可是我什么也看不见！

[设计意图]训练学生提炼文章中心句的能力——直插文章中心句。

2.那么，最开始的那句话是什么呢？

"可是我什么也看不见！"

[设计意图]从这句话前后的不同开始让学生感受到不同的对比。

师过渡：这句有魅力的语言仅比之前的一句多了六个字，为什么结果却截然不同呢？让我们继续学习。

（四）深入学习，感悟语言魅力

1.默读课文，按要求学习

自学导航：

（1）默读课文，画出描写行人和盲老人前后表现变化的句子，标出关键词。

（2）同桌交流，朗读相关句子。

2.学生交流，汇报

（1）行人前面表现的语句。

出示：街上过往的行人很多，那些穿着华丽的绅士、贵妇人，那些打扮漂亮的少男少女们，看了木牌上的字都无动于衷，有的还淡淡一笑，便姗姗而去了。

变化方式读：

①减词改变原文读

街上过往的行人（很多），那些（穿着华丽的）绅士、贵妇人，那些（打扮漂亮的）少男少女们，看了木牌上的字都无动于衷，有的还淡淡一笑，便姗姗而去了。

②提示重点句承接读

街上过往的行人很多，那些穿着华丽的绅士、贵妇人，看了木牌上的字都无动于衷，有的还淡淡一笑，便姗姗而去了。

街上过往的行人很多，那些打扮漂亮的少男少女们，看了木牌上的字都无动于衷，有的还淡淡一笑，便姗姗而去了。

街上过往的行人很多，那些形形色色的商人们，看了木牌上的字都无动于衷，有的还淡淡一笑，便姗姗而去了。

[设计意图]"一读解千愁"通过师生有趣的、轻松的、配合朗读，使学生在读中就体会到了大街上的行人们的无动于衷，免去了语汇曲折，费时低效的讲解。

（2）师过渡：当诗人见到此情景，问到老人，他怎样说？

汇报后出示："唉！"那盲老人叹息着回答，"我，我什么也没有得到。"说着，脸上的神情非常悲伤。

（提示重点词语承接读）

那盲老人叹息着回答："唉！""我，我什么也没有得到。"

那盲老人神情非常悲伤，伤心地回答："唉！""我，我什么也没有得到。"

（3）师过渡：此时此情此景，扣动了诗人善良的心弦，打开了他语言的闸门，在这行字前悄悄写下"春天到了，可是"（出示这六个字）学生完整地读出这句话。

"春天到了，可是我什么也看不见！"（板书）

（4）诗人再问盲老人，他说

汇报出示：那盲人笑着对诗人说："先生，不知为什么，给我钱的人多极了！"

（减词改变原文读）

那盲人笑着对诗人说："先生，不知为什么，给我钱的人多极了！"

[设计意图]"一读解千愁"通过师生有趣的、轻松的、配合朗读，使学生在读中就体会到了诗人添上这六个字后，这语言带来的巨大变化，使学生感受到语言的魅力的结果。

师过渡：此时的盲老人高兴极了!那都是因为在繁华的巴黎大街上，穿着华丽的绅士、贵妇人看到这木牌上的语言（学生读：春天到了，可是我什么也看不见！）触动了善良的心弦，都纷纷解囊相助；那都是因为在繁华的巴黎大街上，打扮漂亮的少男少女们看到这木牌上的语言（学生读：春天到了，可是我什么也看不见！）感动了他们漠然的心，都纷纷解囊相助。这就是语言的魅力！

3. 为什么会有这么大的魅力呢？

出示："春天到了，可是我什么也看不见！"这富有诗意的语言，产生这么大的作用，就在于它有非常浓厚的感情色彩。是的，春天是美好的。那蓝天白云，那绿树红花，那莺歌燕语，那流水人家，怎么不叫人陶醉呢？但这良辰美景，对于一个双目失明的人来说，只是一片漆黑。这是多么令人心酸呀！当人们想到这个盲老人，一生里连万紫千红的春天都不曾看到，怎能不对他产生同情之心呢？

（以各种方式读，启发学生知道这句语言为什么有魅力？）（根据结构分合读）

（老师读）"春天到了，可是我什么也看不见！"（女生读）这富有诗意的语言，产生这么大的作用，就在于它有非常浓厚的感情色彩。（男生读）是的，春天是美好的。那蓝天白云，那绿树红花，那莺歌燕语，那流水人家，怎么不叫人陶醉呢？（齐读）但这良辰美景，对于一个双目失明的人来说，只是一片漆黑。这是多么令人心酸呀！当人们想到这个盲老人，一生里连万紫千红的春天都不曾看到，怎能不对他产生同情之心呢？

（引读）

（春天到了），那蓝天白云，那绿树红花，（是多么美好）可是这个衣衫褴褛、头发斑白、双目失明的老人什么也看不见；

（春天到了），那莺歌燕语，那流水人家，（是多么美好）怎么不叫人陶醉呢？可是这个衣衫褴褛、头发斑白、双目失明的老人什么也看不见；

（春天到了），这良辰美景（是多么美好）可是这个衣衫褴褛、头发斑白、双目失明的老人什么也看不见；他的眼前只是一片漆黑。这是多么令人心酸呀！

（春天到了），这万紫千红的春天是美好的，可是这个衣衫褴褛、头发斑白、双目失明的老人什么也看不见；人们怎能不对他产生同情之心呢？

（一边引读一边播放春天美景的图片，读后突然黑屏）

师：是这句话唤醒了人们的善良之心，使人们纷纷解囊相助。唤起了盲老人对生活的信心。

[设计意图]在感受语言的魅力的时候，让学生能够换位思考一下去感受盲老人的处境，更加深刻地体会诗人添上这几个字之后的语言的魅力。

让我们快速记住这段话。（1分钟速背）

4.填空背诵这段话

（五）回顾全文，引发思考

此文通过对比行人、盲老人、诗人前后的不同表现，让我们知道是语言的魅力唤醒了人们的善良，并让这种美好的情感传递。（板书：善良）

师过渡：那么语言还具有怎样的魅力呢？

（六）以一带多，举一反三

1.默读课文完成自学导航

（1）默读《信任》《激励的力量》两篇文章，画出你认为最有魅力的一句话，并说一说它的魅力是什么？

（2）同桌交流，朗读相关句子。

2.汇报交流

（1）《信任》一文中的语言架起了人与人之间信任的桥梁。（板书：信任）

（2）《改变一生的赞美》一文中的语言激励人们努力前行。（板书：激励）

师：其实语言还具有很多的魅力。（板书：省略号）

[设计意图]带出这两篇文章一是"举一反三"，继续训练学生提炼中心句的能力，二是感受语言的不同魅力所带来的不同效果，为后面的写话奠定基础。此节课中阅读的三篇文章的体裁是一样的，只是内容不同。

（七）激发情感，读写联动

师过渡：语言如诗，激发无限的遐想；语言似画，描绘五彩的画卷；语言如风，扬起希望的风帆；语言似泉，润泽干涸的心田；这有魅力的语言也许可以拯救一片森林，也许可以成就一个梦想，主动权掌握在我们手中。

看图画写广告语或警示语。

师结束语：语言的魅力无穷——一言可以定国；语言不是蜜，却可以粘住一切。

（八）作业

设计或者找到自己认为有魅力的语言，课前展示给同学们。

八、教学流程

1. 读背单元导语。

2. 精读《语言的魅力》。

3. "以一带二"——略读两篇文章《信任》《激励的力量》。

4. 写话练习。

5. 名言积累。

九、学习效果评价

学生学习效果，以本课的教学目标为标准。

我设计了2种诊测方法：

1. 监测评价学生的朗读、背诵。

2.写话接力练习及评价。（参与课前展示）

十、本次教学设计与以往或其他教学设计相比的特点

1. 关注学生的已有知识点，注重以读为主

一切从学生已有知识点出发，课前进行了初探。生字、生词的认识和解释，学生能够自己学会，老师课上就不作讲解。课上运用多种不同的朗读方式使学生体会到语言的巨大魅力，体会到是这种魅力使行人、盲老人、诗人有前后不同的变化。读是理解课文的必由之路，也是检验是否理解文章的有效手段。课上，减去了烦琐的、碎片似的分析讲解，以读为主使学生情入其文。

2. 关注课堂实效，训练和运用相结合

在教学中，我关注到了文本中训练书写有魅力的话的目标，是学生在感悟到语言的魅力的情况下，再写一句有魅力的语言，结成有魅力的小诗歌一首，使学生再次感受到语言真的很有魅力，自己就可以创造有魅力的语言，并且可以应用到生活中。那学生的书写兴趣自然就提高了，能力也就提升了。

3. 提高课堂密度，关注学生阅读高效

一堂课精读一篇文章，略读两篇文章，还进行了对比，写话练习。这节课的密度很高。这多么内容的处理并不是草草了事，走走过场。而是"一课得法，它课用法"，"举一反三"从而提高了学生的阅读效果，做到高效的阅读。

4. 关注学科特点，注重语言的积累

课堂上，我注重学生对于语言的积累，如背单元导语、课文中的段落、经典名言等。丰富学生的语言。语文学科就是要加大积累的力量。

《赵州桥》教学设计

一、指导思想与理论依据

《义务教育课文课程标准（2011年版）》指出在阅读教学中可以引导学生学习必要的语文知识。重视培养学生广泛的阅读兴趣，扩大阅读面，增加阅读量。本课在设计过程中注意语文知识的学习紧紧围绕阅读理解进行。在增加阅读量扩大阅读面的基础上进一步理解阅读文本，感受传统文化的魅力。

二、教学背景分析

（一）教材分析

《赵州桥》一课是部编版教材三年级下册第三单元中的第3篇文章。本单元旨在了解传统文化的基础上，学习课文是怎么围绕一个意思把一段话写清楚的。本课写了赵州桥的历史、雄伟及美观，赞颂了劳动人民的智慧与才干。

（二）学情分析

三年级学生正在学习小段的写法，如何围绕一个意思把一段话写清楚是重点也是难点。课文给了很好的范本。通过朗读、对比等方法帮助学生学习体会，学生易于接受。

三、教学目标

1. 了解课文围绕一个意思把一段话写清楚的方法，了解赵州桥是世界闻名的石拱桥及它历史悠久、雄伟、坚固、美观的特点。理解赵州桥设计的独创性及其作用。

2. 了解作者用列数字介绍事物的方法，体会过渡句在文章中的作用，学习排比句的写法。

3. 体会我国劳动人民的智慧和才干，从而激发起学生的民族自尊心和自豪感。

4. 拓展阅读《莫高窟》。

四、教学重、难点

教学重点：抓住重点词句理解、感受赵州桥雄伟、坚固、美观的特点，体会我国劳动人民的智慧和才干，从而激发起学生的民族自尊心和自豪感。

教学难点：理解赵州桥设计的独创性及其作用；通过拓展阅读，对文章的内容和写作手法进行对比、类比。

五、教学过程

（一）导入

深厚的传统文化，是中国的根。在学习本单元时，前面我们已经了解了传统节日、四大发明，今天再来了解中国建筑。中国建筑彰显华夏底蕴，是我国宝贵的历史文化遗产。让我们继续学习，去领略赵州桥的风采。

（二）回顾

打开书默读一遍课文，边读边回忆：文章围绕哪三个特点来描写赵州桥？

根据学生回答板书：雄伟、坚固、美观。

这些特点又体现在哪些方面呢呢？今天我们就一起来学习。

（三）批注式学习

出示自学提示：默读第2部分。

1. 用"＿＿＿"画出描写赵州桥雄伟的句子，用"＝"画出描写赵州桥美观的句子，并用"△"标出其中的关键字词。

2. 用"~~~~"画出说明赵州桥坚固原因的句子。

汇报：雄伟。

师：哪里是围绕赵州桥雄伟写的？谁愿意与大家分享自己画的句子？

学生汇报。

师：我们一起来读读这些句子，特别注意体会句子里关键的词语。

出示句子，点评。

桥长50多米，有9米多宽，中间行车马，两旁走人。（这样的宽度与现在的公路相比也毫不逊色）这么长的桥，全部用石头砌成，（这是一项多么宏伟的工程啊！）下面没有桥墩，只有一个拱形的大桥洞，（造型真是大气磅礴！）横跨在37米多宽的河面上。（看上去是那么壮观！）

3. 出示图片欣赏。

4. 改变原文对比读，学生注意与老师读的不一样的地方。

（桥很长）桥长50多米，（也很宽）有9米多宽，中间行车马，两旁走人。这么长的桥，全部用石头砌成，下面没有桥墩，只有一个拱形的大桥洞，（横跨在河面上）横跨在37米多宽的河面上。

学生说区别。

师归纳：作者通过列数字的方法具体、准确地写出了赵州桥的长度、宽度。

5. 出示句子，再来读一读，体会数字的作用。（板书：列数字）

6. 找一找文中另外一处使用列数字说明方法的地方，说说作用。

作者就是运用了列数字的方法，准确地写出了赵州桥的长度、宽度。（再来读一读，体会数字的作用）

过渡：作者就是运用了列数字的方法，写出了赵州桥的历史和雄伟，但是我们知道，衡量一座桥的好坏，关键是看它是否结实、耐用，而赵州桥就是这样一座坚固的桥，是什么原因使它如此坚固呢？

围绕赵州桥坚固作者又是怎么写的呢？

1. 学生根据自己自学成果回答赵州桥坚固的原因。

2. 说一说这种设计指的是哪种设计？

3. 出示图片：中间一个拱形的大桥洞，大桥洞顶左右两边还各有两个拱形的小桥洞。

4. 师生承接读。

这种设计，在建桥史上是一个创举，是怎样的创举呢？它既——，又——。

5. 作者在这里通过一对关联词写出了这种设计的几个好处。

（男女生对读）

6. 学生边画图边解释。

7. 再读课文理解这种设计的好处。

这种巧妙设计从来没有人想到过，也成为后来许多建桥者学习的对象。在建桥史上是一个创举。（板书：创举）

过渡：其实，赵州桥带给我们的惊叹不止于此，当你亲身踏上赵州桥，你就会发现它那精雕细琢的美，我迫不及待想来读一读。

第4段围绕美观又是怎么描写的呢？

1. 出示句子，结构分合读

这座桥不但坚固，而且美观。桥面两侧有石栏，栏板上雕刻着精美的图案：有的刻着两条相互缠绕的龙，嘴里吐出美丽的水花；有的刻着两条飞龙，前爪相互抵着，各自回首遥望；还有的刻着双龙戏珠。所有的龙似乎都在游动，真像活的一样。

老师读的句子是——过渡句，齐读。（板书：过渡）

作者通过这个过渡句把话题从雄伟坚固自然而然地转移到美观上来。

2. 围绕着美观，你又画了哪些句子和关键字词呢？

学生汇报。

3. 出示句子，承接读。

有的刻着两条相互缠绕的龙，嘴里吐出美丽的水花；有的刻着两条飞龙，前爪相互抵着，各自回首遥望；还有的刻着双龙戏珠。

有的有的还有的是排比句。（板书：排比）

作者通过排比句描绘出了栏板上雕刻的各种各样的龙。

4. 出示图片。

5. 改变原文对比读。

（有的刻着两条龙，）有的刻着两条<u>相互缠绕的龙，嘴里吐出美丽的水花</u>；（有的刻着两条飞龙，）有的刻着两条飞龙，<u>前爪相互抵着，各自回首遥望</u>；（还有的刻着双龙。）还有的刻着双龙<u>戏珠</u>。

说发现

师总结：写出了龙的动态。

6. 男女生对读、同桌配合读。

7. 填空读。

桥面两侧有石栏，栏板上雕刻着精美的图案：有的刻着（　　　），嘴里（　　　）；有的刻着（　　　），前爪（　　　），各自（　　　）；还有的刻着（　　　）。所有的龙似乎都在游动，真像活的一样。

8. 小结：围绕美观，写了栏板上精美的图案，写了龙各式各样的姿态。再来体会读一读。

9. 仿写。

天上的云形态各异：有的像（　　　）；有的像（　　　）；还有的像（　　　）。所有的云都在不停变幻，真是一个神奇的世界。

10. 唐代文学家曾经夸奖过赵州桥，在世界也独一无二。

出示资料，学生指名读。

11. 所以说——出示最后一段，齐读。（板书：智慧、遗产）

12. 总结：作者通过列数字、过渡句、排比等方式，向我们介绍出赵州桥雄伟、坚固、美观的特点，让我们了解到它是创举、智慧、遗产。

（四）拓展阅读

学习《莫高窟》。

出示自学提示，如下所示。

1.口头填表。

题目	相同点	不同点
赵州桥		
莫高窟		

2.用"___"画出你喜欢的句子，读一读，试着背一背。

（五）板书设计

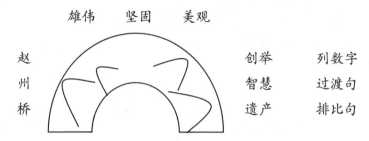

雄伟　　坚固　　美观

赵
州
桥

创举　　列数字
智慧　　过渡句
遗产　　排比句

六、学习效果评价设计

1.练习围绕一个意思写一段话。

2.向游客介绍赵州桥，试着用下面的词语：世界闻名、雄伟、创举、美观

七、本教学设计的特点

1.紧紧围绕单元语文要素开展学习

此教学设计紧紧围绕单元语文要素"了解课文是怎么围绕一个意思把一段话写清楚的"而设计。重点体现在赵州桥三个特点的段的学习过程中，让学生通过多种方式的朗读体会并学习；在写排比段的过程中继续体会练习。将单元语文元素的学习做扎实。

2.对比阅读体会中国建筑之特点

学习、感悟赵州桥一课的精美语言，感受到劳动人民的智慧与才干，也更加体会到作者用词之精美。在学生的思维还在碰撞的时候，再学习一篇文章《莫高窟》，既从语言上面，又从建筑风格等方面有更加明显的思维碰撞。学生对于中国传统建筑及语言文字的咀嚼更加深刻。

《自相矛盾》教学设计

一、指导思想与理论依据

教与学的策略是一种教学观念或原则。它和教学方法、步骤、教学模式同义，是为达到一定的教学目标而采取的一系列教学方式和行为。在这样的定义下，本节课的教学设计所体现的教与学的策略为：牢固树立以学生为学习主体的指导思想，尊重学生的认知规律、遵从学生已有的认知起点，并且力求在各个环节中体现出来。给学生创造学习情境，调动学生的主动性和积极性。让学生在主动积极的思维和情感活动中，加深理解和体验，有所感悟和思考，受到情感熏陶，获得启迪，享受审美乐趣，提高学习实效。

二、教学背景分析

（一）教学内容分析

这篇课文，是一篇内容非常浅显的寓言故事，出自《韩非子·难势篇》，作者韩非子。全篇共有5句话。通过古时候的一个人叫卖矛和盾，夸口自己矛的锐利和盾的坚固；通过两个"无论……都……"使他自己陷入前后矛盾、不能自圆其说的尴尬境地。又是这两个"无论……都……"给了读者画面感，让我们想象出这个人从得意的夸口到哑口无言的场面，从而揭示寓意——说话办事必须前后一致，实事求是。

（二）学情分析

学生读懂这个小故事很容易，因为他们在二年级已经有学习寓言故事《亡羊补牢》的基础。面对这样看似浅显的课文，我们都会思考这么一个问题，那就是如何上好这一节课？抓住学生的知识起点——自读学习生字、初步了解词义，读懂课文。学生会的就不教。把时间和方法花在重点、难点上。在读中正确理解寓意是重点和难点，需要老师采取恰当的方法去指导学习。

三、教学方式与教学手段说明

1. 利用学习卡片，发挥自主学习的功能，把语文训练落到实处。

2. 创设情境，抓住关键词句让学生体验、理解课文内容，积累学习方法。

3. 利用演一演的方式，学习语言，发展语言，对寓意加深理解。

四、教学流程示意

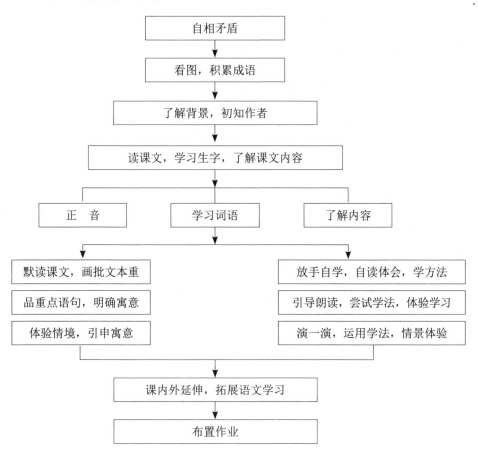

五、教学目标

1. 学会本则寓言中的生字及新词，理解重点词语的意思，学习认读字"寓"和"戳"。

2. 正确、流利地朗读课文。

3. 了解这则寓言故事的内容，能说明卖矛和盾人的可笑之处，懂得说话、办事必须实事求是、前后一致的道理。

4. 演一演《自相矛盾》。

六、教学重、难点

教学重点：正确、流利地朗读课文，了解自相矛盾的内容。

教学难点：了解这则寓言故事的内容，能明白卖矛和盾人的愚蠢，懂得说话、办事必须实事求是，前后一致的道理。

七、教学过程及教学资源的使用

（一）看画面积累成语，积发兴趣了解寓言出处

1. 看图猜故事

师：看到这些画面，请你猜一猜是哪个成语故事。（图片略）

亡羊补牢 刻舟求剑 守株待兔 掩耳盗铃 拔苗助长 坐井观天

师：这些成语故事也是寓言故事，都是用一个个生动、浅显的小故事告诉我们一个深刻的道理。今天咱们也来学习一则这样的寓言故事。

2. 出示课题：自相矛盾

（1）同学们齐读课题。（指导不要拉长声）

（2）师生同写课题。指导"矛"和"盾"的书写

（师："矛"和"盾"是本课的生字，写时请注意"矛"的第二笔点和最后一笔撇不要忘记写；"盾"的第一笔是横撇第二笔是竖撇。）

3. 简介故事背景

师：这个故事节选自《韩非子·难势篇》，它是韩非子所著许许多多故事中的一个，这个故事讲了一件什么事？又告诉了我们一个什么道理呢？让我们共同学习它。

（出示：韩非子图像和著作图）

[设计意图]尊重学生认知起点，以图片的形式激发学生的兴趣，将学生带入寓言故事的情景之中。追求学习效果，引导学生喜欢积累，向学生渗透学习文章时，不但要了解文章内容，还要知道文章出处和作者的方法。

（二）目标明确读文本，语文训练落实处

师：请同学们打开书，自由读课文，读后完成学习卡上的第一小题。

出示：在括号中，用"＼"划去下列加点字错误的读音。

自相（xiāng xiǎng）矛盾　　锐利（ruì yuè）　　哑口无言（yǎ yá）

预设：①第一小题错误不会太多；第二小题可能选"yuè"的音。教师要追问：为什么？指导学生说出：yuè（悦）是竖心旁，"锐"是金字旁。抓住这个字最关键的部分记忆。

②第三小题学生如果选"yá"。订正时告诉学生第三声音节的变音规律。

师：把错误的改正读2遍，没有错的自己读2遍，最后齐读1遍。

出示：选择正确的字画"√"。

自相（矛　予）盾　　　　（锐　锋）利的矛　　　　（坚　牢）固的盾

（悦　锐　说）利　　　　（锐　锋）利的刀　　　　（坚　牢）固的房

师：下面请同学们再读课文，完成练习中的第二小题。

预设：学生在区分第二、三组字的选择时，容易出现错误。

1. 教师采取联系实际比较"矛"和"刀"，同时引出"锋利"一般来形容刀，所以说（出示）"锋利的刀"。

2. "坚"和"牢"的区分，可以查字典比较区分，还可以再读课文，让学生理解坚固有坚硬、结实的意思；牢固是结实的意思。依据本文中的意思，坚固的盾是坚硬、结实的盾，而一般我们说牢固的房子、牢固的桌椅等。

3. 把错误的改正读2遍，没有错的自己读2遍，最后齐读1遍。

[设计意图]真正把学生作为学习的主体，落实课堂的每个环节，把语文训练落到实处。利用比较区分、实践体验、联系生活实际和上下文等语文学习方法，使学生形成语文能力。

师：好，看来同学们的词义掌握得也比较好。

下面请同学们默读课文，完成学习卡上的第三小题。

出示：根据课文内容连线。

| 我的矛 | 坚固 | 戳得穿所有盾 |
| 我的盾 | 锐利 | 所有矛戳不穿 |

师：请同学们读一读。

预设：读准确"chuō"的音或读成"zhōu"。

师：你读得很准确，这是本课的一个认读字。（让学生多读2遍）

[设计意图]理解课文内容是重点。通过读书让学生整体感知课文内容，了解文章的线索也是语文课标对中年级段的要求。学生通过连线的方式，大体理解了课文内容，为下面的学习打下了基础，做了很好的铺垫。

（三）抓重点品文本，体验学习明确寓意

过渡：卖矛和盾的人说，自己的矛是最锐利的，什么盾都戳得穿；自己的盾是最坚固的，什么样的矛都戳不穿。别人问他，用你的矛戳你自己的盾会怎么样呢？他哑口无言。

（板书：戳得穿　戳不穿）

师：这个故事可笑吗？让咱们再来读课文，画出你认为可笑的句子，之

后自己读一读。

1. 读课文，画出你认为可笑的句子。

2. 汇报，交流。

预设：①只画出了卖矛和盾的人说的话。

②还画出了旁观人说的话。

③画出了旁观人说的话。

出示，并订正：

> 他举起矛，向人夸口说："我的矛锐利得很，不论什么盾都戳得穿！"接着又举起盾，
> 向人夸口说："我的盾坚固得很，不论什么矛都戳不穿它！"

师：那个人是怎样叫卖他的矛和盾的？

预设：引导学生找到"夸口"一词。

师：咱们想一想"夸口"是什么意思？

预设："夸口"就是说大话、吹牛。

师：请你来帮他夸夸他的矛和盾。

先自己练一练，再指读。

师：你真正理解了夸口的意思。我们从你的朗读中听出你加重读"不论……都"这一对关联词语。咱们来读读这2句话（同时把这2句话中的2对关联词语变红色），看看从这2组"不论……都"中，你体会到了什么？

预设：他的矛是最锐利的，能戳得穿所有的盾。

追问：也戳得穿他自己的盾吗？

预设：还能看出他的盾是最坚固的，什么矛都戳不穿。

追问：他自己的矛戳得穿他的盾吗？

师：原来如此，通过这2组关联词语，让我们看到他是这样夸自己的矛和盾的。

师：请你用朗读表达出这种情感。

先自己练一练；再指读。

师：你真正让我们感到你的矛是最锐利的，盾是最坚固的。

师：假设我们真的来到了市场上，如果你是卖矛的人；假如说手中的铅笔就是矛，笔盒就是盾。请你拿起你的矛和盾，向我们叫卖。

[设计意图]为学生创设情境，激发他们的兴趣，增强他们的求知欲，促使其能发挥主动性，积极参与教与学的活动中，利用"抓住关键词理解文本的意思"的方法，使他们学会学习，初步体会寓意。

学生先练一练，之后指读。

评价：你的朗读真的让我们，来到了集市上，见到了卖矛和盾的人。掌声。

师：一边卖矛，一边卖盾，正卖得起劲，马上有人问：

出示：

用你的矛戳你的盾，会怎么样呢？

师：请你来读读这句话。

预设：学生读时把2个"你的"变成红色。

再来读一读，说说你体会到了什么？

预设：①这个人很聪明。②如果他自己的矛戳得穿他自己的盾，那他的盾就不是最坚固的；如果他自己的矛戳不穿他自己的盾，那他的矛就不是最锐利的。③卖矛和盾的人在说大话。

师：这位旁观的人真是很聪明，他抓住了卖矛和盾的人的话的矛盾之处。在哪里呀？

预设：①再读一遍叫卖的2句话。②"不论……都……"。

师：所以那个人哑口无言。什么是"哑口无言"？

预设：①说不出话。②像哑巴一样说不出话来。

师：理解四字词语，可以先想一想每一个字的意思，再把四个字的意思连起来就可以了。

这个人为什么哑口无言了？

预设：①如果他自己的矛戳得穿他自己的盾，那他的盾就不是最坚固的；如果他自己的矛戳不穿他自己的盾，那他的矛就不是最锐利的。②说大话。③自己跟自己过不去。

根据学生的回答，整理板书。

（板书：不实事求是　不前后一致）

再次帮助学生理解寓意。

[设计意图]教师的适时引导，让学生深切地体验，理解重点词语的方法，想象当时的画面，读文就如同身临其境，让学生再次体会卖矛和盾的人说话时的自相矛盾，相互抵触，达到揭示寓意的目的。

（四）亲自实践，运用语言拓展文本

师：这个故事这么有意思，咱们来演一演，好吗？

1. 小组同学先练一练

师：请一个学生来表演卖矛和盾的人，我们都作为围观的人一起问他。

预设：学生可能表演不太到位或不能用自己的话来表达。

评价：看这个小演员的声音很洪亮，如果再用上一些自己的语言，有一些创新就更好了。我也想和你们合作一把，行吗？准备好了吗？

2. 老师示范（用自己的话，渲染一下气氛）

预设：学生问完"用你的矛戳你的盾会怎么样呢？"

师：我真是很尴尬，哑口无言。

3. 学生再次练习

4. 学生表演

师：再找一个比他还会夸口的。之后从声音、表情、语言上进行评价，如你很会发挥，让我们真正看到了卖矛和盾的人。我听出来了，你的矛是世界上的精品，你的盾也是非常坚固的。

师：他真的无话可说了，此时你想劝一劝他，怎么劝？

预设：①不要说大话了。②说话之前先想好了，不要自己相互抵触，自相矛盾。

根据回答，变换板书，把"不"擦掉写上"要"：要实事求是，前后一致。

[设计意图]"教"的输出要以"学"的回馈为依据，通过学生对课文的理解，储存在大脑中，通过演一演的形式把自己对课文的理解诠释和演绎出来，这是对语文能力综合训练很好的检验。这一过程不但语文能力得到了发展，而且对学生之间的合作交流也是一种考验，情感交流和提升也得到不同的发展。

（五）课内外结合，语文学习引向深入

师：人们说"韩非子的寓言常蕴含着深刻明切的哲理，他可以从常见的生活现象来推演出重大的道理。"

（出示翻《韩非子》一书的图片）

师：这就是《韩非子》一书，书中还有许多这样的小故事，他们都蕴含着这样一个道理，这就是寓言。

（六）留作业，拓展眼界

课下，你也可以找来读读，要像看这篇寓言一样，看谁能从文中看出深奥的道理。也可以把这个故事表演给家长和朋友看一看。

[设计意图]首尾呼应，再次把课堂教学进行延伸，鼓励学生要有读一本书、了解书作者的好习惯。由此引出学生阅读的兴趣。

（七）板书设计

自相矛盾

我的矛	我的盾
锐　利	坚　固
戳得穿	戳不穿
要前后一致	实事求是

八、学习效果评价设计

学生学习效果，以本课的教学目标为标准。

我设计了3种诊测方法：

1. 利用《大兴区小学生朗读检测本》监测评价学生的朗读。

2. 学习卡片。

---

①去下面加点字的错误读音。

自相矛盾（xiāng　xiàng）　　　锐利（ruì　yuè）　　　哑口无言（yǎ　yá）

②在括号中给下面词语选择恰当的字，正确的画"√"。

自相（矛　予）盾　　　（锋　锐）利的矛　　　（坚　牢）固的盾

（悦　锐　说）利　　　（锋　锐）利的刀

③根据课文内容连线。

我的矛　　　　　坚固　　　　　戳得穿所有盾的

我的盾　　　　　锐利　　　　　所有矛戳不穿的

---

3. 演一演。

九、本教学设计与以往教学设计相比的特点

1. 关注学生的兴趣点，注重语言积累

一切从学生的实际特点出发设计引起学生关注的教学环节。如，看图猜成语这个环节，首先把孩子带进了古典文化的情境之中，抓住了他们的兴趣点；指导朗读时，让孩子再次进入到文本的情境之中：把手中的笔当作矛，笔盒当作盾，把自己想象成卖矛和盾的人或者围观的人；最后，再次把学生带入情境之中，让学生充分融入这个小故事之中演一演。这样，既调动了学生的学习兴趣，又拉近了学生与古典文化的距离，让学生感到真正成为语文课上的主人。

2. 关注课堂实效，训练和运用相结合

在教学中，我关注到了文本中的易混字、形近字、同音字。利用学习卡片，让学生在对文章整体感知的情况下，全程、全体、全身心地参与了读

词、辨字形、品字义的练习；使学生有落地生根之感，也填补了学生只知字义不会运用的空白。同时又锻炼了学生仔细辨题的语文能力。

3.关注文本特点，了解寓言名家

教学中，我以此文本为寓言的载体抓住了文本中的延伸点。让学生对本则寓言产生浓厚的兴趣和深刻的理解之后，知道了韩非子是一个善于用短小精悍的故事来说明一个深刻道理的名家；知道了韩非子创作的寓言还有许许多多，自然而然的就把学生的关注点延伸到课外读物上了。

4.关注主体学习过程，积累学习方法和规律

课堂的主体是学生。正确处理好主导与主体的关系，是老师永远要牢固树立的。在教学中，我设计的学习卡就可以充分发挥学生是学习主人的作用，让他们自己通过读书自己解决，教师只是适时点拨指导。为了突破难点，老师将这个人愚蠢的表现画出来引导孩子抓住这两句话中的质问点进行文本对话。师生合作的学习方式降低了学生表达的难度，有效地帮助学生将零散的思维进行梳理，为寓意的理解搭设了桥梁。

第一单元　祖国风光
（分享展示课型）

一、指导思想与理论依据

把课堂交给学生，让学生自主展示学习成果，给学生创造在本单元积累的出口，让学生尽情地展示自己并分享他人的学习体会和积累所得。

该课的准备工作从单元的第一节课开始，贯穿整个单元教学的全过程，其准备的过程比其他课型都要长，涉及课内外积累的大量内容。因此，在"每课三分钟"这个环节就可以为这节课积累资料。再加上此单元要背诵的内容较多，为这节课做好了充分的准备。

二、背景分析

（一）教学内容分析

本课教学内容是北京市义务教育课程改革试验教材五年级下册第一单元。本单元安排了《桂林山水》《索溪峪的"野"》《鸟的天堂》《长江之歌》4篇课文，还安排了"语文实践活动1"。

校本教材有《青青漓江凤尾竹》《通天瀑》《绿》《紫藤萝瀑布》《阿里山的云雾》《登泰山观日出》《赞不尽的张家界》《三峡之秋》8篇文章。

教学这一单元，要使学生感受到祖国山河的雄伟壮丽，体会到作者对大自然的热爱、赞美之情。在阅读中，要注意引导学生在语境中理解词语的意思，联系上下文体会句子的含义；能有感情地朗读课文，背诵课文或指定的段落；能揣摩课文和自然段的表达方法；能仿照自然段的表达方法，抓住一种事物的几个特点，把事物写清楚、写具体等。

（二）学情分析

1. 学生处于五年级下学期，已经具备基本预习能力，也经过了学校2个多月的"语文整体改革"的研究课型。

2. 小组合作学习有了方法，初具成效。

3. 班上的学生差异性开始体现出来了。

4. 优等生的口语表达能力已经很好了：会听、会发言，直入主题。

三、教学目标

1. 体会该单元文章的写作、修辞方法。

2. 熟练朗读并背诵积累该单元喜欢的古诗、段落、文章及歌曲的演唱。

3. 训练学生有感情地朗读及背诵的能力。

四、教学方法与策略

教师以过渡语为导；学生以读为本，在朗读、诵读中感悟真情、实践语文。继续训练学生听讲、发言的能力。

五、教学重、难点

教学重点：培养语感及提高学生语文素养和实践能力。

教学难点：感受祖国山河的雄伟壮丽，感悟作者表达情感的方法。

六、教学过程

（一）第一篇章：诗词赏析

1. 请一位学生背诵导语（跟音乐）

出示单元导语：

祖国山河美如画。

那千峰插地、万壑峥嵘的自然景象；

那神奇、险峻、原始、清新的山水风光；

那令人惊诧的绿的潭水；

那如小姑娘般的紫藤萝瀑布；

那饱含真情的美丽漓江水……

无不是大自然的杰作。

（边背诵边出示图片：桂林山水、索溪峪、三峡风光等美丽风景）

师：看到同学们由衷赞叹的表情，我为我们伟大而美丽的祖国骄傲、自豪。

（板书：我的祖国　地大物博　风景秀丽）

2.学生背诵或诵读以下篇目

（1）《帐篷》

（2）《在希望的田野上》

（3）《雨中登岳阳楼望君山》

（4）《江南忆，最忆是杭州》

（5）《横溪堂春晓》

（6）《西江月·黄陵庙》

（7）《采桑子》

（8）《西江月·夜行黄沙道中》

（在学生背诵过程中，出示图片、所背诵诗词）

[教学意图]通过此环节，让学生感受到我们伟大祖国的美丽富饶，为这节课的后面铺垫情感。

（二）精彩句段展示

作家和我们一样，愿把祖国美景铭记心中，让我们共同分享吧！

1.《桂林山水》全文，有感情背诵展示。

2.《青青丽江凤尾竹》段落朗诵（葫芦丝配乐）第三自然段。

3.《索溪峪的“野”》第三自然段有感情地背诵。

4.《阅读》一书中“我会积累”的三个段落。

（三）我要为祖国歌唱

《长江之歌》

（四）板书设计

祖国风光

分享展示课

七、教学评价设计

小组成员	师评	组长评	个人评
1（组长）			
2			
3			
4			

评价要求：

1. 参与3分，声音3分，有语气诵读4分。

2. 组内有秩序10分。

八、本教学设计的特点

1. 充分以学生为主体

此节课是一个单元的最后一节课，课上让学生主持、背诵、朗诵、展示，老师在课堂中只是欣赏者、关注者，在这样的课堂上，学生能够真正融入其中，成为课堂的主人，学科素养能够真正得到落实。

2. 学生始终在主动的思维活动中

此节课是学生一个单元积累的展示，也更是学生对此单元文本的深度理解。在整节课中，学生始终在主动的思维、情感活动中体验、受熏陶、享受乐趣，是任何一节教材的分析课都替代不了的。在这节课上，学生要主动去说、去诵、去背、去唱。虽不是直抒胸臆，热爱祖国山河之情早已饱含于课上的朗读、诵读、背诵的激情中。

《祖国在我心中》教学设计
（自主阅读课）

一、指导思想与理论依据

《义务教育语文课程标准（2011年版）》中教学建议指出：充分发挥师生双方在教学中的主动性和创造性。学生是语文学习的主体，教师是学习活动的组织者和引导者。语文教学应在师生平等对话的过程中进行。语文教学应激发学生的学习兴趣，培养学生自主学习的意识和习惯，引导学生掌握语文学习的方法，为学生创设有利于自主、合作、探究学习的环境。应尊重学生的个体差异，鼓励学生选择适合自己的学习方式。

二、教学背景分析

（一）教材分析

本课教学内容是北京版教材五年级上册第三单元，由《木笛》《圆明园的毁灭》《半截蜡烛》《郑和远航》4篇文章组成。《木笛》一文文本故事情节巧妙曲折，语言叙述精练生动，人物刻画细致真切，读中令人心灵震撼。《圆明园的毁灭》描述了圆明园昔日辉煌的景观和惨遭侵略者肆意践踏而毁灭的景象，激发人们不忘国耻、振兴中华的责任感和使命感。文章对圆明园昔日辉煌景观的介绍语言简洁、内涵丰富。《半截蜡烛》这篇课文生动地记叙了在第二次世界大战期间，参与情报传递工作的母子三人与突然闯进的德国军官斗智斗勇，巧妙周旋，并最终保全了情报站的事，赞扬了他们机智勇敢和强烈的爱国主义精神。课文故事情节生动紧凑、语言细腻。《郑和远航》一文详细介绍了郑和第一次下西洋远航的情况，并点明了郑和7次远航的重大意义，表现了我国古代人民顽强的探索精神和出色的航海技术。

（二）学情分析

学生已经具备了在一堂课上自主阅读几篇文章，快速找到需要信息的基本能力。但对于长文的信息整理能力还处在学习期。

三、教学目标

1.浏览课文，培养学生热爱祖国、不忘历史的情感。

2.阅读能力方法，学生能够领悟文章的基本表达方法，能根据需要收集、处理信息。

四、教学重、难点

教学重点：培养学生热爱祖国、不忘历史的情感。

教学难点：浏览4篇文章，体会相同点及不同点。

五、教学过程

（一）导语

今天我们继续走进第三单元——祖国在我心中。

齐诵单元导语——祖国在我心中

我的祖国，高山巍峨，

我的祖国，大河奔腾，

我的祖国，地大物博，

我的祖国，人民勤劳，

这就是我的祖国，

这就是我深深爱恋的祖国。

我爱你源远流长灿烂的历史，

我爱你每一寸土地上的花朵，

我爱你风光旖旎壮丽的河山，

我爱你人民的性格坚韧执着。

我的祖国，

我深深爱恋的祖国。

你是昂首高吭的雄鸡—唤醒拂晓的沉默；

你是冲天腾飞的巨龙—叱咤时代的风云；

你是威风凛凛的雄狮—舞动神州的雄风；

你是人类智慧的起源—点燃文明的星火。

你有一个神圣的名字，那就是中国！

那就是中国啊，我的祖国，我深深爱恋的祖国！

（二）我会积累——名言警句

（不积跬步无以至千里，不积小流无以成江海。）

1. 人生自古谁无死，留取丹心照汗青。　　　　　——文天祥

2. 为中华崛起而读书。　　　　　　　　　　　　——周恩来

3. 天下兴亡匹夫有责。　　　　　　　　　　　　——顾炎武

4. 常思奋不顾身，而殉国家之急。　　　　　　　——司马迁

5. 捐躯赴国难，视死忽如归。　　　　　　　　　——曹　植

6. 锦绣河山收拾好，万民尽作主人翁。　　　　　——朱　德

（三）单元回顾

学习的写作方法：

《木笛》——按事情的发展顺序，运用环境描写、人物描写表现出了木笛手朱丹的爱国情感。

《圆明园的毁灭》——按照总分总的篇章结构，今昔圆明园进行对比描写，使读者产生对祖国历史文化的热爱及对侵略者的憎恨之情。

《半截蜡烛》——按事情的发展顺序，将人物的心理活动描写得淋漓尽致，赞扬了伯诺德夫人一家的机智勇敢和爱国情怀。

《郑和远航》——按事情的发展顺序，详写第一次远航，略写后六次航

行。激发了人们的爱国情怀和民族自豪感。

（四）自主阅读篇章

1. 布置阅读文章《爱在废墟上》《别了，我爱的中国》《历史铭记这一刻》《唐诗里的中国》。

2. 出示自学导航。

（1）浏览文章，填写表格：找出4篇文章的共同点和不同点。（填出一条即可）

课文标题	文章体裁	文章结构	写作手法	表达情感
爱在废墟上				
别了，我爱的中国				
历史铭记这一刻				
唐诗里的中国				

（2）读了4篇文章哪段文字最打动你，请与小组同学分享。

（五）学生先自学、再小组交流、指派代表全班汇报（从5个方面进行）

（六）欣赏歌曲《爱我中华》并谈感受

（七）作业布置

1. 积累有关热爱祖国的古诗文。

2. 收集"爱我中华"的故事，为故事会做准备。

（八）板书设计

祖国在我心中（自主阅读课）

《爱在废墟上》

《别了，我爱的中国》

《历史铭记这一刻》

《唐诗里的中国》

七、学习效果评价设计

1. 运用汇报检测学生对一篇陌生文章的朗读能力。

2. 通过对比阅读之后的汇报，检测学生对本单元写作方法的理解、运用水平。

八、本教学活动的特点

1. 以单元为整体

以单元整体目标为导航，以单元课文为例文，使学生课内得法，课外得以用法，已达到举一反三的效果。

2. 增加学生阅读量

一节课自主阅读4篇文章，回顾4篇文章。8篇文章的阅读量使课堂阅读量能够得以保障。

第三部分　教学论文

从一粒沙去看世界，从一朵花去看天堂

读写结合初探

——阅读篇

崔峦老师说过"在我们的语文教学中，一方面要加强阅读教学，另一方面要加强读写练习，做到读写渗透，读写结合。"显然，读写结合是提高学生阅读能力和写作能力的有效途径。叶圣陶先生也曾说："阅读是吸收，写作是倾吐。"为使学生的阅读能力和写作能力有效提高，使语文课堂教学具有较高的实效性。教师要善于给学生搭建有效的平台，并给予恰当的引导，使学生真正有所读、有所思、有所说、有所写。

阅读课中的"读写联动课型"，就是依据教材文本的特点，巧妙地进行读与写的训练，让学生在语文课上做到"读与写一起飞"。"读写联动"中的写，是阅读教学中以教材为依据的小练笔。"写"的训练植根于阅读的土壤里，既是阅读的延伸与拓展，也是习作的预热与铺垫，是阅读与习作中间的桥梁。主要练习形式是写句子、写句群、写片断。针对这些特点，我们做了以下思考与训练。

一、巧抓"拓展点"——使之言之有话

抓住教材某一个"拓展点"，设计导语，引导学生展开想象的翅膀，打开思路。

小故事大道理，是寓言的特点。然而，语句短小精悍、幽默诙谐又是文言文寓言的另一个特点。于是，我抓住寓言的这个特点，巧妙设计情境，激发学生心中的话语。如北京版第七册教材《滥竽充数》是一篇学生既喜欢又易懂的寓言故事。通过声断气连的朗读后，学生似乎饶有兴致。我说："南郭先生想为齐宣王吹竽，他不会可为什么还去呀？心里一定有了好的主

意，咱们快点猜一猜吧！去了以后，场面会是怎样的呢？快点把你想象到的告诉大家。"学生写好以后，我再出示白话文《滥竽充数》，学生们都感觉到，自己的拓写文章和老师出示的白话文不分上下，由此点燃了心中的小火苗。又如，北京版第九册教材《亦秋败弈》一文，也是这样处理的。老师设计："有吹笙过者"过时，奕秋心理是怎么想的？奕秋败弈时心里又是怎么想的？看棋的人是怎么想的？等拓写点。学生们本来就感觉这类文章很有意思，趁势又安排这样的拓写，此时不一吐为快，更待何时。

二、巧读"仿写点"——使之言之有法

叶圣陶先生说：选择好"例子"对于提高阅读教学效率起到关键作用。所以教师要根据学年教学目标和教材编排的读写训练内容，语文教材选择课文在语言表达上具有某种规律性的语言现象（词句和段落）。这种语言现象应该是可以迁移、可以概括类化、举一反三的。这种具有规律性的语言现象就是教学所需要选择的"例子"，"凭这个例子使学生能举一反三，练成阅读和作文的熟练技能"。所以，教师要调好"例子"，让学生读好"例子"，是学生能言之有法。

1. 结构篇

教材中许多具有特殊结构的典型句段，如总分、总分总、分总小段等。老师可以有意识地进行指导阅读，使学生了解这些句子间存在的结构特点。如四年级第八册第26课《黄山奇石》一文，文中用先概括后具体的写作方法介绍了黄山上的"仙桃石""猴子观海""五老奔天都"和"金鸡叫天都"。课堂上，老师通过引读、男女生配合读、填空读等方法，先让学生感受到句子间存在着特殊的关系，然后再让学生仿照这种写作特点，经过自己的合理想象写一写黄山上的其他石头的特点。"狮子抢球""仙女弹琴""天狗望月"又会是怎样一番生动有趣的景象呢？又如二年级第五册第1课《四季的脚步》，是一篇节奏感、韵律性较强，读起来饶有兴趣的诗歌，每一节的第一句都是"谁的脚步悄悄"，第二句全是一样"悄悄地，她笑着走来"，第三句是"谁唱起了歌儿"，第四句是一个拟声词。像这样

有规律可循的文章，不指导学生学习仿写就可惜了。于是，课堂上老师和学生一起画一画一样的句子，一起接力读一读描写不同季节的句子，一起背一背最喜欢的那个季节。在师生意犹未尽的朗读中，我们又一起回忆了四季中的景物及特点。在"比一比谁笔下的四季最美"的话说出后，学生们的笔尖匆匆流露出生动、有趣、活泼、美丽的四季。又如三年级第6册第14课《翠鸟》，第一段中开头第一句"翠鸟的颜色非常鲜艳。"后面就开始描写翠鸟的头部、北部、腹部以及小爪子的不同颜色。老师就可以让学生通过不断的朗读，来理解段落结构这样设计的好处。当学生们懂得了这样描写的作用和方法后，老师趁热打铁，可以让学生观察其他动植物，利用刚学到的写法，仿写一段话。通过这样的练习，学生们对这样的写作技巧便会记忆犹新，越用越熟练。

2. 语言篇

教材中文本的语言大多是文质优美、贴近学生生活的；也大多运用了比喻、排比、拟人等优美的修辞方法。教师通过将精妙的语言转化，激活为学生自己的语言。如北京版第3册《星期天的时光多美好》是一首诗歌，不但语言生动有趣，而且内容贴近学生的生活。我通过仔细研读教材，在课堂上创设和学生一起朗读、一起回忆的情境。当学生们一听谈到自己的星期天生活时，说起来都兴奋地停不住嘴。我趁势说："那么美好的星期天，你们想不想对不认识你的人说一说呀？"这时的课堂是活跃的，学生的思维与笔触如涓涓细流不可阻挡，仿写出了很美的、属于自己的诗歌。

三、巧抓"激情点"——使之言之有情

郭沫若在《文艺论集》中描述道："立在海边，听着一种轰轰烈烈的怒涛卷起吼来的时候，我们不禁要血跳腕鸣，我们的精神便要生出一种勇于进取的气象。"听节奏有力的涛声，能引发人的情思，学生坐在教室里听老师声情并茂地朗读，读富有激情的文字，品荡气回肠的故事，自然能引起审美情感，使学生忘却自我，融入作品的意境之中。如果此时，教师巧妙设计读与写的训练，学生一定能做到真情流露，实现有效训练。

如北京版第9册《军神》一课，当学生看完刘伯承动手术的影片后，教师设计了三种朗读：1.师读黑体（**病人**一声不吭，**他的双手**紧紧抓住身下的**白垫单，手背**青筋暴起，汗如雨下。**他**越来越使劲，**崭新的白垫单**居然被抓破了。）2.生读黑体（**病人**一声不吭，**他的双手**紧紧抓住身下的**白垫单，手背**青筋暴起，汗如雨下。**他**越来越使劲，**崭新的白垫单**居然被抓破了。）3.生读师补白（病人一声不吭，<钢铁般的意志>他的双手紧紧抓住身下的白垫单，手背青筋暴起，汗如雨下。<常人无法忍受>他越来越使劲，崭新的白垫单居然被抓破了。<他堪称军神>）这样的环节之后，我轻轻地说："孩子们，这时你有一句话、一句诗来描写这位军神吗？"学生们的情感被激发出来，此时神情凝重，匆匆记录下此时的感受。

又如北京版第10册《丰碑》一文。首先让学生找到文中的3处环境描写，师生多种方法朗读，体会环境之恶劣。然后，读描写军需处长这一段，之后安排学生们写碑文。学生们都融入了情感，品味出了文章的真谛。

我们的读写联动课就是读写并重的一堂课，我们要找准读写结合点。从训练学生写一句话到写几句话，再到一段话。以读为基础，写为延伸，以读带写，以写促读，读中学写，读写结合。

点点星星可以燃亮整个夜空，涓涓细流可以汇成汪洋大海，正如学生的习作，不是一朝一夕就能促成，是语文老师在每一节课上"读和写一起飞"练就出来的。有人说："作文是从心里长出来的。"在长出来的同时，情感态度价值观也从心里长出来。这个"长"，除了要有一颗良好的种子外，还要有温暖的阳光、充足的养料。这些外部条件就要靠慧眼识真金的老师来创造，做到润物无声。

关于诗歌教学读写结合的初探

诗歌是文学体裁的一种。它要求以高度凝练的语言，形象地表达作者丰富的思想和感情，集中地反映社会生活，并有一定的节奏韵律。它要求高度集中地概括、反映社会生活，饱含着作者丰富的思想感情和想象，语言精练而形象性强，并具有一定的节奏韵律，一般分行排列。它在各种文学体裁中出现最早。中国古代，讲不合乐的称为诗，合乐的叫作歌，现在一般统称为诗歌。诗歌可分为古诗和现代诗。中国是诗歌的王国，从远古至近代诗歌不知其几千万，除因种种原因失传的诗歌，保存下来的仍可说是浩如烟海。诗歌也和其他任何事物一样，有一个萌芽、产生、发展变化的过程。

诗歌在小学语文教材中占有很大的比例，小学语文教材中选入的诗歌主要有古代诗歌和现代诗歌两大类，在基础课程改革后编写的教材中，现代诗歌的篇目有明显的增加，其中小学语文课本中增选了相当数量的儿歌和儿童诗。

我国现代诗人、文学评论家何其芳曾说："诗是一种最集中地反映社会生活的文学样式，它饱含着丰富的想象和感情，常常以直接抒情的方式来表现，而且在精练与和谐的程度上，特别是在节奏的鲜明上，它的语言有别于散文的语言。"这个定义性的说明，概括了诗歌的几个基本特点：第一，高度集中、概括地反映生活；第二，抒情言志，饱含丰富的思想感情；第三，丰富的想象、联想和幻想；第四，语言具有音乐美。那么，选在小学语文教材中的诗歌大多也是语言精练，合辙押韵，段式简单，情感丰富，读起来朗朗上口，易于学生理解和接受。因此，诗歌教学是小学语文不可或缺的部分。笔者认为，如果教学诗歌只让学生会读，理解诗歌的大概意思，甚至只会背诵默写，那就大大折煞了诗歌的魅力。

众所周知，阅读教学与写作教学是语文的两大重点，是语文学习的主要组成部分，二者不可偏废。在诗歌教学过程中，诵读教学是基础，而在诵读教学的基础上，学生对诗歌的鉴赏审美、对诗人的艺术人生的感悟，将是建构学生精神家园过程中最重要的构成部分。学生把这些感悟用文章的形式积累下来，沉淀下来，不仅加深了对诗词的理解、感悟，提升了自己的文化品位，也为写作积累了大量鲜活的素材。笔者在诗歌教学中，注重在理解诗歌内容的基础上，和学生一起感受诗歌语言、情感的魅力，对诗歌的读写结合进行了一点探索。

一、古诗与现代诗的结合，感受诗词语言的魅力

诗中描写的是同一景物，我们就可以结合在一起让学生了解不同的诗描写同一景物时，赋予的独特魅力，从而产生仿写的愿望。

教学诗歌《瀑布》时，先出现李白的《望庐山瀑布》这首诗，让学生抓住"飞流直下三千尺，疑是银河落九天"一句运用的夸张手法，感受瀑布的宏伟气势。

师：看到此诗句，你感受到了什么？

生：我看到瀑布从很高的山顶流下，非常快。

生：我看到瀑布好像从天上流下来，而且十分壮观。

师：短短的两句古诗把瀑布描写得形象、壮观；你们知道吗？现代的诗歌也有描写瀑布的，想不想看看他笔下的瀑布什么样？

请同学们打开书细细品味《瀑布》的句子。

师：通过细细品味，通过这样的描写，此时你看到什么？听到什么？想到什么？

生：我感受到瀑布的声音特别大，还溅起一堆堆白色的水花。

生：我感受到瀑布在阳光的照耀下闪闪发光，好像一颗颗珍珠。

生：我感受到瀑布的声音忽近忽远，像风吹过松林，像浪涌上岸滩，传得很远很远。

生：我看到风一吹来，片片白雾像一层层纱披在银河的身上。

师：是呀，作者用不同的语言，不同的修辞方法向我们展示了瀑布雄伟、壮观的美丽景象，从而也表达了作者见到瀑布惊叹与喜爱的思想感情。

下面，就让我们一边欣赏词句，一边感受瀑布的壮观与豪迈吧！（边读诗歌边看多媒体）

这时，学生的心潮是起伏的，应紧紧抓住，激发出学生的写作欲望：

师：用一个词说说你的感受，或者说说瀑布的特点。

生：宏大。

生：仿佛就在面前。

……

短短的十几个字，几十个字就让如此美丽的瀑布展现在我们的面前，这就是语言的魅力。来吧，小诗人们，让我们也来写一写美丽、壮观、宏大、如烟、如雾、如尘的瀑布吧！

教师通过古诗与现代诗的有机结合，通过有层次地引导学生感悟诗句描写的意境，激发学生写作的欲望。让学生也能用精美的语言向人表达看到瀑布后惊叹与喜爱的思想感情。

二、诗歌与故事的结合，感受诗歌语言的凝练

古诗与故事相互关联。诗人用诗歌表情达意，一首诗歌就是一篇精美的散文；一首诗歌就是一段精彩的小故事。教师可以抓住这个特点，在阅读课上锻炼学生的写作能力。

教学《赠汪伦》时，学生基本理解诗文的意思之后，教师向学生介绍诗歌的创作背景，学生明白了李白写这首诗的目的就是表达自己激动的心情，感谢汪伦的邀请，表达对汪伦的思想感情。

师：很多古诗里都有故事，比如说《赠汪伦》就是描写李白即将远行和好朋友汪伦告别时的情景，我们可以把古诗改写成故事。让更多的人了解这个故事。教师引导学生合理想象，按一定顺序，内容具体，语言通顺，进行编写。

于是，学生写道：

一天，天气很好。诗人李白受汪伦的邀请，来到他的家中小住几日，他们相处得很愉快。临走的时候，汪伦在岸上踏着节拍，唱着歌为他送行，李白十分感动，立即写下一首《赠汪伦》"李白乘舟将欲行，忽闻岸上踏歌声。桃花潭水深千尺，不及汪伦送我情。"让汪伦感激涕零。

还有许多的诗歌中有故事，例如《回乡偶书》，学生这样编写道：

贺知章为考取功名离开家乡，一晃就是五十年，如今他年老辞官了，想回到自己的家乡。他走在回乡的路上看到：弯弯曲曲的山路边开满了五颜六色的野花，山地里一群群牛羊在草地上悠闲地吃草。看到如此的美景，两鬓花白的贺知章不禁感叹："我美丽的家乡呀，我终于回到了你的怀抱。"

村口，一群孩子在树下玩捉迷藏，见来了一位陌生的老人，便上前好奇的围着他，七嘴八舌地问："您是谁呀？""您从哪儿来，往哪儿去？"贺知章笑着说："我啊，是本地人。"孩子们说："骗人，骗人，我们从来都没见过您，您又怎么会是本地人呢？"贺知章说道："我少年时出外求学，现已过了五十年了。"他一手摸着发白的胡子，一手摸着一个小孩的头。年老的贺知章在孩子们的簇拥下回到了阔别已久的家，他感慨万千，诗兴大作，便提笔写下《回乡偶书》："少小离家老大回，乡音无改鬓毛衰。儿童相见不相识，笑问客从何处来。"

可见，诗歌与故事的完美结合，使学生充分了解了古诗的写作背景，理解了诗句的含义，更深刻地感受到凝练的古诗句中，饱含着深情。更加激发了学生学习诗歌的兴趣，提升了学生的习作能力。

三、诗歌与生活的结合，零距离感悟诗歌情感

诗歌表达作者的真情实感，有时诗人会因思乡而留诗，有时诗人会因美景而作诗，有时会因赞叹而作诗……但都离不开生活。教师就可以把生活和学习诗歌联系起来，进行读写结合的训练。

例如，中秋节之际，我们就可以梳理古诗《静夜思》《水调歌头》《关山月》等有关中秋的古诗，让学生欣赏、理解、感受、抒发。教师先出示《静夜思》，让学生用多种方式诵读，理解李白思乡的思想感情；随后出示

《水调歌头》《关山月》，在初步感受后，交流几首诗表达的不同情感，之后让学生自己作诗。这一教一带，最后放手让学生自主学习的过程才真正实现教学目的。学生自作的诗歌有："中秋时节月儿圆，遥望月亮想团圆。借问何处赏美月，百姓齐呼北京城。"（《中秋节》）"花间独赏月，思念故乡人。祈福拜明月，不远归团圆。鸿福寄明月，金秋合家欢。"（《圆月》）

在世界水日那一天，班上的小才子自作一首诗给我，上交之后，还获得了大兴区一等奖。

点滴

水，是生命之源，

我们和它的关系是如此密切。

没有水，

动物将会死去，

植物将会干枯，

大地将会龟裂，

世界将是一片荒凉。

没有水，我们用什么洗头洗脸？

人人都只能蓬头垢面。

没有水，我们怎么保持身体湿润？

我们将会皮肤干涩、嘴唇干裂。

没有水，我们用什么解渴？

甚至连生命也没有保证。

水，是地球的乳汁，

它原本是那么晶莹。

现在它已经渐趋浑浊，

工厂的污水源源不断，

一片片垃圾在水中漂浮，

水土流失也在从中作恶。

水，是无价的，

不要等到失去才想起珍惜。

如果真的到了那一天，

我们只能听天由命。

但我真心希望，

人类的肆意行为能就此停止。

只要我们共同努力，

人类的噩梦将永远不会到来。

正值祖国生日之际，学习《我们爱你，中国》。教师在多媒体的协助下让学生感受祖国土地肥沃、广阔；景色秀丽。学生在多种形式的诵读之后，即兴作诗如下：

中国——我的祖国，

我爱你尊敬你。

我愿做一只小白鸽，

天天歌唱在边疆，

饮过长江水，

看到蓝蓝的天。

有一天，

我要做名科学家，

开着宇宙飞船，

摘一颗明亮的星星，

献给你。

我的祖国，生日快乐！

小学教材中的诗歌是一笔财富，我们要在引导学生走进诗词歌赋王国的同时从中汲取文学营养，让学生在笔尖尽情的挥洒，尽兴的书写，让他们去尽情享受美感体验与挥洒才思的愉悦与幸福。

语文整体改革中我的行为变化

——化零为整

零，是零散、零碎，不是零蛋。

体现在以下几方面。

一、课程体系

从整体上考虑以"人"为本的教育，考虑各种知识与能力的综合，真正发挥学校课堂教育的"教"与"育"。

二、语文知识化零为整

重整教材，整合教材，整合思想，纵向、横向整理知识体系、训练体系，让每节课琐碎的知识整体化。如一篇文章里有很多的知识点，不可能在一节课中面面俱到。如果要在一节课里都教给学生，势必会肢解文本，偏离了作者与编者的意图。如果整体备课时，能够把一个单元的知识点，甚至一本书的知识点比较分别，有序地、有重点地突出文本中最具阅读价值的训练点。化零为整，一节课一个或两个知识点、训练点；一个单元一连串知识点、训练点，跳出课堂看语文，跳出文本看语文，这种化整为零，何乐而不为呢？

三、学科之间化零为整

这一天早读，看到学生们带来了彩纸、剪刀等工具，就知道是美术课上又要做什么了。因为，学生特别喜欢葛老师的美术课，课上，她总会让孩子们动手画或做一些艺术品。看到学生们兴奋的表情，我就想：小制作正好可以和本周的习作课，联系在一起。看看会有什么效果呢？于是，课前悄悄找到葛老师商量了一下：决定美术课后连上两节习作课。美术课上，学生们制作了小灯笼，五颜六色的。有的学生还在制作的作品上设计了一双眼睛呢！下课后，我马上拿着照相机来到教室，让学生与自己的作品合影留念。当学生们还沉浸在愉悦中时，上课铃响了。我让学生们把自己的作品一个个摆在自己的面前，他们不亦乐乎。"孩子们，这么漂亮的作品又是怎样做的呢？可以介绍给我吗？这节课，你们就来教教我——《我来做灯笼》。"

语文课的习作需要学生写实话、心里话，为什么不能把这两节课合二为一、化零为整呢？想了，做了。结果多篇文章应运而生。我们化零为整的课堂真正体现了让学生"课前有期待，课中有享受，课后有回味。"

四、实践活动与学科知识化整为零

知识与生活相结合才能真正落地生根，深深扎进学生的心里。因此，要多做学科实践活动，让课堂上面学到的书本知识与学生生活结合起来，使生活与知识化整为零。如在国庆节前夕，各个学科都可以结合所学知识开展实践活动——学习了测量，我们动手量一量班里的五星红旗尺寸；学习了《祖国祖国多美丽》，我们站在国旗前唱一唱；学习了《升国旗》，我们面对着国旗诵一诵；画一面国旗献给祖国妈妈，写一首诗歌歌唱伟大的祖国等，使学生知道我们学习知识是为了解决生活中的问题，有助于我们的生活。

巧用方法，激发小学生
诵读经典古诗词的兴趣

经典古诗词是我国传统文化的瑰宝，它体现着我国的悠久历史和文化。我国优秀的传统文化，源远流长，博大精深。在小学教学中开展古诗词教学，使教育回归本源，是必要的，常言道："腹有诗书气自华"，让学生诵读大量的古诗词，有助于增加他们的底蕴，提升他们的人格气质，并有益于终身。于是，在平日教学中，笔者巧用方法，激发小学生诵读经典古诗词的兴趣，取得很好的效果。

一、利用好教材中的古诗词，激发学生学习的兴趣

每册语文教材中，都有古诗词。以往的学习一直是学生学习的难点，古诗的写作背景及离学生较远的历史使得学生无法产生对古诗词学习的兴趣。因此，在教学课本中的古诗时，我利用古诗自身的特点进行设计。

（一）创设情境，激发学生的诵读及学习兴趣

有些诗词和学生的生活情境很是相似，此时，可以演一演古诗词——将古诗中的故事、情景让学生们编一编、演一演，拉近学生与古诗词的距离；还可以创设情境——"忙趁东风放纸鸢"，春天到了，带学生们到野外、公园放纸鸢，感受诗词中的小朋友就是自己；到操场去看春天的杨柳，感受诗人将柳叶喻为二月的剪刀的绝妙想象。使学生体会到，古诗其实就是自己身边的人、物、景，从而激发学生学习古诗的兴趣。

（二）古诗对比阅读引发学生兴趣

老师课前找出内容或者是和学生年龄相仿等方面相关联古诗，课上让学生学着去对比诵读、学习。如在学习《池上》和《所见》和《小儿垂钓》三首诗时，把班上的学生和诗中的小朋友合为一体，让学生们通过视频、图画、演读等方式体会到古诗中的小娃、稚子、牧童就是自己的化身——"小娃撑小艇，偷采白莲回""蓬头稚子学锤纶""牧童骑黄牛"，一诗一景一幅画——多有趣啊！

（三）古诗新唱激发学生学习兴趣

有很多古诗被唱成了歌曲，如笔者听到《春晓》时，倍感悦耳动听，那学习之前或者是课上就可以给学生们放一放，激发学生学习的兴趣。

使用多种方法激发学生兴趣，进一步让学生感受到古诗的魅力，从而喜欢学习古诗。

二、创设多种多样的积累、展示平台

"书读百遍，其义自见""好书不厌百回读。熟读深思子自知"，可见小学生只有大量的诵读古诗词，首先达到量的积累，才能充分的汲取精华，得到古文化的浸润，达到质的变化。于是，笔者很重视学生的日积月累。

（一）集零散为统一

1. 集零散时间为整

利用好每天早上的晨读时间，带领学生诵读；利用好每周的诵读课，根据主题选好诗词，做到由浅入深，循序渐进；还利用好每节语文课课前的"每日推荐"，帮助学生诵读诗词，领会情感，激发学生诵读古诗词的兴趣。

2. 集零散古诗集册

把小学生必背古诗词做成小册子，分阶段让学生背诵，进行阶梯星级评价，激发学生诵读兴趣。

（二）开展丰富多彩的语文实践活动

1. 诵读课上勤展示

把积累到的古诗歌曲在诵读时间放给学生们听、学唱，激发学生背诵古诗的兴趣。

2. 定期进行班级诗词争霸赛

3. 班级设置古诗星级阶梯栏

评选诵读小状元、诵读大王，激发学生诵读古诗的兴趣。

4. 同年级班级合作诵读诗词比赛

5. 推荐背诵积累多的学生参加更高级别的舞台展示

6. 利用学校节日活动，排练古诗词节目展演，让学生有所学有所用

7. 诗配画是教师和学生都喜欢的形式

可以结合节日、节气设计不同的主题课程，使学生的诗配画成系列，结集成册。

有学习，有积累；有展示，有收获，学生就会更加喜欢学习古诗。总之，古诗词是语文教学中必须涉及的内容，激发学生的诵读兴趣势在必行。

借助丛书，提高学生写作能力

——读北京教育丛书《读写结合　提高写作能力》有感

　　偶读特级教师王秀凤所撰写的《读写结合　提高写作能力》一书，因一直以来在自己的课堂中践行着"读写一起飞"的教学理念，所以读到此书，深深地钻了进去。书的内容更加帮助了我的语文教学，为我帮助学生提高写作能力指引着方向。

一、用好教材这个例子，提高学生习作技巧

　　读到"倡导读书与写作紧密结合，充分发挥课文的示范作用，真正把语言训练落到实处，还要切实做到课内外有机结合，从阅读、观察、说话、博览及实践中全方位学习写作，并重视教师的评语，'下水文'在教育教学中的作用。"这段话时，我有很深的体会：教材是激发学生学习兴趣的凭借，是学生积累语言的凭借，也是培养学生说话写话能力的凭借，要利用好这个示范。

（一）依托教材，探写话的章法

　　教材中要求学生用指定词语造句的练习题有很多，教学中，我不仅引导学生理解词语的意思，更要帮助学生了解这个词语的用法——掌握用词造句的章法。例如："附近"（《化石鱼》课后题）一词，文中的句子是"小金鱼在化石鱼的附近游来游去"，学生读了这个句子造句会说"我在小红的附近"等把"附近"放到后边的句子。我马上说："同学们，想一想'附近'一词还能放到句子中的别的位置吗？"就是这样，通过文本中的例子，我让学生知道了词语可以出现在句子的不同位置，训练到位。又如：《脚印》

一文是一篇童话，讲的是一场大雪过后，小狗和小鸡在雪地里跑，小狗对小鸡说："我会画梅花。"小鸡对小狗说："我会画竹叶。"课文通过对话的形式，生动的比喻，说明了小狗、小鸡脚印的形状，充满了生活的情趣。这段对话的突出特点就是句段一致，在理解小动物的脚印像什么的时候，教师有意识地通过板书显示其构段方式：小鸭和小马在雪地里跑，（　　　）对（　　　）说："我会画（　　　）。"（　　　）对（　　　）说："我会画（　　　）。"让学生仿照课文写话，有序地进行语言实践活动，不仅有助于学生积累语言，还能提高学生语言表达能力。

（二）使用教材巩固写的章法

模仿是儿童的天性，要"充分发挥课文的示范作用，真正把语言训练落到实处"。我抓住阅读教学后的仿写，促使学生学到写作方法、表达思路，并运用到生活的片段中去，提高学生写的能力。例如：《秋天是多彩的画卷》中我抓住"秋天来了，有……，有……还有……"的句式，让学生写"秋天来了，菜园里有……，有……还有……"；"秋天来了，果园里有……，有……还有……"。在《台湾的蝴蝶谷》中学习第三自然段的写法，围绕一句话把内容写具体的任务。首先，我设置一个问题：谁能用书中的一句话告诉大家蝴蝶谷的景象怎么样？这样学生很容易找到"蝴蝶谷的景象非常迷人"这句话，我随后课件出示，并引导大家集体齐读，提出疑问：蝴蝶谷的景象到底怎么迷人呢？然后大家自由读课文，画出相关语句后，集体交流。结束后再引导同学们发现，这些内容都是围绕"蝴蝶谷的景象非常迷人"这句话来写的，从而渗透写作方法。这时候再写"课间活动真热闹！"这个小练笔时，就容易多了。引导学生模仿文章的编写形式、语言结构，能达到助学生巩固、掌握写作章法的目的。

二、课内外有机结合，全方位学习写作

书中写道："倡导读书与写作紧密结合，充分发挥课文的示范作用，真正把语言训练落到实处，还要切实做到课内外有机结合，从阅读、观察、说

话、博览及实践中全方位学习写作，并重视教师的评语，'下水文'在教育教学中的作用。"我认为做到课内阅读与课外生活紧密联系，并把观察等能力同时用到写作中，学生的写作能力就会提升。例如《语言的魅力》一课，旨在学生通过理解盲老人有魅力的语言可以打动别人，从而创造自己有魅力的语言。课前，我将自己编写的诗歌作为导语打动学生："语言如诗，激发无限的遐想；语言似画，描绘五彩的画卷；语言如风，扬起希望的风帆；语言似泉，润泽干涸的心田；美好的语言传递美好的情感，魅力的语言能让爱永驻人间！"课上，我将盲老人有魅力的语言及产生的效果反复让学生品读，达到以读促解的效果。最后我让学生们走到生活中，到花园里将有魅力的语言送给观赏花儿的恋人，使他们不再摘花；到大自然中，将美丽的雪景用有魅力的语言讲给盲人儿童听，使他们感受生命的美好；到操场上，将有魅力的语言讲给低年级的弟弟妹妹听，让他们和我们一样讲礼貌。"课内外有机结合，全方位学习写作"是如今我的课堂上学生们比较喜欢的方式，我还因此创建了"行走习作"这个写作课程。

读了王老师的书，我对书中的内容感触颇多，还在一点一点地在自己的课堂上、教学中尝试着。我的学生们已经有了收获：班级里有了自己的习作小报《露珠儿》，也有几篇学生习作在《作文导报》中发表；家长们也很支持我们的"行走习作"，让我们把从文本中积累到的章法用到我们自己的生活里，切切实实的让学生们爱上习作，表达自己的"心得"。我也有了实际收获："提高小学低年级学生仿写改写的能力"一课题顺利在北京教育学会结题，自己也成为了区级语文骨干教师。

精彩的语文实践课堂

如今的语文课堂"精讲课，群文阅读课，阅读整本书的课，阅读一个作家（或者一个主题的书的课）"，偶听得上述话语，实践如今课堂，分析如今学生需求及时代的发展，本人也十分同意上述几项才算是如今真正的语文课。

在实际的教学生活中，我观察到如下现象：其一，家中的亲戚找到我，说给孩子讲讲作文。我去了。孩子的妈妈说："孩子每天都会写语文作业到很晚，语文作业总是抄词、听写、甚至抄课文，老师还说自己作文好就是抄课文抄好的。"其二，语文老师每天中午午休时或有科任课时都给孩子们讲语文，因为他声称自己赶不上进度。其三，不乏有老师问学生："假如给你三天的时间，你愿意干什么事情？"学生说："我愿意上语文课，因为语文课的时间最让我感觉时间长。"

根据以上情况，我做了一个计算，以人教版三年级上册，大概34篇课文，8个识字课，几篇推荐课文。一学期就算18周吧，每周就算7节语文课，每节40分钟。孩子们学习这些个字，读这些个文章计105000字，竟然还完不成进度。就更不要说其他的阅读文本，阅读书籍，每天那么多的时间用在了写作业上了。阅读与思考、空闲与兴趣都成了摆设。

由此可见，第一，大多数的老师的语文课堂还囚禁在每一篇课文的精讲；

第二，不乏有老师的语文课堂是这样的——少、慢、差、费；

第三，语文教学改革了这么长时间，我们的语文课堂依旧出现这种情况，教学模式趋向固化，很难改变；

第四，语文作为学生的母语，长此以往，如何激发学生对语文的热爱？

一、创造游戏的语文课堂

在儿童成长的世界有一个重要主题一直被成人忽视，那就是游戏。年龄越小的孩子，游戏对于他们越为重要，他们用自己最大的努力捍卫游戏规则，并在享受游戏的过程中成长，这就是游戏精神及其意义。随着年龄的增大，人们逐渐丧失游戏精神，越发地固守成年人的教条。但学生尚处于成长中，我们为何不继续保持游戏精神，运用游戏法则促进孩子们的成长呢？

我的语文课堂是我和学生们的"战场"——我在上课的第一天就告诉学生，我们一同来到了"战场"——要有打胜仗的本领与智慧。上战场是件严肃的事情，大将不打无准备之战——首先上课前要准备好学具、书籍和学习状态。接下来就是战胜一波又一波的"敌人"，例如：认识汉字、朗读课文、学习写话，逐渐化"敌"为"友"，掌握语文学习的本领，使这些朋友为自己服务。例如：孩子们在课堂上学会了几个生字，和同学们介绍了几个生字，我就会对学生们说："你今天战胜了几个敌人或者交了几个朋友。"

我还会在战场上设置"陷阱"。第一节课从《狐狸和乌鸦》的故事引入，得出要想战胜狡猾的狐狸，不掉入陷阱，需要的是智慧这个道理。例如：我故意把形近字、易拼错的拼音放到一起，锻炼学生的"眼神"。利用考试卷中的"陷阱"——画去错误的读音；给谁画直线等，用了这些办法后都很奏效。

趣味识字游戏也是我的一个设计。讲到"喜"这个字，我想到了传统文化，我国非物质文化遗产中的剪纸。让学生们通过自己动手剪一剪再通过剪纸上面的字记住这个字。学生们也觉得这样很有意思，于是，各种颜色、大小不一的剪纸出现了，不亦乐乎！

学生学习了软笔书法，咱们再写一写软笔"喜"字吧！学生们有了兴趣，还写了"福"字，剪了"福"字，做到了一举多得！

老师打印出几种不同的文字喜、福，让学生们对比发现，感受到汉字真的很有趣！笔者想，这也是低年级的识字策略之一吧！

将游戏引入课堂，让知识深入到学生们的心里！

二、创造多读、多记的课堂

小学低年级是学生的记忆黄金期。这个阶段要让学生多读、多记，他们会终生不忘。如今的这波学生上到二年级上结束时，就已经早早认识了2500个汉字，背完上下册《成语接龙》，每册500条成语；背完《弟子规》《三字经》；读完《追赶天边的彩虹》一书；读完语文教材的辅助读本《金色的小船》，语文书中的34篇课文、8个识字及6篇拓展阅读；背诵古诗60首。这里仅仅是有30首古诗及《弟子规》《识字》中的一些在一年级读的，可见学生们的记忆及阅读潜力无限吧！学生们会因为自己的充盈而自信，而喜欢语文课堂的。

三、建立由小见大的语文课堂

一天听课回来，脑中想到这样一句话：此课非彼课，彼课非此课，但终究会有一个核心：锻炼、提高能力，激发、提高母语学习兴趣，为祖国的语文自豪。

我的课堂试着从每节课中的小点渗透祖国语言的大美。例如：多音字的教学。把多音字放到不同的句子中，让学生故意读错，大笑中告诉学生此妙处为本我国语言所独有。多胞胎兄弟——形近字教学。长得如此之像，却可以依据汉字形旁的意义而区分，妙哉！歇后语背诵、反义词练习等。笔者在教学时抓住课中的小知识让学生见到祖国语言中的大魅力。

四、创建整体的语文课堂

打破教材界限，尽管教材也是以主题为单元设计的。我会有侧重点的把不同体裁的、不同方法的文章放在一起精讲、群文阅读让学生进行类比、对比阅读。一学期下来，我们会打破一本书的界限，会在一节课中分析几本书。和老师、与孩子们共同创建整体的语文课堂对孩子们有益终身，也是我们在追求的。

五、创建自能、自主的语文课堂

"自能读书,不待老师讲;自能作文,不待老师改。老师之训练必做到这两点,乃为教学之成功。"这是叶圣陶先生的教育箴言。

对于这个观点,我也是十分赞同的,并为之一直奋斗、努力!低年级的教学识字写字是重点,我也从识字写字开始教:例如"坏"这个字,用你自己的方法记一记、加一加(左边提土旁右边不)、换一换(怀的树心旁换成土字旁就行了)、小儿歌(土+不=坏),方法给了学生了,学生就会用自己喜欢的方法记、愿意表达,效果自然很好。写字也是如此,教会学生自己评价,使识字写字的本领成为学生自己的本领,也为今后阅读打下良好的基础。

语文课堂是学生生命中,至少是此时的生命中不可缺少的。不能没有精彩!

课堂评价语　点亮学生的心灵

——以《画家乡》一课为例

教师的课堂评价语言应具有感染力和吸引力，它能够点亮学生的心灯。

在课堂教学过程中，知识的传递、学生的反馈与评价，师生间的情感交流等，都离不开课堂语言，更离不开教师的评价语言，教师的语言表达方式和质量直接影响着学生学习的情绪、知识的接受和学习的效果。评价语言是课堂语言的重要组成部分，教师的课堂评价语言是对学生学习过程和结果的评价，也是对各个学习环节和内容的一种引导，更是对学生有效学习的一种激励。

教师如何用好课堂评价语言？下面结合《画家乡》的教学，从三个方面做简要的说明。

一、评价语言要准确得体

教师对学生的评价语言准确而又得体，是激励激活学生的学习积极性和内在潜力，给孩子一个深情的学习催化剂。

《画家乡》一课是北京版第三册教材中的第2课，教材内容浅显易懂，结构分明，语言明快。学生可以在老师的引导下进行词语积累，句子朗读，生字书写的学习。于是，老师抓住课上学生的生成巧妙地设计了评价语，收到了很好的效果。

在课堂伊始，学生齐读单元导语之后，老师竖起大拇指及时评价："真是声如洪钟，字正腔圆"；在"过五关——我会读"中，一位学生读词语比较快，老师评价："孩子，我们没有追你，为什么读得那么快呀！再来读一遍，别着急！"在"过五关——我会记"中，一位学生记起了2个词语，老师评价："你不但声音响亮，而且词语背得很准确。"又一位学生连续背出了9个词语，老师评价说："你可真是咱们班的记忆大王，让我们向你学习吧！带着我们一起读一读吧。"

在写生字环节中，一位学生评价别的学生字很漂亮。老师评价："××同学，今天总是能发现别人的优点，加油！"

班上有40名学生，就会有40种性格。不同的学生在课堂上会有不同的表现，老师一定要注意运用准确得当的评价语言，才能做到真正面向全体，让每个学生都感受到老师的准确、及时、恰当的关爱。

二、评价语应饱含激励

情绪和情感是一种内在的动力，它直接影响着学生的学习情绪和参与热情，因此，教师在课堂评价中应用恰当的语言给予学生激励，让学生不断获得前进的动力，在自信中走向成功。

（一）激励在伊始

有好的开头，事情就成功了一半。老师让学生朗读单元导语时，学生们声如洪钟，老师就及时评价："看！可爱的孩子们，你们各个都有精气神，不但字正腔圆且声音洪亮，让老师为你竖起大拇指！"此时，再看看学生们的样子，身体笔直，小眼聚光，俨然一副我已准备好了的样子。

（二）激励在已经成功之时

在课堂评价中，老师的评价语可以使回答问题已经成功的学生更有如沐春风的感觉，可以让接下来的课堂活动更加生机勃勃。

在"过五关——我会说"中，让学生试着说一说"（　　）前（　　）后，又（　　）又（　　）的词语。"一位学生说："房前屋后，又大又圆。"老师评价说："你的积累很丰富，接下来的表现一定会更出色。"在朗读课文"他画的大海是那么宽，海水是那么蓝……"这句时，学生已经读出了"那么"一词的感觉。老师评价说："这个句子你读得多好呀！让我们看到了蓝蓝的、一望无际的大海。请你再读一遍，大家仔细听听！"

学生已经回答对了，已经读得很好了。老师就更需要用激励的语言最大程度地调动学生学习的主动性、积极性，活跃了课堂的气氛。

三、评价语要有指导性

苏霍姆林斯基说过："教师的语言修养，在极大程度上决定着学生在课堂上的脑力劳动的效率。"学生是课堂上的小主人，老师是课堂上的引导者。有了好的引导，学科知识的吸收就会水到渠成。

课堂上，在用"一望无际"说一句话时，有一位学生说："草原是一望无际的。"老师适时评价："你能用文中的句式说话，真是学以致用。"有一位学生说："我去过一望无际的大海。"老师马上评价说："你能把这个词语放在不同的位置说一句话，很了不起！"又有一位学生说："我看见了一望无际的天空，很蓝。"老师评价说："你的句子加上了自己的感受，很会思考，与众不同。"在这一环节中，教师有三个不同的评价，它们都是有导向性的，也让学生的思维有了三个飞跃。

又如：在观察写字环节中，有一位学生观察生字"彩"与"际"如何占格，起笔落笔。他说："左边采的最后一笔是点，就是为了避让右边的三撇。"老师评价："你很会观察！可以左右一起照顾了。"又有一位学生说："际字是左窄右宽，彩字是左宽右窄。"老师评价说："你是个很细心的孩子，（称赞后顺势引导）咱们看际字的左边是什么？"学生说："耳刀旁。""彩字的右边是什么？""是三撇旁。"那就可以说："字的那边是偏旁——"生接："字的那边是偏旁，那边就写得要窄。"教师及时评价："你发现了写字的一部分规律，你可真是会学习的孩子呀！让我们都要向你学习，咱们快来和他学习说一说。"

在朗读课文时，学生读"家乡多美！祖国多美！"这句时，已经能够读出"多"的含义。老师评价说："你能够读出家乡很美，祖国很美！如果可以绽开笑脸让我们美美地看到就更美了！来，让咱们一起面对面看着读一读。"这时，老师引着学生们笑着、乐着、美美地读出"家乡多美！祖国多美！"学生们就在潜移默化中得到了老师的指导，老师的课堂期待在评价语中展示，可谓是一举多得。

评价语言的确不应拘于一种形式，它应因人而异，因时而异，因课而异，因发生的情况而异，教师应全身心投入，创造性地对学生进行评价。让学生在一次次的惊喜中，全身心投入地进行学习。课堂评价语的魔力能让学生积极主动地参与课堂教学活动，使教学达到令人难以忘怀的艺术境界，能够点亮学生的心灯。

朗读，让课堂更精彩

　　《义务教育语文课程标准（2011年版）》中指出："要使学生具有独立阅读的能力，注重情感体验，有较丰富的积累，形成良好的语感。"清人唐彪在《读书作文谱》中说："文章读之极熟则与我为化，不知是人之文，我之文也。作文时，吾意所欲言，无不随意所欲，应笔而生，如泉之涌，滔滔不竭。"可见，朗读对写作也有很大的帮助。要达到这样的效果，就要抓好抓实朗读这个环节，小学语文阅读教学中，朗读是最重要、最基本的训练。我们的语文课文，都是文质兼美的文章，是学生学习语言的好材料，而语言的内化主要靠朗读。我主要从以下几个方面培养学生的朗读能力。

一、深钻教材，找准朗读训练点

　　正是怀着对学生生命的敬重，对教书育人这份工作的敬重，笔者对每一篇课文、每一堂课都不敢敷衍了事，因为那是陪伴学生度过宝贵的40分钟生命的旅程，是在激发起小小的心灵，对自然、对世界、对人生的认识、探索和热爱。每教一篇课文之前，都要认真把课文读几遍，用心揣摩字词句段篇，找出学生最有可能感兴趣的段落、最不容易读好的语句、最能发挥它们创造性、想象力的内容，努力站在作者的角度、文中人物的角度、七八岁孩子的角度，去理解课文内容，去想象文中人物对话时的心理活动、神态、动作等，如何引导、训练朗读能力，是备课中不可或缺的环节。毕竟教学时间有限，不能整篇文章都一一指导，所以，找准朗读训练点，重点指导，会收到事半功倍的效果。

二、用多种形式，指导朗读

（一）写景段落，启发想象读

如《王冕学画》一课的第二段，描写雨后荷花非常美丽，王冕看得出神，想把它画下来，我是这样启发引导的。

师：读了这一段，你仿佛看到了怎样的画面呢？

生：我看到一朵朵荷花开了，特别美丽。（此刻学生的想象是模糊的，不够具体）

师：嗯，你看到的是满湖的荷花，再走近看看每一朵花、每一片叶子，你会有新的发现。

（学生再读第二遍）

生：我看到荷花有的是白色、有的是红色的、有粉色的，荷叶是大大的、圆圆的、绿绿的。

师：你观察很细致，看到了荷花、荷叶的颜色、形状，真了不起啊！就这样，边想象边读，还会不会有更新的发现呢？

（开始第三遍读）

生：我看到粉红的花瓣上清水滴滴，碧绿的荷叶上水珠滚动。

生：我看到了花瓣中间有金黄的花蕊，看到有小蜜蜂飞到荷花上采蜜呢！

生：我好像闻到了荷花的清香呢！

在一层层、一步一步的引导下，学生充分调动大脑中储存的影像，想象和思维进行碰撞，经验与想象的结合使学生与文本产生了情感的共鸣。

师：孩子，你现在就是小王冕，你坐在湖边，被这美丽的荷花深深吸引了，来，把你看到的美景读出来吧！

这时音乐声响起来，学生在美妙的音乐声中，仿佛来到了湖边，看到了文中描写的景象，他们不由自主地读了起来，读得有滋有味，有情有趣。尤其是"王冕看得出神了，心想：要是能把它们画下来那多好哇！"这句话，我能听出来，不再是作者所言，不再是王冕所想了，而是这些学生发自内心的愿望了。此刻的读，是有身临其境之感地读，是在我口读我心地读，是在用课文的语言，表达学生自己感受地读。

又如《台湾的蝴蝶谷》中，描写蝴蝶谷景象的一段很长很美，课后作业要求背诵，是这样处理的：

师：同学们，听说蝴蝶谷的景象非常迷人，快用你们的朗读，把大家带到那美丽的蝴蝶谷。

（这时，播放音乐，创设氛围，让学生尽快进入情境。）

（学生被美妙的音乐感染了，开始自由读课文。）

师：听到你们的朗读，我的眼前出现了成千上万只美丽的蝴蝶，好像纷飞的花朵在飞舞呢！

（此刻的评价语，其实就是在引导学生，边想象画面边朗读）

师：哪位同学再带我们去游览蝴蝶谷？

这一遍，学生把想象加入到之前的画面里，读得更入情入景了！

师：听到你们的朗读，我感觉自己就是一只美丽的蝴蝶，在树林里、草地上、花朵上、小河边，和成千上万的同伴一起翩翩起舞呢！告诉老师，你是一只什么样子的蝴蝶啊？

（此刻，引导学生更深入想象，不再是旁观者、局外人，而是蝴蝶谷中的一只蝴蝶了。）

生：我是一只可爱的粉蝴蝶。

生：我有着漂亮的翅膀，上面有一圈一圈的花纹。

生：我是一只蓝色的蝴蝶，我的翅膀闪着亮光呢！

生：我是黑白相间的蝴蝶。

生：我的翅膀是金黄色的，上面还有漂亮的黑点，就像漂亮的花裙子似的。

生：我是最勇敢的蝴蝶，我飞在最外面，保护我的同伴。

师：你们真美啊！快带大家去你们的家——蝴蝶谷，去欣赏你们舞会吧！

学生这次读，是把自己想象一只自己最喜欢的蝴蝶来读的，好像自己也有了一双漂亮的翅膀，与同伴们在景色优美的山谷里翩翩起舞，一种神奇的幸福感，让他们发出了最美的声音，他们的朗读让课堂焕发了生命的活力！

在这一片段的教学中，课堂始终在"读"中进行，在笔者的引导下，想象画面，使被感知的画面形成立体的形象；配乐朗读，将无声的文字转化为更能表情达意的有声语言，使得文章的内在情趣和学生自身的体验相得益彰，从而使学习过程不再单调而枯燥，而是自然、清新、灵动，充满了活力和魅力。学生在朗读时，凭借想象让自己也让别人走进作品所描述的世界，进入一个看得见，摸得着、能闻到气味、能听到音响、能辨出色彩的世界，一个活生生的、具体的、形象的世界。

（二）配乐朗读

音乐也是一种语言，它有自己最为独特的魅力。贴切的配乐能为学生创设一种氛围，能把学生尽快带入课文描写的情境中，当学生对一段文字有了自己的理解感悟，音乐会起到推波助澜的作用，当音乐响起时，学生的朗读会更郑重其事，更容易读出韵味。在以上的例子中，也感觉到配乐朗读对培养学生朗读能力的重要。

（三）变换角色读

课标指出"阅读是学生的个性化的行为。""教师不应以教师的分析代替学生的阅读实践。"因此指导学生变换角色读，引导学生走进课文情境、走进人物内心，使学生将学习经验与生活实践结合起来理解文本进行阅读、朗读，效果很好。

例如：《小企鹅和妈妈》一课的第4段，描写小企鹅第一次见到世界的情景。

"妞妞第一次高兴地欣赏这银色的世界。她深深地吸了一口清新的空气，向天空望了望。"

师：孩子，想象一下，你现在就是聪明可爱的小企鹅妞妞，你这是第一次看到外面的世界啊！

（这时出示投影：我第一次高兴地欣赏这银色的世界。我深深地吸了一口清新的空气，向天空望了望。）

师：读读上面的句子。

把"妞妞、她"换成了第一人称"我"。让学生把自己当成了小企鹅，体会到了第一次看到外面世界的惊奇与快乐，读出了自己的感受。这不仅是人称的改变，角色的转换，而且学生们身临其境，感同身受，想象更丰富，感受更真切了。

再比如《台湾的蝴蝶谷》中第二段："每年春季，一群群色彩斑斓的蝴蝶飞过花丛，穿过树林，越过小溪，赶到山谷里聚会。因此，人们把这些山谷叫做蝴蝶谷。"是这样设计的：

填空练习：

每年春季，一群群色彩斑斓的蝴蝶飞过（　　　）的花丛，穿过（　　　）树林，越过（　　　）的小溪，赶到山谷里聚会。

师：（对着学生说）小蝴蝶们，跟大家说说，你们飞过了什么样的花丛、树林、小溪？

学生们填空如下：

（五颜六色、五彩缤纷、芬芳、色彩艳丽）的花丛

（碧绿、茂密、郁郁葱葱、静静）的树林

（清澈、清可见底、蜿蜒的、欢快、喧闹）的小溪

师：美丽的行程，快乐幸福的同学们，你们想不想来当一次蝴蝶啊？

学生：（异口同声回答）想！

出示课件：

每年春季，我们飞过花丛，穿过树林，越过小溪，赶到山谷里聚会。因此，人们把这些山谷叫做蝴蝶谷。

这一次的读，把文中的"蝴蝶"换成了第一人称"我们"，让学生们当美丽的蝴蝶，仅是人称的变换，学生就兴趣大增，他们仿佛置身在花丛里、树林里、小溪旁，他们闻到了花香、果香、泥土的香气，在这稚嫩的童声里，我们听出了他们对美丽大自然的由衷地热爱。

（四）加上动作读

如果让他们在有感情朗读时，适当加上动作、手势，对充分表达出他们对文章的理解有很大帮助，而小学生都是活泼好动的，他们对这样的朗读形式，也表现出了很大的兴趣。

《小企鹅和妈妈》一课中的几句话：

"哦，这天，这天多么好看！"小企鹅惊奇地赞叹着。

"哦，这地，这地的颜色真美丽！"小脑袋惊奇地摇晃着。

"这世界就是由蓝色和白色组成的吗？"小眼睛惊奇地望着妈妈。

对这三句小企鹅的语言，笔者让学生加上动作，学生们在读"哦，这天，这天多么好看！"时，头抬起来，小手不由自主地指向天空，在他们的眼前出现了辽阔的、飘着白云的天空。在读"哦，这地，这地的颜色真美丽！"小脑袋惊奇地摇晃着。此时，学生们仿佛看到了到处是冰雪的银白色的大地，在这冰雪世界里看啊、看啊，就是看不够。

此外，在学习古诗、儿歌时，让学生边想象诗中描写的情景，便加上动作朗读，多种感官参与学习，对理解诗句的意思，体会诗歌表达的情感，都有很大帮助，学生参与的积极性也会特别高。

（五）表演课本剧

课本剧的表演将学生对于文本的理解和语言的表达，思维的提升综合到了一起，也是提升学生朗读水平的重要方法。教材中的童话、寓言故事、历史故事都可以制作成课本剧。

如童话《咕咚来了》一文中，小兔子、小猴以及所有小动物们听说咕咚来了时，慌张害怕的心情；《美丽的公鸡》中，那只骄傲的公鸡扬扬自得，到处找人比美的神态动作、傲慢的语气；《狐狸和乌鸦》中，狐狸极力奉承乌鸦的语言等，都是在读好的基础上才能参加表演，学生为了能参加表演，也都能认真练习，并且互相交流、评议。

所以当孩子们能读好课文后，我安排学生先在小组里演；然后，找到表演到位的小组，在全班展示。在表演之前的练习，是为了演好角色，而表演过程中，又是一次展示的过程，互相学习的过程。学生的朗读能力也是螺旋式的上升。

三、"朗读"要与"静思默想"结合

"学而不思则罔"。学生读书若是像小和尚念经那样——口到心不到，即使读上千遍，"其义"也不能"自见"。因此，"朗读"要与"静思默想"结合，才能显现其独特的美丽。

在阅读中，我总是给学生充足的时间读，慢慢地读，静静地读，边读边思考，遇到重难点可以反复读、细细品，还可以停下来思考一番，待明白后，再读下去。学生只有静下心来，沉浸于文本之中，才能调动起个人的生活经验、知识积累，从不同角度对文本进行不同解读，产生独特的体验。学生在读中把一颗颗稚气、纯净的心灵放飞于语言的天空里，从而产生独特的情感体验，与作者、与文中人物产生心灵的共鸣，为有感情朗读奠定情感的基础。

四、恰当评价，真诚鼓励，让每个学生都有自信心

当学生读时，笔者总是专注地听，读完后给予中肯的评价："听你的朗读，我们好像看见了那只骄傲的大公鸡呢！""你用精彩的朗读，带我们游览了美丽的天鹅湖，谢谢你！""听了你的朗读，我们明白了燕子妈妈为什么笑了。""你都能当主持人了！""你比老师读得还好呢！"

恰当真诚的评价，让学生们信心倍增，增强了朗读的兴趣。在学生对课文内容理解不深、朗读基调把握不准时，老师要以亲切的微笑、殷切的期待，给学生以生动而深刻的心理暗示，使学生心领神会，在妙趣横生中产生理解和顿悟，进而领悟了朗读的要领，让朗读就成为一种乐趣。

刚开始，有的学生非常胆小，不敢读，或者声音很小，如班里的王同学，是个非常腼腆的小女孩，平时说话声音都非常小，识字少，读起课文来，一个字一个字地蹦，每次指名学生读课文，她都深深低下头去。笔者先让她所在的组齐读，让同桌跟她一起读，让她和老师一起读，让她找好朋友

一起读，哪怕她有一点点进步，都大加表扬，慢慢地，她的胆子大了，敢举手了，能读得很流利了，声音越来越洪亮了。对其他同学自由练习时，轻轻走到每个学生身边，细心听他们读，发现并且表扬他们的优点，读得不好的地方，细心指导，学生们在我真诚的鼓励下，信心十足，敢读、爱读、争着读。每次朗读课文，全班同学的小手都举得高高的，像美丽的小树林似的，让笔者心奋不已。

重视朗读的指导与训练，让学生受益匪浅，他们的理解能力、语言表达能力、写作能力都有了较快提高，学习兴趣浓厚，课堂气氛活跃。

可真是一片真情，换来了学生们朗朗的读书声！

坚持读写结合　培养小学低年级学生
看图写话、仿写、改写的能力

《义务教育语文课程标准（2011年版）》明确指出了小学作文教学要与阅读训练紧密结合，因此，读写训练成为小学语文教学的重要内容之一。语文课程不仅承担着培养学生文字欣赏能力的要求，同时更重要的是对学生文字驾驭能力的锻炼，写作是文字应用训练最为行之有效的途径。小学阶段是学生接触语言文字的启蒙阶段，从低年级的看图写话开始，在教学中实施有意识的写作练习，是小学生写作的最初始形态。因此，在教师的指导下，进行有选择的阅读，从而对句子的结构、修辞的手法进行写作模仿，来提高自身的写作能力。自从参与了这个课题之后，笔者就一直致力于这方面的教学研究工作。现将分几个方面总结一下：

一、看图写话教学

小学低年级看图写话是作文最初步的训练，是培养初入学儿童向观察客观事物过渡的一个桥梁和凭借，是培养儿童提高认识能力、形象思维能力和表达能力的良好途径。小学低年级的孩子又由于认字少，词汇缺乏，抽象思维能力弱，而出现"心中千言万语，不知从何写起。"

因此，在教学中我们做以下尝试。

（一）教孩子会看图

长期教小学低年级的老师都知道，学生看见图画后，如果你问他："图上面都有什么？"他会分好多次才能把问题回答全面。于是我们就结合着小学语文北京版第二册教材中的《小山村》一课帮学生解决了这个难题：课上我先让学生们看着图，说说上面都有什么？学生们七嘴八舌地说了半天才说完整。于是我就说："老师一次就能说全，您们信不信？"他们当然不信。于是，我就一气把图上的景物，说了一个完。学生们给我鼓起了掌，我说："孩子们，老师教给你们一个秘诀，你们要是掌握了准和我一样棒，想听吗？"趁势，我就教给学生看图时要按一定的顺序来：从上到下，从左到右或者从下到上，从右到左或者由远及近等。接下来，再让学生按秘诀再练习练习，以及在平日的教学中，紧紧抓住文本中的图画，有了机会就让学生展示展示，学生的看图能力就会大幅提高了。

（二）利用图画，拓宽学生的思路，学会想象

看到一幅图，学生很难想象之前发生了什么，之后可能会发生什么。于是，笔者借助教材中的一幅图画，既激起了学生的阅读兴趣又培养了他们的想象思维能力。例如：出示一幅图，图上是有一个没有盖的井，井外有一个书包，然后在教学中多让学生练习想象：之前可能会发生什么？之后，又会有什么事情发生了？再引导学生表达自己不同的意见。久而久之，想象就不会禁锢在一定的空间里了。

（三）根据图画和学生一起编写故事

心理研究表明，孩子3岁左右就开始对故事产生兴趣并能够理解故事含义了，而且选入小学低年级语文教材的文本，不但文质优美，欣赏力强；而且大多是图文并茂，适合儿童阅读的趣味故事。

因此，在教学中，我们抓住这些特点进行教学。例如：小学语文北京版教材第3册教材中有一篇看图写话。在写话之前，我先引导学生，让他们说说看见了什么。

生1说："我看见小鸟和花。"

生2说："我看见湖水和山，"

生3说：……

学生已经上二年级了，语言积累还是比较枯燥，看到图画了，也只是会说一说图上有什么、在干什么，比较单一的句子。见到这种情景，我们并不

着急，趁势设问：

那是（　　　）的湖水，

（　　　）的山，

（　　　）的小鸟。

学生就说出了（黄色）的花，（碧绿）的水等，我又补充说："还能从什么形状、给我什么样的感觉等方面说一说吗？"

学生就说出了（五颜六色）的花，

（千姿百态）的树……

教师趁势说："你们发现了吗？用上咱们刚才说的这些，我们可以一起编个小故事。"学生就来了兴趣，编了2个非常简单的小故事。我说："我可以和你们编的不一样。"于是，我把这单元中的小故事外加自己的创造讲给了他们。他们听得可认真了，没想到这么简单的图画背后有那么美的故事。我说："看到图画后再加上自己的想，就会是一篇人人爱读的小故事，赶快编一个和我们不同的故事吧。"于是，学生们兴趣盎然地写起了故事。有的学生句子中就出现了"五颜六色的花朵散发着芬房。""漂亮的小鸟好像在迎接我们。"或"小鸟在和我们打招呼。"等生动具体的句子。

二、依托文本进行仿写教学

在小学低年级阶段，学生正处于语言的积累阶段，正确用词或者是写句子的技巧，甚至完成一定字数的句、段、篇都是很难的事情。如何在教学中更好地训练学生完成这些任务，写出心中想说的话，是我们亟待解决的问题。我重点通过读写结合，教会学生仿写，以提高学生的写话能力。

（一）抓文本的特点，进行仿写训练

低年级语文教材的文本从语言上讲大多是文质优美、贴近学生生活的；从行文结构上讲，也是比较有规律可循的。总体来说，是比较容易进行仿写训练的。

于是，我在教学中为了提高学生阅读与写作的兴趣，和学生一同找出文

本特点，体会文章语言的优美，拉近了文本与学生的距离。例如：小学语文北京版第3册《星期天的时光多美好》这篇课文是一首诗歌，不但内容通俗易懂、语言生动有趣，而且每句诗的开头和结尾的句子结构都一样。因此在教学中，我们通过仔细研读教材，抓住了这些特点，边指导学生学习诗歌中的句子，边问学生们星期天都在干什么，设问的目的是帮助学生回忆生活，积累素材，提高仿写兴趣。孩子们一听谈到了自己，说起来都停不住嘴。我趁势说："那么美好的星期天，你们想不想对不认识你的人说一说呀？"这时的课堂十分活跃，学生的思维与笔触如涓涓细流不可阻挡，自己写出了很美的诗歌，记录下来欣赏一下：

星期天的时光多美妙

微风轻轻地吹，

白云慢慢地飘，

窗外的蜜蜂一边唱歌一边采蜜。

星期天的上午多美好！

拿上漂亮的游泳衣，

乘着舒适的公交车来到游泳馆，

我们在清凉浅蓝的水中游得很尽兴，

我们的心中充满欢笑。

啊！星期天的时光多美妙！

星期天的时光多美妙

微风轻轻地吹，

白云慢慢地飘，

窗外阳光非常明亮，

星期天的天气真美好！

我穿着休闲装，

带着心爱的滑板车，

来到小区的键身场所，

踏上滑板车玩了好几圈。

太阳把我的脸儿都晒红了，

我心里充满欢笑，

啊!星期天的时光多美好!

又如第一课《四季的脚步》，是一篇节奏感、韵律性很强，读起来饶有兴趣的诗歌，每一节的第一句都是"谁的脚步悄悄"，第二句全是一样"悄悄地，她笑着走来"，第三句是"谁唱起了歌儿"，第四句是一个拟声词。像这样有规律可循的文章，不指导学生学习仿写就可惜了。因此，在教学中，我和学生充分体会到一年四季的美丽景色和特点后，我们一起又帮四季找到了很多特有的景物，最后再让学生们仿照文本写下一篇《四季的脚步》，于是，学生的笔尖流露出生动有趣的四季，记录下与大家分享：

四季的脚步

春天的脚步悄悄，

悄悄地，她笑着走来。

小燕子唱起了歌儿，

吱吱，吱吱，

小燕子赶来报到。

夏天的脚步悄悄，

悄悄地，她笑着走来。

知了唱起了歌儿，

知了，知了，

给我们带来欢笑。

秋天的脚步悄悄，

悄悄地，她笑着走来。

小鸟唱起了歌儿，

叽叽，叽叽，

小鸟欢快地往南飞去。

冬天的脚步悄悄，
悄悄地，她笑着走来。
河水赶来报到。
唰唰，唰唰，
小朋友在河上高兴地玩耍。

（二）依托文本"举一反三"，进行模仿性练笔

模仿性练笔是选取课文中典型句段，如总分结构、排比句式、比喻句等，仿造其规范的语言和句式，指导学生进行仿写。通过仿写，使学生逐步掌握各种写作方法。教材中还有许多具有特殊结构的典型句段，老师可以有意识地进行渗透，使学生了解这些句子间存在的结构特点。如《黄山奇石》一文，文中用先概括、后具体的写作方法介绍了黄山上的"仙桃石""猴子观海""五老奔天都"和"金鸡叫天都"。通过老师在课堂上的引读，男女生配合读，让学生感受到句子间存在着特殊的关系。课后再让学生仿照这种写作特点，经过自己的合理想象写一写黄山上的其他石头的特点。"狮子抢球""仙女弹琴""天狗望月"又会是怎样一番生动有趣的景象呢？再如教学《称象》一课，曹冲想出"以石代象"的方法称出了大象的重量，可以让学生思考在当时的情况下，还能用什么方法称象呢？于是，学生想出了"以土代象""以人代象""以木代象"等方法，随即让学生仿照课文称象的过程写一段话，这对于学生来说很容易。

（三）大胆想象，仿写创作

如在学习《假如我可以变》这一课时，我鼓励学生发挥想象："假如你可以变，你想变成什么？会做哪些事情？"让学生在小组内大胆发言，各抒己见。然后动笔成文。有的学生写道："假如我可以变，我希望变成一只活泼美丽的公鸡。小时候在母鸡妈妈的怀抱里熟睡，和好朋友一起做游戏。长大了就成了人们的好帮手，每一个清晨，我就用那洪亮的啼叫，告诉人们该

起床了！"还有的学生写道："假如我可以变，我希望变成一只蜜蜂。可以在那花间自由地飞来飞去，多好呀！我生长在开满鲜花的地方，空闲时可以在花蕊上与花儿聊天或者和小鸟一起散步，还可以帮助花儿传播花粉，帮助人们酿蜜。这样的生活不是很有意义吗？"

因此，教学仿写时，只要教师把规律教给学生，使学生有章可循，学生掌握了它，就会从读中悟出写的门径。

三、童话习作教学

在小学语文的习作教学中，童话是一朵引人注目的奇葩。不仅是孩子，即使是大人，也经常为童话故事神奇梦幻的情节所吸引。童话故事是学生很喜欢写的一种文体。童话作文是一个开放的七彩世界，能调动学生内在的生活积累，激发学生的丰富想象，培养学生的创新思维，符合学生的年龄特点。她如春雨，悄无声息滋润着学生们的心田；她如秋叶，随风飘荡，漫游世界，放飞想象；她如清泉，冰凉剔透，舒舒畅畅，净化学生心灵；她如调味品，唤醒学生习作兴趣。

于是，我们利用学生的这个兴趣点，进行读写结合，在童话教学中教孩子习作。

（一）指导学生多听、多读童话故事

"读书破万卷，下笔如有神。"童话故事知道得越多，自己写的时候也就越容易，而且读童话故事，有助于对童话故事的感性认识。于是，我们就和学生制订了一整套读写方案：首先每天利用早读时间，抽出5分钟读给他们听故事。其次是交换读故事，你一本，我一本，我们就有了2本。于是，学生就读了《谁动了我的奶酪》、哈利·波特系列、郑渊洁童话系列、《西游记》里的神奇故事，格林兄弟、安徒生、等名家创作的传世童话，都是童话创作的源泉。然后，我们定期召开读书会、读书手抄报比赛等活动。在此基础上再进行创作，是引领学生开启童话作文的第一步，能够让学生的语言更加完美，能让学生渐入创作佳境，使学生学会写。

（二）让学生说童话故事

在给学生布置阅读童话故事的任务后，可以先让学生结合插图自己练习讲故事，然后和同桌互讲，最后到讲台前讲给全班同学听，力求语言准确，表达生动，态度自然。讲完后，组织学生评议，教师做必要的指导和归纳。课后，还要鼓励学生尽量把故事讲给别人听。这样不仅提高了学生的再造想象能力，也锻炼了学生的语言表达和讲述能力。这项训练还要得益于学校语文课的三分钟语言训练。

（三）让学生改写、续写、创编童话故事

听、讲童话故事到一定程度之后，就可以让学生把童话故事写下来，做到由读到写的兴趣牵引。如当学生讲故事时，让学生寻找自己印象最深的一句话，并说出来。每人准备一个本，让学生试着仿写这句话，看谁学得好，写得精彩，老师会给予表扬或鼓励，并把这句话让学生自己写到黑板的一角，保留一周。由一句话的仿写到一段话的仿写，再到一篇小文。写过一定数量之后，可以尝试着讲头留尾或留头讲尾，让学生自己去编织一个又一个梦幻的场景。延伸课文内容，续编童话故事……教学的形式与学生的想象力是无所拘束的。课文中凡涉及想象的，学生中便不乏奇思妙想。创新的火花，往往就在不经意中迸发。

例如，学完《狐假虎威》一文后，假想老虎又一次遇到狐狸会怎样；学完《乌鸦和水》后，想象乌鸦回家后再一次遇到困难时会发生什么，等等，这些训练都大大提高了学生的童话习作能力。

自己创编童话故事是最有难度也是最吸引人的。在学生的生活中，小鸡叽叽叫，喜欢吃虫子；小狗汪汪叫，喜欢吃骨头，还是看家的小能手；小马既能干，又能吃苦耐劳，任劳任怨。小猴子虽然调皮捣蛋，但又不乏机灵，讨人喜欢。尽可能发挥自己的想象力，创编一篇充满奇特想象力的童话作文，一定能吸引很多的读者。就是在这样的极大兴趣中，学生们的思维会涌动出意想不到的火花。

因此，让低年级学生写童话体作文，能使他们拥有广阔的天地，树立

足够的信心，使他们快速起步，正确起步，在童话的世界里快快乐乐地去作文。

四、阅读教学，教会学生"举一反三"

文本无非是个例子，要让学生凭借文本例子"举一反三"，练就阅读和写作的技能。在教学中，要及时引导学生把文章中的语言为我所用，才能真正把平日积累到的语言内化为运用能力。首先，教师抓好文章中的读写结合点，并趁热打铁。

（一）记叙文的教学

例如，《李时珍》一文中有这样一句概括的话："他还亲口品尝了许多药材，判断药性和药效。"教学中，我让学生咬住"品尝"二字所留空白，要求学生发挥想象，嚼出味来，进行"小练笔"，要求学生写出李时珍"亲口品尝"的情景。有位学生这样写道："李时珍把药材放进嘴里，细细地嚼着，嚼出了味，慢慢地分辨。他时而紧皱双眉不住的摇头，时而捋着胡子，微微点头。李时珍边嚼边想，当判明了药性和药效后，脸上露出了满意的微笑，频频地点头，并挥笔记录了下来。"通过这一咬文嚼字的训练，学生不仅对李时珍一丝不苟的科学态度和对病人高度负责的精神有了较深刻的认识，而且提高了思维的敏捷性。同时也切实提高了他们的语言表达及写作能力。

还有《穷人》一文的最后一段这样写道："'你瞧，他们在这里啦。'桑娜拉开了帐子。"这是一个富有余味的结尾，学生怀有极大的好奇心，我趁热打铁地启发学生："渔夫和桑娜收养了两个孩子以后，他们的生活会是怎样呢？"一石击起千层浪，学生发挥各自的想象。有的说，他们的生活仍然非常艰苦，但是他们非常乐观，大家互相帮助，共渡难关；有的说，孩子们在艰苦的环境中长大，非常懂事，长大了对渔夫和桑娜很孝顺，等等。之后，我再引导学生把自己的想法写下来。这样，既充分调动了学生的写作兴趣，又培养了学生的想象思维，同时还训练了学生的写作能力。

又如，《天鹅的故事》第六段描绘了众天鹅协力攻破坚冰的壮观画面，紧紧扣动学生的心弦，感受到"团结就是力量"。教学中引导学生关注关键词细细品味、咀嚼，体会作者用词的准确并渗透场面描写的写作方法。

（二）古诗文的教学

古诗，是中华文学宝库中的瑰宝。语言合辙押韵，意味深长。但是，离学生的生活比较遥远。于是，我们可以在阅读的过程中为学生打造桥梁：诗中描写的是同一景物，我们就可以结合在一起，让学生了解不同题材的诗给景物以独特的魅力，从而产生习作的愿望。

教学诗歌《瀑布》时，先出现李白的《望庐山瀑布》这首诗，让学生抓住"飞流直下三千尺，疑是银河落九天"一句运用的夸张手法，感受瀑布的宏伟气势。

师：看到此诗句，你感受到了什么？

生：我看到瀑布从很高的山顶流下，非常快。

生：我看到瀑布好像从天上流下来，而且十分壮观。

师：短短的两句古诗把瀑布描写的形象、壮观；你们知道吗？现代的诗歌也有描写瀑布的，想不想看看他笔下的瀑布什么样？

请同学们打开书细细品味《瀑布》的句子。

师：通过细细品味，通过这样的描写，此时你看到什么？听到什么？想到什么？

生：我感受到瀑布的声音特别大，还溅起一堆堆白色的水花。

生：我感受到瀑布在阳光的照耀下闪闪发光，好像一颗颗珍珠。

生：我感受到瀑布的声音忽近忽远，像风吹过松林，像浪涌上岸滩，传得很远很远。

生：我看到风一吹来，片片白雾像一层层纱披在银河的身上。

师：是啊，作者用不同的语言，不同的修辞方法向我们展示了瀑布时雄伟、壮观的美丽景象，从而也表达了作者见到瀑布时惊叹与喜爱的思想感情。

下面，就让我们一边欣赏词句，一般感受瀑布的壮观与豪迈吧！（边读诗歌边看多媒体）

这时，学生的心潮是起伏的，应紧紧抓住，引出学生写作的欲望：

师：用一个词说说你的感受，或者说说瀑布的特点。

生：宏大。

生：仿佛就在面前。

……

师：短短的十几个字、几十个字就让如此美丽的瀑布展现在我们的面前，这就是语言的魅力。来吧，小诗人们，让我们也来写一写美丽、壮观、宏大、如烟、如雾、如尘的瀑布吧！

教师通过古诗与现代诗的有机结合，通过有层次的引导学生感悟诗句描写的意境，激发学生写作的欲望。让学生也能用精美的语言向人表达看到瀑布后惊叹与喜爱的思想感情。

五、及时评价，建立机制，培养写作积极性

（一）打比赛

针对学生好胜心强的特点，我们运用小组竞赛的形式，在课上了解每个小组组员的表现，在课上进行阅读、写话汇报及评比，哪个小组组员做得好，就加一颗星星。十颗星换一张喜报，十张喜报换一张奖状，这样促进学生养成良好的阅读和写话、习作习惯。经过一段时间的努力，学生阅读、写话、习作热情高涨，能力也有了比较明显的提高。

（二）展示台

要想让在写作上刚刚起步的学生们越写越有劲，越来越自信，就得让他们的进步得到老师和同学们的承认和肯定，享受成功的喜悦。我们在教室专栏中开设"我的作品展览""小荷才露尖尖角""请到这来歇歇脚"等习作专栏。把班内较好的作品，哪怕是几句、一段话或几篇文章随时上墙展览；有的班级还专门出版了《百合花开》作文月刊；对于更好一点的习作，我们还会投到《校刊》《作文导报》等刊物帮助学生发表，提高他们的自我认同，增强自信。

（三）给希望

定期组织习作评比：班级内部评比出来的优秀习作拿到年级评选，年级优秀的习作拿到学校评比，再到广播站进行宣传，最后再把所有的优秀作品收集起来，装订成不同年级的《百合花开》作文刊物，这样等于给学生们播种了希望的火种，我们相信这种积极向上的心理才是最为可贵。

六、鼓励学生多多积累

（一）读书积累

从要求学生每天必须读半个小时的书到每天读一个小时的书，再到每两周要读完一本课外小读物，直到后来要求学生必读的经典名著，如《水浒传》《三国演义》等，以及一些外国读物，逐步扩大阅读范围和阅读量。

（二）摘抄积累

学生专门准备一个摘抄本，要求每个学生每天必须摘抄一句名言警句，摘抄描写景色、人物、心理的美文片段，鼓励学生在日记和周记以及习作中，及时恰当地运用这些词句，及时表扬优秀的学生。

有人说："作文是从心里长出来的。"在长出来的同时，情感态度价值观也从心里长出来。这个"长"，除了要有一颗良好的种子外，还要有温暖的阳光、充足的养料。这些外部条件就要靠慧眼识真金的老师来创造，做到润物无声。

点点星星可以燃亮整个夜空，涓涓细流可以汇成汪洋大海，正如学生的习作，不是一朝一夕就能促成。

因此，教师要顺应其生长规律，抓住读写结合的契机，熏陶感染，了无痕迹。

从《化石鱼》一课，浅谈提高
学生朗读能力策略的研究

《义务教育语文课程标准（2011年版）》在阅读教学中明确指出："各个学段的阅读教学都要重视朗读和默读。"朗读注于目，出于口，闻于耳，记于心，是一种复杂的心智过程。朗读就是清晰、响亮地把文章念出来。它是一种创造性的读书方式，是有声语言的艺术化，同时也是对普通话声、韵、调和音变的综合运用、综合检验的一种形式。朗读是语文教学中最经常最重要的事，在语文阅读教学中占有很重要的地位。朗读是学好语文的一个重要因素，也是必不可少的一个环节。通过朗读，激起学生的情感，形成共鸣，加深对课文的理解，发展思维。因此，培养学生的朗读能力是小学低年级学生学习语文的一件重要的事，也成为我们教学中的一个关注点。

因此，我在教学北京版教材第4册中《化石鱼》一课教学中，做了一些尝试，效果显著。

《化石鱼》一课是一篇儿童科普短文。通过小金鱼和河公公的对话，介绍了一种化石，就是鱼类的祖先在特定的条件下形成的化石鱼。课文语言生动，引人入胜，内容充满童真童趣，把读者带入了充满童趣的世界。这是一篇从发展语言、发展思维入手的好课例。由于这篇课文内容浅显易懂，根本不用老师去讲解分析。因此这节课我决定采用以读代讲的方法，让学生在各种形式的读的基础上，不但学习了朗读的方法，还要让他们在朗读中积累语言，理解文章内容，对科学产生了浓厚的兴趣，为今后学生朗读能力的提高做了一个很好的范例并打下了一个坚实的朗读基础。

一、陌生文字生活化，学生会读

"生活处处皆语文，语文时时现生活。"这是大语文观所体现出来的语文和生活的关系，语文和生活是不能分割而论的。《义务教育语文课程标准（2011年版）》中明确指出：语文是一门实践性很强的课程，在教学中要努力体现语文的实践性和综合性。因此，语文教学要在学生实践的基础上进行，源于学生的生活，拉近学生与文本的距离，使学生对文本更易理解，更易于接受，那么朗读的能力也便于提高。

《化石鱼》一课中有"河公公"这样一个角色，在备课时，我想到"河公公"这个角色离学生较远，不容易读出语气。学生们要是能联系到自己的爷爷说话的语气，准能读好河公公的话。于是，笔者就设计了下面的片段：

课文中的句子是：1.河公公说："小金鱼，你弄错了。它不是假鱼，是真鱼。它是你最老最老的爷爷。"2.河公公笑着说："你爷爷的爷爷又是谁？就是这条化石鱼，到现在已经有四亿多年了。"

为了让学生理解并读好河公公的话，笔者进行了这样的引导。

师：请哪位同学来读一读河公公的话呀？

（一位学生站起来，平淡地读完河公公的话。）

师：你读得字正腔圆。再想一想，我们生活中的老爷爷怎样说话呀？

生：我的爷爷说话声音很低。

生：说话语速很慢。

生：总有点教育人的语气……

师：好，那就把河公公说话的语调想成自己爷爷在说话，现在自己先来练习一下吧！

（学生：练习读。）

（老师：指读，效果马上就出来了，学生朗读时准确地把握好了河公公这个角色。）

师小结：我们发现，如果把故事中的角色都和自己身边的人联系起来，那读起课文来就一定会很有滋味。照着刚才的样子，大家都来体会体会。

生：齐读。

用生活经验带入距离自己较远的文本文字——借力发力，取到了事半功倍的效果。

二、抽象数字形象化，学生品读

语文课程必须根据学生身心发展和语文学习的特点，关注学生的个体差异和不同的学习需求，爱护学生的好奇心、求知欲，充分激发学生的学习兴趣，主动意识和进取精神。小学低年级学生的年龄特点和心理特征决定，他们对一些数字的认知还比较抽象。于是，在教学中，我把抽象的数字变得形象化，以学生现阶段容易理解的方式呈现。

我设计了这样的片段：

课文中的句子是："你爷爷的爷爷又是谁？""就是这条化石鱼，到现在已经有四亿多年了。"（句子中的"四亿多年"，学生们只知道是个数字，不知道具体有多长时间，因此，读起来没有理解。）

师问：化石鱼是一条假鱼吗？

生：不是假鱼，它是小金鱼最老最老的爷爷。

师：那有多老?

生：离我们有四亿多年了。

师：四亿多年有多久呢？

生：很久很久。

师：让我们用数学课中学到的数字一起来表示一下吧。我来写，请你帮老师数零的个数。（板书：400000000多年）

生：哇……

师：几个零?

生：8个零。

师：用朗读表达出你对这个词的理解。

（生读这句话时，加重并延长音读"四亿多年"这个词）

这样，将抽象化数字形象化，使学生容易理解了，自然就通过朗读表达出来了。

三、课堂教学情境化，学生趣读

在阅读教学中运用情境的强化，可以促使学生多种心理因素产生积极作用。在情境教学中通过创设情境，使学生在情境和朗读中愉快地落实阅读目标，是符合儿童的心理发展规律和阅读实践规律的。情境的创设，会让学生朗读的欲望不自主地生发，而产生"情动于中而发于言"的效果。

于是在《化石鱼》一课中，为了要让学生读好小金鱼与化石鱼与河公公的对话。笔者设计了这样的片段：

先出示一组句子：你是谁呀？为什么不和我一起游？"小金鱼想问个明白。

师：可爱的小金鱼们，你们此时是什么心情呀？

生：稀奇、好奇……

师：那你能用朗读表达出来吗？

生：自己试试。

师指读。

生：读得比较好。

师：介绍一下，你是怎样读好这句话的？

生：我就读出稀奇的语气。

师：我也想读读，行吗？（读完之后，学生为我鼓掌。）

师趁机说：想知道我为什么赢得了掌声吗？因为，我把自己当成了文中的小金鱼。小金鱼们，请你们也来读读这句话吧。

生：自己试读。（兴趣高涨）

之后，再读小金鱼说的其他话，班上的"小金鱼们"很轻松地进入文本中的状态了。

这时我告诉学生，把自己当成文中的角色就能进入到故事中去，就能尽情地享受故事带给我们的乐趣。

之后，通过小金鱼们与河公公的分角色朗读，我知道，学生们通过我创设的情境，通过自己语文中的角色置换。他们口诵文字，心入其境，以朗读来倾吐自己的心声，就会读得有声有色，惟妙惟肖地再现其情其境，把文中人物的所思所感活脱脱地表达出来。

古人云："松声、涧声、琴声、鹤声……皆声之至清者，而读书声为最。"以读代讲，在素朴的朗读中，让学生感受汉语言文字独有的魅力，而潜移默化地进行朗读策略的引导也是十分必需的。

依据文本特点，巧妙进行读写结合的训练

读是吸收，写是倾吐；读是理解，写是表达；读又是积淀，写又是运用。《义务教育语文课程标准（2011年版）》指出："语文课程的核心内容是致力于培养学生的语言文字运用能力，提升学生的综合素养。"语文特级教师丁有宽曾说："读写结合，相得益彰；读写分家，两败俱伤"。由此可见，阅读与写作的关系十分密切。随着新课程改革的进一步推进，在阅读教学中进行读写结合的训练越来越受到老师们的重视。那么，究竟如何在阅读教学中进行读写结合的训练呢？那就是依据文本特点，巧妙地进行读写结合的训练。

一、利用文本特点，抓疑惑处

教材中选取的文本是编者经过深思熟虑的，是各具特色的，也是有许多和学生生活密切相关的，也就是让学生兴趣点较浓的文本。对于这样的课文，我就紧紧抓住学生的兴趣点，点燃学生学习的欲望，争取用疑惑打开学生写作思维的闸门。例如：北京版第七册教材《家乡的柿子树》一课中，有一个词语"青涩"，我备课的时候了解到：都市的孩子不能享受山里孩子的生活，没有吃过青涩的柿子。他们只知道"涩"就是不好吃，具体感觉什么样，不知道。于是，我趁势让孩子们课下拿来两个青柿子。第二天一上课，我发现讲桌上的一个青柿子少了一大半，就知道原来有耐不住寂寞的孩子了。于是，我拿起另一个青柿子，说："这个比较大，外面还很光滑。谁来摸一摸，闻一闻？"孩子们都跃跃欲试。"那好吧，咱们排着队。"之后，我又说："谁没吃过，敢尝一口吗？"有些胆怯。我就首先咬了一小口，皱皱眉头，孩子们也慢慢走到讲台，有的咬了一小口，有的咬了一大口。但都皱着眉头，噘着嘴走回座位

了。就是这时，我让孩子们记录下自己刚才的行为、感受，还可以给自己的文章起了名字。结果是让人兴奋的：有的孩子写作题为《吃柿子》，有的孩子题为《第一次》，他们写得最细的就是柿子的"涩"味。

又如，《穷人》一文的最后一段这样写道："'你瞧，他们在这里啦。'桑娜拉开了帐子"这是一个富有余味的结尾，学生怀有极大的好奇心，我趁热打铁地启发学生："渔夫和桑娜收养了两个孩子以后，他们的生活会是怎样呢？"一石击起千层浪，学生发挥各自的想象，有的说，他们的生活仍然非常艰苦，但是他们非常乐观，大家互相帮助，共渡难关；有的说，孩子们在艰苦的环境中长大，非常懂事，长大了对渔夫和桑娜很孝顺……之后，我再引导学生把自己的想法写下来。这样，既充分调动了学生的写作兴趣，又培养了学生的想象能力，同时还训练了学生的写作能力。

二、利用文本特点，抓扩写点

小故事大道理，是寓言的特点，然而，语句短小精悍，幽默诙谐又是文言文寓言的另一个特点。这类文本的扩写点也比较多。于是，我在深挖教材的基础上，拓展使用教材，让学生增加读后练笔的机会。例如，北京版第七册教材《滥竽充数》是一篇学生们喜欢又易懂的寓言故事，文章是以文言文形式呈现在学生面前的，文字诙谐、幽默、言简意赅。于是，我特意把此课安排了三课时，最后一课时是让学生在充分理解的基础上自己先找扩写点，然后老师再补充扩写点，最后由学生独立用白话文扩写《滥竽充数》。

又如：北京版第九册教材《亦秋败弈》一文，也是这样处理的。老师设计："有吹笙过者"过时，奕秋心理是怎么想的？奕秋败弈时心里又是怎么想的？看棋的人是怎么想的？等扩写点。学生们本来就感觉这类文章很有意思，趁势安排扩写，打开了学生的写作思路。

三、利用文本特点，抓仿写点

1. 抓语言

教材中文本的语言大多是文质优美、贴近学生生活的；从行文结构上讲，也是比较有规律可循的，也是比较容易进行仿写训练的。同时仿写，又是文章语言的迁移运用，是将精妙的语言转化，激活为学生自己的语言。

于是，我在教学中为了提高学生阅读与练笔的兴趣，和学生一同找出文本特点，体会文章语言的优美，拉近了文本与学生的距离。如北京版第3册《星期天的时光多美好》这篇课文是一首诗歌，不但内容通俗易懂、语言生动有趣，而且每句诗的开头和结尾的句子结构都一样。因此在教学中，我们通过仔细研读教材，抓住了这些特点，边指导学生学习诗歌中的句子，边问学生星期天都在干什么（目的是帮助学生回忆生活，积累素材，提高仿写兴趣）。学生们一听谈到了自己，那说起来都停不住嘴。我趁势说："那么美好的星期天，你们想不想对不认识你的人说一说呀？"这时的课堂是活跃的，学生的思维与笔触如涓涓细流不可阻挡，自己写出了很美的诗歌。

又如《四季的脚步》，是一篇节奏感、韵律性较强，读起来饶有兴趣的诗歌，每一节的第一句都是"谁的脚步悄悄"，第二句全是一样"悄悄地，她笑着走来"，第三句是"谁唱起了歌儿"，第四句是一个拟声词。像这样有规律可循的文章，不指导学生学习仿写就可惜了。因此，在教学中，我和学生们充分体会到一年四季的美丽景色和特点后，又一起帮四季找到了很多特有的景物，最后再让孩子们仿照文本写下一篇《四季的脚步》，于是，学生的笔尖流露出生动有趣的四季。

2.抓结构

文本中有一些有特点的段落、篇章，也是可以让学生进行模仿性练笔的。如《黄山奇石》一文，文中用先概括后具体的写作方法介绍了黄山上的"仙桃石""猴子观海""五老奔天都"和"金鸡叫天都"。课堂上通过老师的引读、男女生配合读，让感受到句子间存在着特殊的关系。课后再让学生仿照这种写作特点，经过自己的合理想象写一写黄山上的其他石头的特点。"狮子抢球""仙女弹琴""天狗望月"又会是怎样一番生动有趣的景象呢？再如教学《称象》一课，曹冲想出了"以石代象"的方法称出了大象的重量，在当时的情况下，你还能用什么方法称象呢？于是，学生想出了"以土代象、以人代象、以木代象"等方法，随即让学生仿照课文称象的过程写一段话，这对于学生来说很容易。

四、结合文本特点，抓可以想象处

有一些文本能调动学生内在的生活积累，激发学生的丰富想象，培养学生的创新思维。如在学习《假如我可以变》这一课时，我鼓励学生发挥想象："想象假如你可以变，你想变成什么？会做哪些事情？"让学生在小组内大胆发言，各抒己见，然后动笔成文。有的学生写道："假如我可以变，我希望变成一只活泼美丽的公鸡。小时候在母鸡妈妈的怀抱里熟睡，和好朋友一起做游戏。长大了就成了人们的好帮手，每一个清晨，我就用那洪亮的啼叫，告诉人们该起床了！"还有的学生写道："假如我可以变，我希望变成一只蜜蜂。可以在那花间自由地飞来飞去多好呀！我生长在开满鲜花的地方，空闲时可以在花蕊上与花儿聊天或者和小鸟一起散步，还可以帮助花儿传播花粉，帮助人们酿蜜。这样的生活不是很有意义吗？"

又如：学完《乌鸦和水》后，想象乌鸦回家后又碰到困难后又发生了什么？学完《守株待兔》后，让学生想一想种田人听了邻居的话之后又是怎样做的呢？等这些训练都大大提高了学生的想象与写作能力。

有人说："作文是从心里长出来的。"在长出来的同时，情感态度价值观也从心里长出来。这个"长"，除了要有一颗良好的种子外，还要温暖的阳光、充足的养料。这些外部条件就要靠慧眼识真金的老师来创造，做到润物无声。

点点星星可以燃亮整个夜空，涓涓细流可以汇成汪洋大海，正如学生的习作，不是一朝一夕就能促成。

因此，教师要顺应其生长规律，抓住文本特点，巧妙进行读写结合的训练，熏陶感染，了无痕迹。

巧设情境，提高学生的朗读能力

学生们喜欢童话故事，喜欢与故事中的角色交谈。《化石鱼》是北京版二年级下册的一篇儿童科普短文，以童话的笔触而就，是学生们非常喜欢的一篇文章。它主要通过小金鱼和河公公的对话，介绍了一种鱼类的祖先在特定的条件下形成的化石鱼。语言生动，引人入胜，充满童真童趣。这是一篇从发展语言、发展思维方面入手的好课例，这篇文章内容浅显易懂，不用老师去讲解分析，一方面，学生正处在小学低年级，缺少对语言的感悟与积累，重在培养语文学习的兴趣及习惯；另一方面，正确、流利、有感情的朗读课文是小学各个学段的目标。根据当前的素质教育要求，小学语文教学应致力于提高学生的语文素养，提高学生正确理解和运用祖国语言文字的能力。朗读教学越来越显示出其强大的生命力。因此这节课我决定采用以读代讲的方法，让学生在对科普知识产生浓厚兴趣的同时，又巧设情境，使他们知道朗读的方法，以提高朗读能力。

在熟悉了文章的主要内容之后，我问："小金鱼在化石鱼的附近游来游去，它在想些什么呢？它又是怎么说的呢？"同时利用幻灯片提要求：请默读课文第2—5自然段，用波浪线画出小金鱼说的话。在学生按要求学习之前，我们先复习一下默读课文的要求：做到不出声、不指读、不动唇。我在巡视期间，发现学生在提取这部分信息时没有什么问题，就紧接着进行汇报，并相机出示小金鱼说的话。经过提示，学生按顺序汇报，我幻灯片出示汇报的句子：（1）"你是谁呀？为什么不和我一起游？"（2）"你是谁呀？叫什么名字？"（3）"哈哈！我知道啦，原来是一条假鱼。"并帮助学生纠正所画错的句子。之后，我说："谁来读一读小金鱼的话？"一名学生站起来读了，首先就读出了疑问的语气，我又问："说一说你为什么要这么读？"这名学生说："开始，这条小金鱼很好奇。最后，他找到了答案很高兴。"我表扬他很会和小金鱼做朋友。又问学生："你怎样读好小金鱼的话呢？"另一名学生说："我要读出疑问和高兴的语气。"其他学生也表示同意了，这时我说："知道吗？如果你把自己当作这条小金鱼去说话就一定会成功的。小金鱼们，赶快试一试吧！"学生自己试着朗读，再请一名学生站起来朗读小金鱼的话，学生就进入角色了。之后，通过品读化石鱼的句子："化石鱼的尾巴一下也不摆，眼睛一下也不动。化石鱼的嘴巴一下也不张。"体会化石鱼的特点，再次引学生进入情境，我请学生小组分角色扮演小金鱼与化石鱼，朗读他们说的话和句子。教室里异常热闹，学生们情趣极高。趁热打铁，我紧接着问："小金鱼真的找到答案了吗？你是从哪里知道的？请在第6—9自然段中画出。"学生汇报，我用幻灯片展示河公公的第一句话："小金鱼，你弄错了。它不是假鱼，是真鱼。它是你最老最老的爷爷。"一名学生读后，老师表扬他朗读时字正腔圆，问："最老最老是多老？"一名学生马上说："四亿多年了。"我问："你怎么知道的？"他说："河公公说的。"我相机出示河公公的第二句话："你爷爷的爷爷又是谁？就是这条化石鱼，到现在已经有四亿多年了。"我说："谁来读一读河公公的话，你认为河公公怎样说话？"一名学生说："我认为河公公说话应该是很慢、声音很低。"我发现学生一下就说到了点上，马上笑着问："你是怎么知道的？"这个学生高兴地说："我爷爷就这么说话。"我抓住时机马上点拨："是呀，我们可以假想生活中的情境练习读好句子呀！赶快模仿一下家里爷爷说话的语气读读河公公的话吧！"学生练习朗读之后，一名男同学站起来朗读了河公公说的话，那俨然是一个上了岁数的老爷爷呀。我喜悦之余赶快小结："同学们，我们可以把自己带入到故事情境中，把自己当作故事中的角色，读好句子；还可以把故事中的角色带入到生活的情境中，联系起来读好句子，收获真大呀！"赶快用上我们的收获，在小组内分角色朗读吧。下面就是学生小组四人每人一个角色，戴上头饰朗读课文，体悟情感。这个环节也在小组四人意犹未尽的朗读汇报中结束了。

此环节占据此课的25分钟时间，用时较长，也体现出了朗读指导环节在此课堂中及教师心目中的重要地位。学生在这25分钟的时间里，不但没有乏味而且饶有兴趣，知道了化石鱼的知识，掌握了朗读的两种方法，提高了朗读能力。可见此堂课很好地实现了预定目标。

之所以，有这样的效果。首先是教师依据《义务教育语文课程标准》理念设定的目标科学。新课标中指出"朗读是阅读教学中最重要的训练，各年级都要重视朗读，充分发挥朗读对理解课文内容、发展语言、陶冶情感的作用。朗读在学习语文中有着特殊的功能，它既有吸收课文语言、内容的功能，又有发展语言、发展思维、激发朗读者情感的功能。"

其次，是教师的教学行为符合建构主义的学习理论，强调以学生为中心，认为学生是认知的主体，是知识意义的主动建构者；教师对知识建构起辅助作用，并不直接灌输，正如教学中得到的两种朗读方法都是在学生认知的情况下，教师帮助总结出来的。此课堂真正体现了"双主体"原则。

二年级的学生，他们热衷模仿、想象力丰富、形象思维占主导作用，能随着故事情节的发展而逐渐进入角色。教师能够根据文本特点及学生心理、生理的发展以情境教学为核心，设计生活情境。《义务教育语文课程标准》中也明确指出：语文是一门实践性很强的课程，在教学中要努力体现语文的实践性和综合性。因此，语文教学要在学生实践的基础上进行，源于学生的生活，拉近学生生活与文本的距离，使学生对文本更易理解，更易于接受。此片段中，我们也看到原本的角色——河公公，表面看是离学生距离较远的，学生读起它说的话，不容易把握，所以读得字正腔圆。老师设计生活情境，调动学生把已有的生活"经验"应用到学习中，拉近文本与学生的距离，使学生走近、接近文本中的角色，教学效果就会是"我们都笑了"。

我们知道"授人以鱼，不如授人以渔"，让学生能够学会朗读的方法之后，举一反三得以应用也是这堂课的一个特点。《义务教育语文课程标准》中提到"语文教学应激发学生的学习兴趣，培养学生自主学习的意识和习惯，引导学生掌握语文学习的方法，为学生创设利于自主、合作、探究学习的环境。"课堂上，教师还应关注学生个体差异与不同需求，确保每个学生都能有所收获，让学生享受成功的喜悦，保证大多数学生能完成学习目标，体验学习的乐趣。此堂课上的每一名学生都参与到了角色扮演与朗读中，都体验到了学习的乐趣。

此案例正是按照教育心理学理论及《义务教育语文课程标准》中的有关理念，找准学生的认知起点和最近发展区进行的。这样的情境创设，会让学生朗读的欲望不自主地生发，从而产生"情动于中而发于言"的效果。进入角色是让学生对课文中的角色产生亲切感，很自然地加深内心体验。这样的情景创设，使学生把自己当成文中的角色，进入到故事中。他们没有心理压力，在轻松活泼、情趣盎然的情境中更深刻地体会到了文章的"意"与"味"。我们知道了：孩子们通过老师创设的情境，通过进入文本中的角色。他们口诵文字，心入其境，以朗读来倾吐自己的心声，就会读得有声有色，惟妙惟肖地再现其情其境，把文中人物的所思所感活脱脱地表达出来。

古人又云："松声、涧声、琴声、鹤声……皆声之至清者，而读书声为最。"以读代讲，在素朴的朗读中，让学生感受汉语言文字独有的魅力。依据学生年龄的特点，进行有针对性的创设情境进行朗读指导是必须的、也是语文课堂的需要。

多种策略培养学生的诵读能力

诵读，就是熟读成诵，通过反复朗读达到熟练的程度，最终烂熟于心，不期然而然地背诵出来，是一种传统的语文教学方法，是语文教学的一个至关重要的环节。诵读必须以朗读为基础，要大声读，使文章词句从口中、心中自然流出。因声求气，它强调的是"反复"多遍，达到熟练，在多读中加深理解和体验，体会其丰富的情感和内涵，达到潜移默化的目的。那么，在语文教学中如何进行诵读训练呢？下面谈谈我在语文教学实践中的一些想法和做法。

一、掌握基本的诵读技巧

真正能打动听众的诵读技巧指有声语言运用的技巧，包括停顿、轻重、语调、速度等。停顿是语句的间歇、声音的休止，是表达感情的一种方式；语音的轻重是表现内容和情感的；语调的高低强弱抑扬等变化，表现了朗读时人物对事物态度的变化，表现出感情的起伏。速度是由作品的体裁和内容决定的，如《桂林山水》这篇课文抓住了桂林山水的特点，以优美、简练的语言，生动形象地展示了桂林山水的美景，文章排比、对比、比喻等修辞的运用，更是锦上添花，表达了作者对桂林山水的喜爱之情。全篇基调是深情赞美，节奏舒缓。"波澜壮阔""水平如镜"是对比性重音，读的时候语气对比要突出，"这样"的重读，领起下文。"静""清""绿"是强并列性重音，呼应上面的"这样"。对于漓江的赞美，读时用舒缓的语气，用气声与虚声。另外，注意"啊"的音变。

每一篇课文，都有一个基调，给人一个整体感，所以每读一篇文章应该先去揣摩文章的感情基调。

二、教师的示范诵读

教师作为课堂教学的组织者、引导者，在带领学生赏析课文的过程中，如果能够给学生提供准确清晰、洪亮流畅、饱含感情的示范诵读，不仅有助于学生形成正确的语感，避免读错字、读错句。更有助于学生理解课文，并引发情感共鸣，激发他们从中寻找文中蕴含的文字美、语言美、情感美的兴趣，引导学生透过语言获得美的熏陶，以期开启学生的心扉，将其率先带入特定的境界，师生共同营造一种情感上的"和谐共振"，一种美妙的"可意会而不可言传"的情境，为诵读做好情感上的准备。聆听出色的诵读，犹如听一首优美的歌曲，这就要求教师有过硬的诵读基本功、熟练的朗读技巧，教师的诵读示范对学生影响很大。声情并茂的诵读能给学生一种强烈的美感享受，帮助学生直观地感知课文，激发学生的诵读兴趣。每教一篇课文，我都认真地去钻研教材，深入地挖掘课文语言文字中所表达的深刻的思想感情，多听课文录音，自己反复练读。在讲课时示范诵读，用自己的有感情的诵读和身体力行的行为去感染学生，去打动学生，去激发学生诵读的热情。如我在教学《鸟的天堂》这篇课文范读时，语调甜润、纯美，字正腔圆，富有激情，强烈地刺激学生的感官，使作者细致入微的描写活起来，不仅使学生听到一曲人与自然和谐相处的赞歌，而且还要充分调动学生的想象视觉，让那一株枝繁叶茂的大榕树，让那群鸟纷飞、百鸟争鸣的美景都给学生留下深刻的印象。

我在诵读中注意了感情的处理，注意了语气语调的合理处理，所以学生被感染了，他们向我投以敬佩的目光，然后学着我的朗读方法来读，从而调动了学生朗读的积极性与主动性。

三、多种形式的诵读

在诵读训练时，一定要注意方法的灵活多样，否则学生就会感到单调乏味。因此，我在教学中，很注意采用多样形式进行诵读训练，如教学《深山风雪路》，我采用了以下几种形式进行诵读训练：（一）齐读。（二）分小组读。（三）一人领读，其余学生分男女生读。（四）分角色诵读。（五）

教师引领诵读。由于采用了多种形式诵读，学生在读中了解邮递员老吕对工作认真、不计个人得失及无私奉献的精神，培养了语感，并受到潜移默化的思想教育和情感熏陶，在读中积累语言，学习表情达意的技巧。

四、诵读情感要有变化

诵读时要做到读文、感悟、想象，在脑海中再现语言文字所描述的画面和场景。注意诵读的感情基调，要随着课文描写内容的不同而加以变化。如《圆明园的毁灭》这篇课文开篇点明圆明园毁灭损失惨重，语速较缓，语调沉重，语气痛惜而悲愤；从"祖国"到"世界"语调渐高，"不可估量"反复重读，起强调作用。"举世闻名"重读，强调圆明园的巨大影响，并为其毁灭做铺垫。

圆明园中，有/金碧辉煌的殿堂，也有/玲珑剔透的亭台楼阁；有/象征着热闹街市的"买卖街"，也有/象征着田园风光的山乡村野。（每个分句前半句语调稍高，语速稍快，后半句语调稍低，语速放缓；通过声音的对比，表现"金碧辉煌"与"玲珑剔透"、"热闹街市"与"田园风光"的不同特点。）园中许多景物都是仿照各地名胜建造的，如，海宁的安澜园，苏州的狮子林，杭州西湖的平湖秋月、雷峰夕照；还有很多景物是根据古代诗人的诗情画意建造的，如，蓬莱瑶台，武陵春色。（这句话介绍了园中的景物，可用叙述的语气，最好在朗读不同景物时语调略有抑扬变化，以突出园中景物的多种多样。）园中不仅有民族建筑，还有西洋景观。漫步园内，有如/漫游在天南海北，饱览着中外风景名胜；流连其间，仿佛/置身在幻想的境界里。（"有如""仿佛"后面写的是游人的感受、联想和想象，并非写实，因此朗读时可慢一些，并适当运用气音，读得"虚"一些，引人遐想与回味。）

1860年10月6日，英法联军侵入北京，闯进圆明园。（这段描写圆明园的毁灭，朗读这段前要有一个较长的停顿，以与上文描写圆明园昔日的辉煌相区隔；"1860年10月6日"，这是每一个中国人都不应忘记的日子，朗读时要缓慢而低沉。）他们把园里凡是能拿走的东西，统统掠走；拿不动的，就用大车或牲口搬运；实在运不走的，就任意破坏、毁掉。为了销毁罪证，10月18日和19日，三千多名侵略者奉命在园内放火。大火连烧三天，烟云笼罩了整个北京城。（朗读时一方面要表现侵略者的无耻和贪婪，同时又要充满对万园之园毁于一旦的痛惜与哀叹。）我国/这一园林艺术的瑰宝、建筑艺术的精华，//就这样/化成了/一片/灰烬。（前半句语调高昂，越到后面，停顿增加，语调越低，声音越小，但是悲愤与痛惜的感情却是愈加浓郁，直至读到"灰烬"一词，因为实在不忍面对这样一个残酷的事实，已是"此时无声胜有声"了。）

　　一堂好的语文课，既要能听到教师的滔滔不绝，还要有学生的琅琅书声。新课标也呼唤语文教学回归到读上，所以在今后的语文教学中，笔者将会继续探索、总结更有效的诵读训练的方法，让学生的个性得到发展，让学生享受成功的喜悦。

小学语文课堂教学中的生命教育

语文是学生的母语课程，是人文性与工具性相统一的一门课程。小学语文教材的语言中无不充满了人类丰富、美好的情感，不仅在选作课文的童话、诗歌、散文、小说里，也在编者精心设计的练习里；在与学生的任何语言交流中，同时在大多数实用文体中都或多或少地流露出人类应有的美好情感。编者通过选用适当的文章使作者用恰当的语文知识将有魅力的语言以及美好的情感传递给学生，浸润他们的心灵。那么，以文载情就是语文教学的一个重要特点。所以，在语文教学中，教师必须创设文化情境，以文激情、以情激情、以境陶情，才可能以文教人、以情感人，以健康、优美、高尚的人文情境育人，才可以真正把人文性与工具性有机的结合起来。可见，小学语文课堂教学中有许多的生命教育资源。

一、案例

（出示行人之前表现的句子）

"街上过往的行人很多，那些穿着华丽的绅士、贵妇人，那些打扮漂亮的少男少女们，看了木牌上的字都无动于衷，有的还淡淡一笑，便姗姗而去了。"

生：变换方式读，感受行人的无动于衷。

师：什么是"无动于衷"？

生：一动不动……

师：是心里没有触动，默然置之。

（出示盲老人前后不同的句子）

"诗人问起盲老人，叹息着回答：'唉！我，我什么也没有得到。'盲老人悲伤着回答：'唉！我，我什么也没有得到。'"

"那盲人笑着对诗人说：'先生，不知为什么，给我钱的人多极了！'"

学生用多种方式朗读，体会盲老人前后的不同。

师：盲老人、行人的态度为什么会有这么大的变化？

生：读出"春天到了，可是我什么也看不见！"

（什么原因，先请学生说一说。）

师小结：诗人富有诗意的语言，使那些穿着华丽的绅士、贵妇人想到（春天到了），那蓝天白云，那绿树红花，（是多么美好）可是这个衣衫褴褛、头发斑白、双目失明的老人什么也看不见；

使那些打扮漂亮的少男少女们想到（春天到了），那莺歌燕语，那流水人家，（是多么美好）怎么不叫人陶醉呢？可是这个衣衫褴褛、头发斑白、双目失明的老人什么也看不见；

使那些曾经无动于衷的人们想到（春天到了），这良辰美景（是多么美好）可是这个衣衫褴褛、头发斑白、双目失明的老人什么也看不见；他的眼前只是一片漆黑。

使那些曾经淡淡一笑、姗姗而去的人们想到（春天到了），这万紫千红的春天是美好的，可是这个衣衫褴褛、头发斑白、双目失明的老人什么也看不见；

人们怎能不对他产生同情之心呢？

善良的诗人为盲老人填上了六个字，用语言的魅力唤醒了人们的善良之心，那么有魅力的语言还可以怎样呢？

师：请阅读《激励的力量》《信任》两文，说一说文章有魅力的语言是哪一句，为什么有魅力？

生：这语言激励了卡耐基向上的动力；这语言架起了人们之间的信任。

师：是呀！其实语言还有很多的魅力呢！请你设计一情景，设计一句有魅力的语言并说一说意图。（可以给出几个情景）

生：写话。

结尾：连成小诗一首

朋友，当万紫千红的花朵开满花园时，请驻足欣赏大自然的骄傲；

当清凉的泉水流过草丛时，请点亮心头的一盏明灯；

当你行走于街道、校园时，别忘记他们也是我们的家园；

当你遇到困难停滞不前时，别忘记山的那边景色独美；

……

二、分析与总结

（一）分析

本课是北京版第8册教材第14课《语言的魅力》。课文介绍了法国诗人在盲老人的句子前加上了"春天到了，可是"六个字，使这句有魅力的语言"春天到了，可是我什么也看不见！"唤起了人们的善念，纷纷慷慨解囊帮助了盲老人的事情。课文的学习重点是体会诗人那语言的巨大作用，并学会运用有魅力的语言。

笔者想，学生们能够从此文本中感受到这句话的魅力（是这句话唤起了人们的想象，唤醒了人们的善良）这只是第一个层次。"良言一句三春暖""一言可以兴邦""语言不是蜜，却可以粘住一切"，体会语言具有的真正魅力是第二个层次，就是要用文本具体的证明，于是又出示了两篇文章帮助学生进一步理解语言的魅力。最后一个层次就是会用，也就是用自己的语言感染别人，自己本身就应该具有这方面的生命感悟。居于小学生的年龄特点，对于生命的魅力感悟的不会十分深刻，"润物细无声"，你一句、我一句就会有对生命的体验，就会有纯洁的心灵，就会有魅力的语言。

那么，这节课到这里，这生命的初步体验、初步感染也就达到目的了。

（二）评价

此堂课后，学生能用语言感染别人，虽说应用时略显生疏，但他们在看到这种情景、思考这类事情时，不会是盲目的、浮躁的，他们感受到自己是生命中的某一个领域里的音符。

三、反思分析与评价

语文课程中有许多生命教育资源，可以从以下几方面进行开发。

（一）改革课堂教学，变"小学语文"为"大语文"

1. 语文与生活息息相关。要打通小学语文与学生生活、生命的联系，从一堂课、一篇课文出发，去了解一系列具有价值的生命教育素材。

例如，在学习《暴雨筛》一文后，让学生感受强者的伟大；学习《我去看大海》后，感受自食其力的重要；学习《我爱你中国》后，一起欣赏祖国的河流、山川，感受大自然的美丽、生命的神奇；学习《奇妙的鼠狐猴》后，感受小动物的可爱，体会小生命的价值，并感悟生命的伟大。

2. 建立大阅读。以单元为结构，阅读一种类型的书籍，开展"读书推荐""名人简介"，从而站在巨人的肩膀上，体验生命的不平凡与乐趣。

例如，学习《梅花魂》一课时，将所有描写梅花的诗人、古诗综合起来学习。既了解了不同的诗人眼中的不同生命，又体会到了"她在丛中笑"的高洁情操。

（二）提炼语文课文中的生命价值教育点

小学语文教材中有励志、诚实、热爱大自然、热爱祖国、热爱生命等方面的课文，我们可以从中提炼生命教育点，对学生进行有结构、有条理的教育。

（三）利用好习作（日记），让学生能舒解"心结"

每篇文中学习后，都可以写一写感受；每次习作之间，都可以诉说"心结"，让学生能够及时润泽，适时抒发。这也是生命教育的一个好的路径。

另外，小学语文课堂中的这些生命教育资源可以和班队会及实践活动进行整合，对学生实施教育效果会更好。

学好语文有窍门

听说读写是语文学科的基本功，就目前我们的学生状况，写还是学生头疼的事。一说起写作文，学生总感到无话可说，无处着笔。总是东拼西凑，编些长长的空话，应付过去。过后又忽视老师辛辛苦苦地批改、讲评、评语，两眼紧盯着分数。不但出现的问题得不到解决，而且无法提高写作水平，更无法写出好作文。

笔者认为，要想提高学生的写作水平，应该以培养他们的写作兴趣为前提，培养他们的阅读能力为基础，加上合理有效的训练做保障。

一、以兴趣为师，尝写作之乐

俗话说："兴趣是写作的最好老师。"无兴趣写作文，也就没有激情，就不能写出真情实感。当然也就不能写出好作文。兴趣可以充分发挥人的主观能动性。翻开无数名人成名的历史，无不深深地打着兴趣的烙印！兴趣是志向的起点，也有助于恒心的树立。如果瓦特对热气沸腾的茶壶不感兴趣，哪里会有"蒸气机"的发明呢？如果牛顿对落地的苹果不感兴趣，哪里会有"万有引力"的提出和研究呢？还有大发明家爱迪生在进行灯丝的研究中做过一百多次实验全都没有成功，可他不气馁、不放弃，仍乐此不疲。这时，如果他对此实验失去了原有的兴趣，退缩不前了，哪里会有"钨丝"的诞生呢？因此，笔者在教学时，先从学生的兴趣出发，让他们喜欢语文，喜欢写作；让他们了解并知道生活处处皆语文，生活处处有习作；习作就是说的每一句话，造的每一个句子；习作就是和同学的每一次交流。其实，他们时时刻刻在用语文、学语文，学习写作并不难。这样他们就不觉得作文难了，也就有了兴趣。

在调动学生习作兴趣时，笔者主要有以下几方面的设计。

（一）利用好节日——"三八"妇女节，让孩子给家长写慰问信，再让家长给孩子写回信，既进行了写作训练，又增进了母子母女之间的交流。

给妈妈的一封信

亲爱的妈妈：

您好！

今天，就是"三八"妇女节了，我祝您节日快乐。您现在身体还好吗？腿还疼吗？工作愉快吗？

您每天早出晚归，我还没有醒，您就起来了，起来以后，给我做饭，给我晾上水，弄好洗脸刷牙的水，等我醒来穿上衣服，就能吃上热腾腾的饭了，然后，送我上学。晚上，10点多才下班，那时，我正在做美梦呢！您每天只睡几个小时，只能在我放假时，您才能睡个好觉。您说过，我只能学习好、爱劳动、爱科学、尊敬师长，您再苦再累也心甘情愿。我听了这句话以后，想到我不比别人差，我一定要好好学习，天天向上。长大了毕业后，我一定会找个好工作，来孝敬父母。妈妈，是您让我懂得了怎么学习、做人、劳动。您就是我最好、最好的老师。妈妈，您等着吧！我一定会是您心目中最出类拔萃的女儿。

祝

身体健康　万事如意

您的女儿：小英
2007年3月8日

给小英的一封信

小英：

　　妈妈看了你给我写的信，我很感动，心里酸酸的，好像你一下长大了。你能够发自内心的写出你的感受，我的辛苦就没有白费，只要你努力学习，就是对妈妈最好的回报，妈妈很欣慰，谢谢你！我的好女儿。

　　在这里，我还想对马老师说几句话："小英是个胆小内向的孩子，她的这种性格真的叫我很头痛，不过，开学的这几天，她一回家就对我说："妈妈，今天马老师表扬我寒假作业完成的好。"第二次回来又说："妈妈，今天马老师说我的信写的和别人的不一样，说我写的很让人感动。"从小英的表情我可以看出，您的鼓励对她的影响有多大，我真的感受到了一句话："好孩子是夸出来的，不是打击出来的。"我想我以后也要多鼓励她，改变一下我的教育方式。

　　谢谢您，马老师。您的几句话就能激起孩子的自信，您是孩子的老师，也是我的老师。

　　祝小英

　　好好学习

　　天天向上！

爱你的妈妈
2015年3月8日

　　（二）利用自身——找出自己身边的事物搞创作，从身边的事写起，有的放矢，文章就在我身边。

我爱南方的芒果

　　我的故乡在北方，可我在吃水果时是个叛徒——因为我最喜欢南方的芒果。

　　春天来了，芒果开始成熟了！它那果肉、颜色、形状、气味都使我垂涎欲滴。

　　芒果快成熟时是绿色的。小时候常听妈妈说绿色的芒果吃起来很涩。我不信，买了一个一尝，足足"享受"了大约三分钟的"哑巴"滋味，太涩了！春季中旬，芒果开始"变脸"，变成了黄色。对了！芒果还分大芒果、小芒果，大芒果成熟时是绯红色的，小芒果则是金黄色的！

芒果是扁圆形，和鸭蛋差不多，但它比鸭蛋长、扁。

我也很喜欢芒果的香气，姥爷说芒果散发的气味是中药汤的味道。可我却认为它散发的气味使我胃口大开，闻到就想吃。反正，那句俗话说的好："萝卜白菜，各有所爱。"

我最最喜欢芒果的果肉。剥开皮，里面是金灿灿的果肉，不过，令我气愤的是，为什么芒果里有那么大的核儿，让我都吃不够。长大了，我一定要当水果专家，研究出不长核儿的芒果，让小朋友吃个够！当然我也要吃个够！

我爱芒果那诱人的清香，更爱它那多汁、可口、美味的果肉！

二、以阅读为帆，助写作远航

如果说兴趣是海洋，那么阅读就是船帆。阅读之船只有在兴趣的海洋中才能永远航行。

阅读是写作最好的帮手，阅读也是写作的基础。杜甫说得好："读书破万卷，下笔如有神。"做到胸有成竹，施行"拿来主义"才能写出文笔优美，词句绚丽的文章来。

"巧妇难为无米之炊"，只有大量阅读书籍，做到厚积薄发，做到写作时有选择地运用词语，才能写出词语优美，内容丰富的作文。陆游曾经说："汝果欲学诗，功夫在诗外。"就是这个道理。读别人的书是为了自己有的写。我们不但要培养学生爱读书，也要培养学生多阅读社会——这本无字天书，还要有一双善于观察事物的慧眼，学会从生活中汲取营养。"处处留心皆学问。"我们的眼睛就是摄像机，耳朵就是录音机，要把生活中的事物摄录下来，以备选用。我们更要做到"不动笔墨不读书"，善于积累资料，既有兴趣的阅读，更有意识地记名言警句，为所读的文章作批注，常写读后感。这样，写作时就感觉不到笔力枯竭，"江郎才尽"了。

为了培养学生的阅读习惯，笔者主要设计了以下一些阅读活动。

（一）同读一本书

全班、全年级、亲子阅读，大家同读一本书。做读书笔记展览、好书推荐、亲子诵读等都是学生喜欢的阅读活动。

（二）搭建展示的舞台

学生们阅读了，怎样展示呢？怎样更加的吸引学生们阅读呢？

开展"读书小状元"等的读书评价、展示活动；开展阅读书籍进课堂的活动，让学生阅读有法、阅读有舞台。

三、训练

即使有良好的阅读兴趣为基础，但不着手训练，就如有船无桨般，发现不了学生写作时的不足，所以提高写作水平的保障，就是多方面训练。

一个画家注意培养良好的记忆能力、想象能力；一个演员注意培养丰富的感情和表达能力；我们身为语文教师怎能不注意培养学生的写作能力训练呢？而培养学生的写作能力要兼顾画家和演员的所有能力。浪漫派诗人李白，倘若整日闷在室内，读书破万卷，而不奋笔疾书，没有一个长时间的写作训练过程，怎能"言出天地，思出鬼神，神驰八极，心怀四溟"呢？又怎能成为一位"落笔惊风雨，诗成泣鬼神"的诗仙呢？即使有兴趣读一些书，不去运用，犹如过眼云烟，只有在训练中才能巩固所学知识，才能提高写作水平，才能写出令人读后朗朗上口，沁人心脾，引人入胜，扣人心弦的作文来。因此，我非常重视学生的平时训练，具体做法是：

1. 语文课上练阅读、说话、批注、读写，进行读写的有机结合。

2. 课前5分钟赏美文，每节语文课前，有几个学生读佳作，可以是自己写的，也可以是自己课外读物中的，培养学生的鉴赏能力。

3. 到了中年级、高年级，让学生学会评价自己的作文。

第一步：自己读自己的文章，用修改符号修改，并画出成功词句作批注。

第二步：同桌互评，口头交流，自己再次修改。

第三步：聘请几个优秀学生以短信的形式给同学的作文进行评价赏析，

这一点最为重要，既培养了学生的鉴赏能力，又复习了写信的格式，还增进了同学之间的交流。

第四步：自己给同学写回信，目的同上。

第五步：教师给写评语并给出成绩。

这样一来，学生的写作兴趣更高了，阅读欣赏能力更强了，写作水平也随之提高了，老师家长都满意了。真正培养了学生的能力，做到了面向全体学生。

"勤动笔，笔下生花"，作文训练不管在作文课上还是在日记中，无论哪种形式的训练都应该有感而发，发出肺腑之言，由情而生，写出真情实感。精心遣词造句，锤炼自己的语言。做到每次训练有所获、有所得。

综上所述，阅读的兴趣靠训练，训练应立足兴趣，而学生的兴趣是需要我们去培养的。所以训练的保障，阅读的基础，需要有兴趣做前提。

营造书香班级，享受快乐阅读

2011年版《义务教育语文课程标准》明确要求学生9年课外阅读总量达到400万字以上，背诵阅读材料包括适合学生阅读的各类图书和报刊。要求学生背诵古今优秀诗文，标准中推荐136篇（段），优秀诗文160篇。结合上述课标要求，结合本班学生实际，在教学过程中，笔者开展了"营造书香班级，享受快乐阅读"读书活动。

一、阅读时间有保障

1. 早读背古诗：校内每天20分钟。

午间自阅读：每天13点—13点30分是班内学生自由读书时间。

语文课前分享阅读：进行课前5分钟讲故事、析古诗、品名人分享阅读。

（学生分享的内容，整理成集，供学生继续阅读）

2. 两周一节课外阅读指导课。

3. 家庭每日自主阅读30分钟。

制作阅读记录表及阅读分享手抄报，定期展示分享。

二、阅读内容得落实

1. 建立班级图书角，充分发挥学生的能动性。在班级图书角，每个学生至少有两册自己喜欢的图书（也有阅读课上学生分享后收藏的图书），定期与其他同学进行交换阅读。

2. 结合学校阅读漂流活动开展班级图书漂流活动，即用教师推荐图书在班级内进行阅读漂流，阅读分享。丰富学生阅读内容，开阔阅读视野。

三、阅读交流、展示的平台需创设

1. 生生共读

（1）建立阅读小组

课外阅读是一种相对独立的学习方式。在学校，笔者鼓励学生自由组建"阅读小组"，共同确定目标、选择书籍、制订计划、控制阅读进度。保证每天最少半小时阅读，做好阅读笔记。开始时，要有规定任务督促——每人每周至少有两次摘抄，并进行读书心得交流。

（2）成立课本剧剧团

为激发学生课外阅读的兴趣，笔者大胆放手让学生成立课本剧剧团。学生自己策划活动、编导课本剧，较好地发挥了自己的聪明才智，锻炼了组织能力和实践能力。活动形式以阅读教材为载体，寓教育性、知识性、娱乐性于一体，有一定的创新意识。活动主题都能体现时代性，体现学生的自主创新能力。如学习《祁将相和》一课后，学生生动形象的表演可谓出神入画，充分体现出他们对于廉颇和蔺相如品质的感悟和对文章内容的深刻理解；再如学习了《守株待兔》一课后，学生通过对课本剧的编导及表演，已经把寓言的深刻含义深记于心，也对阅读寓言故事有了很高的兴趣。

（3）在活动中实践阅读

语文是一门学习语言文字运用的综合性、实践性课程。应着重培养学生的语文实践能力，而培养这种能力的主要途径也应是语文实践，因而，应该让学生多读多写，日积月累，在大量的语文实践中体会、把握运用语文的规律。必须创造条件引导学生接触生活，接触社会，让学生在生活的大环境中得到锻炼。

①设计不同主题的实践任务

笔者也经常布置一些实践性的任务，如"成语接龙"——让学生和家长比试成语，争夺冠军；"我是小诗人"——让学生自创诗歌，体会诗歌语言的准确与精练，提高阅读的兴趣和理解力。畅想"秋天的树叶"——秋季到来，鼓励学生走进大自然，体验生活。通过查阅、收集有关树叶的信息并认真整理，培养他们的爱心和责任心，帮助他们接触自然，提高收集信息和处理信息的能力。

②设计不同主题的实践活动

在指导学生课外阅读的过程中，我们尽量提供多种机会让学生及时运用知识拓展技能，通过班级墙报、手抄报让学生交流从课外阅读中获取的最新信息；召开"故事会"——让学生讲自己感到"最有趣""最气愤""最精彩""最难忘"的故事；举办读书心得交流会——让学生联系实际谈读书体会，相互交流，促进知识内化；举办"赛诗会"——开展古诗接龙等丰富多彩的诗歌朗诵比赛；举办优秀读书笔记展览——激发学生的读书热情，促进学生自发地获取知识，在学习知识的同时，提高自己的能力。

2. 师生共读

从时间上来说，每两周设立一节阅读指导课，不定时进行阅读交流课，师生共读并相机进行指导或交流。从指导内容上来说，着重引导学生进行优美词句的摘抄，进行朗读练习和讲故事训练，教给学生背诵方法并帮助学生选择材料，教给学生了解主要内容、体会思想感情的方法，指导写好片断赏析式的读书笔记以及如何通过人物的语言、动作、心理等体会人物的性格特点，鼓励学生发表独特见解；教给学生现场辩论的技巧；组织学生选择适合自己特点的文章（或书籍），进行感情朗读或复述训练，也可以进行讲故事比赛或读书心得交流。平时，除阅读课标规定的书目外，还要阅读教师必读书目并做好读书笔记，促进师生共读，从而达到教学相长的目的。

3. 亲子共读

家庭对学生的影响是巨大的。一个学期以来，少部分家长能与学生一起购买老师竭力推荐的小学生课外读物，一起阅读，要求孩子课余多看名家经典，并写相应的读书笔记或读后感。通过"家长会"的形式交流孩子读书的方法与看法，鼓励家庭建立"亲子小书房"，可以感受到一部分家长正在逐步督促孩子养成良好的阅读习惯，努力创设良好的家庭读书气氛，激发学生的读书兴趣。

总之，"自信来自鼓励，习惯决定人生。"课堂小天地，天地大课堂。享受阅读，做一个快乐的读书人。让尽可能多的学生乐在其中，尽情地展示自己的语文才能。比如适时评选一批朗读小能人、故事大王、古诗背诵状元、小小文学家、办报小编辑等，予以公布表扬，满足学生的荣誉感，激发其阅读的积极性。学生通过大量的阅读，会逐步学会自学，审美、想象、思维、表达等各方面能力也会得到不同程度的提高。变"要我读"为"我要读"，让学生切实感受到阅读是人生中的一大乐事，更多地从课外阅读中受益。

营造语文学科魅力，关注学生主体发展

语文是最重要的交际工具，是人类文化的重要组成部分；语文又是母语教育课程，学习资源和实践机会无处不在、无时不有。可见，语文是一门充满无限魅力的课程。《义务教育语文课程标准（2011年版）》指出："九年义务教育阶段的语文课程要全面提高学生的语文素养，要培养他们热爱祖国语文的思想感情，以达到能够正确的理解、积累和运用。"面对这一标准的指出，笔者认为要让学生在语文的学习中，充分感受到语文有无限魅力，从而喜欢它、学习它，乐于接受它。

一、利用教材，创设情境，提高学生兴趣

孔子说过："知之者不如好知者，好知者不如乐知者。"他把学习中的"乐"提到如此地步，是有其根据的，怎样让学生充分去感受语文，成为语文学习的"乐学者"？就要充分利用教材的特点创设情境，引学生入境。

1. 导入篇

"创造了良好的开端，事情往往成功了一半。"笔者对这句话深信不疑。我们的21世纪实验教材生动形象、图文并茂，非常适合学生的思维发展，抓住这个特点，笔者设计了许多丰富多彩的情境导入，是好处多多。

例如，小学语文教材第5册《遥远的恐龙世界》，笔者在激情导入中灵活运用多媒体手段，一边播放制作精美的恐龙图片，一边饶有兴致的对学生说："同学们，你们知道吗？在很久很久以前，恐龙是地球上的主人，你们看，它们有的会飞，有的那么庞大，有的又是那么凶恶，你们想不想知道它们到底是什么样子呀？好，现在就让我们一起走进《遥远的恐龙世界》。"简单的几张图片，加上老师恰当的导入语，一下子就把学生带入到想学、乐

学的氛围里。另外，还有第3册的《夜空中的对话》、第2册的《房顶上的大菇》等也可以这样安排导入。

2. 知识篇

有了良好的教学情境，学生就会在轻松愉说的氛围中学会知识、学会思考、学会学习，教师利用它突破教材中的难点。

例如，第3册《练一练2》中的"查字典"是以往学生学习的难点。于是笔者把查字典的过程编成了一个小故事："团"字回家的路上迷了路，咱们赶快帮帮它。要先问出它家住址"tuan"以"t"为指路标，它家的胡同要用大写"T"，顺着胡同进去找到"tuan"，在看看门牌号是几，赶快翻到。哎呀，它家有许多兄弟，别着急慢慢找到它的位置，那里才是它真正的家!查字典这个过程原本是单调、枯燥的，通过这个故事变得形象了。学生由此喜欢上了查字典，他们喜欢帮字找到家。

再如，第3册《练一练6》中的"留言条"也是教学中的难点及重点。笔者一改教材中的安排，导演了一节"戏剧"课：课下，把留言条中的事编成了一个小故事，"偷偷"找来3名学生，找来一些道具，进行"地下排练"。那天的课到今天还一直让我记忆犹新，记得那节课一上课，报幕员（老师）出场说："今天请同学们欣赏戏剧表演。"伴随着"请"字和"戏剧帷幕"的拉开，学生们的面孔都紧张了起来，学生们的耳朵都竖了起来，眼睛也都集中在了"兔妈妈"身上。这时旁白表述道："在所美丽的大房子里，住着小兔一家，这几天，兔奶奶生病了，兔妈妈要去看望。"兔妈妈一边装菜一边说："我马上就要出门，可是兔宝宝还没回来，等他回来看见我不在家该着急了，怎么办呀？（表现出很着急的样子，想了想）对，给他留张条子。"

（兔妈妈坐下来写条子，写完放在桌上走了）

这时小兔蹦跳着回来了："妈妈，妈妈，咦，怎么没人？这有个条子，我看看写了什么。"（小兔拿起条子看了看）说："原来是这样。"

这时，老师马上带着问题走上了讲台："同学们，你们想不想知道兔妈妈给小兔的字条上写了些什么？"听到学生异口同声的"想"字后，我马上用投影打出了这张同学们认为是"如意字条"的留言条。并且适时地提出了问题：这张留言条是谁写的？写给谁的？是什么事？什么时候写的？同学们的回答很积极，并且每回答一处都在留言条上找到相应的位置标出。这时的课堂是充满生机的，这时的课堂是可以把一切难点打散的。

就这样，学生在老师的精心安排中全身心地投入、参与。难点也在兴趣的推动下融进了学生的心里。

二、抓住教材，指导朗读，体会语言魅力

阅读教学应让学生在主动积极思维和情感活动中理解，欣赏并受到熏陶感染，享受审美乐趣，在潜移默化的过程中培养朗读兴趣，培养语感。

教材中有许多通俗易懂的课文，所以，笔者在教学中安排以读代讲，让学生在多种方式的朗读中感悟课文内容。自由读、指名读、引读、齐读、男女生对读、和小伙伴一起读、配乐读、创设情境读等形式交互出现，与此同时，老师又予以积极正面的评价，激励学生想读、要读。

例如，第5册《遥远的恐龙世界》一文里，老师运用"谁想把你喜欢的恐龙读出来与大家欣赏，让我们大家也喜欢它""你读得棒极了，我们真的喜欢上了它"；第3册《水果丰收》一文里，老师运用"谢谢你，给我们美味的享受，现在就想吃沙瓤的大西瓜"；第1册《小小的船》一文里，老师运用"听了你读以后，我们真想坐上小小的船去看看夜空中的景色"等语句让学生产生朗读的兴趣。就是这样，如果把朗读比作煲一锅醇香浓郁的汤，那么多种形式的朗读犹如在汤中加入多种配料，势必使汤味更美。老师肯定而亲近的言语又如同恰到好处的火候，使汤浓香四溢，甘醇怡人。在这样的美味中，学生们会越来越爱读，越来越会读，也会越读越充分，在朗读中，他们可以体会出文章的真谛；在朗读中，他们可以受到祖国语言文化的熏陶，体会出祖国语言的无限魅力。

三、灵活运用教材，使之成为学生发展的舞台

以学生需求为本，关注学生的发展。

教材的内容丰富多彩，学生可以从中汲取知识，得到锻炼，如果我们给他们提供了展示的机会，让他们适时地获得成功的喜悦，他们会更愿意参与学习的。

1. 为他们搭建自由的平台展示自己

教材中的科学小品文，可以让学生用自己喜欢的对象介绍自己。例如，第3册《动物怎样睡觉》、第5册《遥远的恐龙世界》等，都可以让学生进行换位思考，把自己当作一种动物介绍给别人。新课程标准特别强调培养学生运用语文的能力，对于我班的学生来说，这是一种比较好的方式。以自我介绍的方式再现课文内容，收到灵活运用课文语言的效果。同时，学生在参与的过程中，学生了倾听，掌握了知识，体会到了自我展示后成功的喜悦，其间，语文能力也得到了发展与提高。

2. 为他们构筑伸展的翅膀

以课堂为中心，辐射课外。如《大自然的语言》不仅指导学生自读自悟理解课文，还让学生到大自然中寻找，发现规律，学生学得极有兴趣，不仅学懂了文中的科学知识，而且培养了爱大自然、爱科学的兴趣，认为学习语文真的很有用，在这里还可以学到许多其他科学知识。

就这样，充分挖掘教材、创造使用教材，使学生认为语文学习是一项让自己有所发现、充满快乐、激发创造、展现自我的活动。使学生觉得老师的教法独特，意在言外，而又妙趣横生。以学科魅力吸引学生，让他们感到学习语文与提问是享受艺术，从而爱学、乐学，积极、主动地参与教学全过程。

语文课堂实践之我见

综观小学语文课堂，从一年级到六年级每周有6—8节语文课，每学期按18周计算，是108—144节语文课，6年有12个学期，共1296—1728节课，将要学习至少94个单元（每个单元3—4篇课文，不包含语文园地和口语交际）。

时间很长，学习的内容也不少，可是学生毕业后头疼的还是语文，并且越来越觉得语文难学，难考高分，甚至一提到语文，有的老师就会说"上辈子杀过人，这辈子教语文"。少、慢、差、费时等，困扰着学生和老师。笔者和团队的老师们对语文教学中的问题进行思考、讨论，并在课堂上进行实践，效果较好。

一、整体识字课

识字、写字是小学语文低年级语文教学的重点，是学生再学习的基础，是学生阅读与习作的最基本的工具。《义务教育语文课程标准》也指出第一学段要求："让学生喜欢学习汉字，有主动识字的愿望。"因此，低年级设计的整体识字课就是将部编本教材中的生字新词整理、归纳、分类，再按照不同的方法以增加学习汉字的趣味性、直观性、规律性，培养学生的识字能力。

（一）理念

先读书，后识字，读中识字，整体识字。在整堂课中始终遵循"字不离词，词不离句，句不离文"的原则，使识字不脱离特定的语言环境。语言环境是水，生字新词是鱼，鱼儿在水中才能自由自在地游。

（二）已构建的整体识字课的教学模式

第一模块：读背单元导语，直接切入主题。

第二模块：多种形式读文，逐步熟识生字。

第三模块：语言环境中识字，注重积累运用。

第四模块：根据学情指导书写，讲求方法策略。

第五模块：课尾小结与提升，检验目标的完成。

（三）学习效果

学生的识字兴趣浓厚，并且识字量也增加了。在识字量增加的同时，也扩大了学生们的阅读范围，童话书、绘本、古诗词、儿童小说、科普读物都让他们爱不释手，不论早自习、阅读课还是自习课，学生们都喜欢拿出自己的图书细细品读，不时地被书中的情节所吸引，有的孩子都情不自禁地笑出声来。有的孩子连课下的时间都不放过，他们还喜欢把自己的乐趣分享给更多的小伙伴。

学校发放给每个班的读书包，我们各班都充分地利用起来，为了让学生们能广泛地阅读到每一本书，我们都定期进行交换，班级内先组与组之间进行轮换，组内前后桌再进行交换，班级内的书看得差不多了，班与班再进行交换。一年下来，学生们的阅读量是很可观的，阅读量的增加也全面提升着学生们的语文素养。课堂上，学生们精彩的表现和优异的成绩都是很好的见证。

（四）老师效果

为了丰富学生们学习的语言环境，巩固生字词，自编了一首首儿歌供学生品读。编写儿歌已经成为我们整体识字课中的一个特色环节，每一首儿歌都凝聚了老师的智慧。在编写儿歌的过程中，我们力求精益求精，既将所有的生字、认读字都编写进去，还呈现出了文章的主要内容，并且注意了押韵，让学生们在新的语言环境中继续巩固识字。

二、阅读

（一）问题

如何培养学生的阅读意识、喜欢读书，一直以来都困扰着我们每一位语文教师，这也是令家长头疼的一件事。时常有家长向我们反映孩子在家除了完成老师留的书面作业以外，读书提都别提。要不就是懒洋洋的走马观花一般翻翻看看，起不到任何阅读的效果。我们也曾建议家长给孩子买他自己喜欢看的书；每天和孩子一起看书，将书中有趣的故事开头讲给他听，引发他读下去的欲望等。但如果不是出自自身需求，很难养成阅读习惯，他们会用学习紧张、作业多等各种理由中断阅读。

（二）策略

1. 大单元引领式阅读

以部编版语文教材为主设计大单元整体教学进行有主题的引领式阅读。如在学习四年级下册第三单元——诗歌着单元时，老师就带领学生一起阅读《繁星》或者《世界金典儿童诗集——中国卷》等图书。书中所渗透的诗歌情感与诗句特点和课文中的诗歌相辅相成。

2. 自主式阅读

学生自主选择图书，利用自己的课余时间阅读，书籍可以和单元中阅读的书籍对比同一体裁，也可以是同一作者，也可以是喜欢的其他类别。可以用绘制连环画、手抄报，设计阅读思维导图，制作PPT等方式在阅读课上进行分享，以激发学生阅读兴趣及拓宽阅读视野。

（三）效果

1. 学生会利用课间、午自习读书，甚至有利用外出参加比赛的空闲时间读书的。

2. 交流中，发现学生不仅喜欢读书，而且确实认真去读了，在分享中给其他同学讲得头头是道。在一次"我是一个（　　　）样的孩子"的习作中，我们班写"我是一个爱读书的孩子"的人数最多。

3. 在学校大单元教学展示交流活动中，学生做的读书手抄报、读书推荐报，更是让其他班级刮目相看，老师们真是看在眼里，喜在心里。

4. 原来是督促都不读。现在每天自己根据时间自觉地去读书，甚至还有的学生看完后，会迫不及待的给爸爸妈妈讲述一番。

5. 不但在课堂上轻轻松松地完成了每学期20课的教学任务，还在此基础上让学生诵读了多本名篇佳作，并背诵了120首古诗和几百个成语。而且，我们的学生在课堂上变得更自信了，他们敢于表达自己的想法，乐于在大家面前展示自己的学习成果。学生们变了，学生们的课堂变了，变成了真正属于他们自己的课堂。

三、习作

（一）问题

写作是运用语言文字进行表达和交流的重要方式，是认识世界、认识自我、创造性表述的过程。写作能力是语文素养的综合体现。然而，在现实中，写作也是让学生、家长都很头痛的事情。写出来的文章假、大、空，缺少素材等问题困扰着学生们。

（二）策略

写作的核心理念是"创时机、勤实践、诉真情、促兴趣"。本着注重抓住任何一个写作的契机，让学生在实践中道出真情，以提高习作兴趣。这样学生们在大量的实践活动中，在具有真情实感的基础上，运用丰富的习作方法，使写作变得轻松自如，以文载道。

1. 建构读写并重的课堂，确立"以读为主线"，指导学生在学习过程中读中悟情，熟读成诵，注重文化积淀。通过以读带写、以写促读的读写训练，使学生的思维得到发展，能力得到提升。

2. "行走习作"给学生带来的是另一种方式的交流。学生们静下心，把自己的见闻、喜怒哀乐、奇妙想法用文字记录下来，写进习作里，大家一起评价，一起分享，一起成长。在知道自己身边趣事的同时，也看到了别人的世界。"行走习作"，也是随心而作，引导学生自由表达，使学生在宽松、和谐的氛围中，无拘无束地进入习作状态。

（三）效果

1. 学生的变化：有了方法助力，活动筑桥，学生们不再害怕习作。六年级毕业时，每人一本文集展示；四年级时，会主动创办班级作文刊物。年级内学生习作结集《七色花作文集》；学校结合教育教学活动及社会实践活动设有《校刊》，学生的作品也在上面得以展示；学生参加全国诗歌比赛，每个班都会有六七个学生获奖，还不时会有一等奖出现。

2. 课上的变化：一节课40分钟，一篇《伯牙绝弦》古文精读，一篇明代小说家冯梦龙《警世通言》中的一篇古文，两段练笔。量的飞跃，质的突变。

四、群文阅读课

（一）改变的老师观

以前，老师们总说时间不够，一节课一篇文章都讲不完，而现在大单元语文主题教学被老师称为"鱼和熊掌可以兼得"的课，即"提高课堂实效性"与"减轻学生课业负担"可以兼得。老师们课前将一个单元内的所有文章进行系统阅读，查阅有关这些文章的资料及教学设计。事先分析文章，并给每一篇文章制定具体的教学目标。依据班上学生的掌握程度，以及每篇文章的最具阅读价值点。给相似的文章分好类，提前制作出比较阅读的表格，设制出相应的练习题。

（二）策略

1. 以单元整体设计的群文阅读：人文主题和语文素养都是同一个目标。

2. 以同一体裁唯一整体设计的群文阅读，提升学生阅读技巧为目标。例如，蒋军晶老师的群文阅读书籍系列。

笔者和老师们做了小小的改变之后，孩子们呈现出来的效果是明显的。语文考试似乎不用刻意准备，作文似乎不用思考，都那么随性，顺其自然。那么，我们的改变也应该是随规律而变，是必须而成功的。仍将继续！

阅读诵读中，我们一起成长

中国是一个有着5000年历史的文明古国，随着改革开放的不断深入，我们也面临着传统文化不断遭受西方文化的侵袭、不断被弱化的严峻现实。如何把传统文化中的精华承继下来并有所创造和发展，让我们这个古老的民族始终保持鲜明的个性和独特的文化品格，是当代中小学教育义不容辞的历史责任。

实践还证明：一个饱读诗书、满腹经纶的人，其后天的文化气质也明显与众不同。凡是在少年时代阅读并背诵过大量经典诗文的人，凡是被博大精深的传统文化熏陶和浸润过的人，其日常的行为举止、言谈教养都会烙上浓郁的书卷气，这种儒雅的书卷气是文明的标志，是高贵精神的象征，无数生命个体都洋溢着这样浓郁的书卷气，整个社会文明就会跨上一个新台阶。

因此，国学是美好的：国学诵读是美妙的。

正是因为这样，我克服了心理的顾虑：让六年级毕业班的孩子们参加了学校的《国学启蒙》校本课程的实验学习。笔者曾担心孩子们因为时间紧、课业负担重，不愿意学习这门课程，也担心家长们同样有顾虑，但通过笔者在班级教学中做的很多尝试，效果是明显的。

一、教学篇——学生乐在其中

马克思关于人的论述强调："人的本质上是主体的。能动的。"少年儿童是有个性的认识的主体，实践的主体，自主发展的主体，让学生主动发展是主动教学结构的灵魂。

从儿童本质特点看：儿童具有好奇、好动、好刺激的特点，从动力机制入手，通过活动手段，启动"激发器"可以使整个教学机制得到自行主动运转。

从学生规律看：学习不会发生在被动地吸收之中，只有当学生自身需要时，有接受的动机时，才有可能十分投入地获取。因此，教学过程中，要激发学生主动参与，使学生能动地利用为他提供的各种条件完成内化吸收，形成认知结构。

尝试伊始，笔者精心准备了第一节国学启蒙课。课上，一改平日语文课上的"死板"，让同学们用自己喜欢的方式读《三字经》。同学们伴着整齐的读书声，有的拍手，有的跺脚，还有的摇头晃脑，你一句，我一句。呀！原来还可以这样读古文，同学们读得津津有味。《三字经》比五年级语文教材中长了很多，同学们也不觉得枯燥。在这节课后，有好几个同学写出了日记，名为《我喜欢的一堂国学课》。

其中一则日记附上：

我喜欢上学，也喜欢老师讲的语文课，尤其是这节国学启蒙校本课。

那节国学启蒙课上，我们学《三字经》，老师让学生自己读，我觉得太长又没意思，就没读，只是看了看。过了一会儿，大家都不读了。老师说："同学们个人读过了，我们大家采取一种与平时不同的方法来读，我们边读边跟着打节拍。"说完，我们试了一次，咦，真有意思。我也跟着大伙动起来，老师叫了一声停，说是边读边打节拍："一二三，开始。""人之初，性本善，性相近……"真好玩，在不知不觉时，我们大家已读完了，好快呀！我还想读，老师说："别急，还有一种办法读，古人读书时都摇头晃脑，咱们也试试，一二三，开始。""人之初，性本善，性相近……"大家都各摇各的头，我在一旁哈哈大笑，真有趣！没有喊停，我一看，全停了，同学们都在笑哪！接下来，我们用自己喜欢的方式诵读。我特别高兴，又用脚踏的方法复读。时间过得真快，一会儿就下课了，但我永远忘不了那节课，我喜欢那堂课。

一句句诵读，一个个喜欢。让笔者有了继续的信心。

后续的诵读课上，又有了家长的参与：他们向同学们讲授班中学习榜样的识礼事迹；把班上的社会观察员在学校，在家中，在社会上捕捉的学生识礼、懂礼的照片整理成PPT放给同学们看，同学们伴着美妙的乐曲声，欣赏着自己一张张倩影，真是不亦乐乎。家长无论在课堂上，还是在家中见到了孩子没有因为增加诵读内容而烦恼，反而情绪很高涨。

我们在国学启蒙的课堂上认识了屈原、岳飞等名家，知道了他们的爱国事迹，拜读了他们的诗篇；我们一起知道了二十四孝，唐宋八大家……我们知道了《头悬梁、锥刺股》《程门立雪》……我们知道了四书、六经并在故事会上交流、提高。

渐渐的，发现学生不是"无可奈何"的诵读国学，而是主动的、乐意的。发现这门课不是学生的"负担"，而是他们语文学习中的好朋友。

因此，在教学中，教师扮演的最好是一个读者、听者、一个欣赏者，最多是一个品评者，而不是一个评判者，应把课堂给学生，让学生成为课堂的主人。乐学的课堂中没有负担。

二、阅读篇——快乐学习从此开始

一个人的阅读史就是一个人成长的精神史。

《义务教育语文课程标准（2011年版）》明确指出："培养学生广泛的阅读兴趣，扩大阅读面，增加阅读量，提倡少做题，多读书，读好书，读整本的书。鼓励学生自主选择阅读材料。九年阅读总量在400万字以上。"

诗人杜甫觉得"读书破万卷，下笔如有神"，语言学家叶斯大林帕森主张"把孩子们投入到语言的海洋中去"；作家高尔基认为"我读得越多，书就使我和世界越接近，生活对我变得更加光辉，更加美丽。"

如何阅读？怎样让学生爱上阅读？如何阅读得法？

学好语文，又与阅读有着难以分解的关系。光靠语文课上，学校内的阅读是远远不够的。常讲："三分靠课内，七分靠课外"，学习语文"得法于课内，得益于课外"。

是呀，我也是个语文教师，必须行动。首先创建班级特色阅读系列篇：第一篇主题为"读书识人"，旨在让学生在课内课外通过阅读作者的文章，了解作者、书中的人物、人物故事；能够识古人，识当代、现代作家。在创设阅读系列篇的活动熏陶中养成读书的好习惯，让书"润物细无声"的滋润孩子。

于是，伴随着阅读第一篇章的第一个"识名家老舍"的开始，笔者和同学们通过小说《骆驼祥子》的指引共同品味了作家老舍的生平、其他作品。由于班中的图书有限，我就发动学生们上网查资料，回家找图书，去书店查找。没想到这样却引起了许多家长的支持，学生陈某某的爸爸原来就是一个书迷，他存有许多书籍，尤其是作家老舍的。当他知道我们班的特色阅读活动后，主动让孩子把家里的书拿到学校来让同学们读。书中的淡淡清香和他亲手为班上画的一幅菊花图水墨画流露出了家长对这件事的支持，这个小的变化也深深的影响了班上的其他孩子和家长。

伴随着后期阅读篇的继续开展，学生写的读书笔记装订成了两本册子；笔者还让学生把平日的日记，作文整理成作文集《百合花开》，放在班上的读书角供大家阅读；还在班里设计了"班级日志"展示学生的阅读成果。

日积月累，循序渐进，班上的"才华展示"专栏上有同学们的一张张读后感受，一张张古诗配画，一页页手抄报。

取其精华，弃其糟粕，修其身，养其性。让这些美文成为他们生活的向导，写作的拐杖，精神的力量，想象的翅膀……

三、评价篇——古诗考级快乐多

课标指出："语文课程评价的根本目的是为了促进学生学习，改善教师教学。""应发挥语文课程评价的多种功能，尤其应注意发挥其诊断、反馈和激励的功能，有效地促进学生的发展。"

笔者认为评价作为学习的"导航棒"，在教学中发挥极其重要的作用。

通过评价，班级出现不一样的情景。下课了，孩子们走向的不是操场，而是讲桌前：一句句背诵，一阵阵欢呼声，声声入耳。这是同学们在进行古诗考级活动，这也是在班上设立的国学启蒙评价机制的一个。

为了让学生在愉悦的心情中掌握更多的传统诗文，受到学生乐器考级的启发，设计了这个古诗考级的评价机制。首先利用一节诵读课，向学生谈出评价设想，得到大家的认可后，共同商议内容和要求：

1.先从《小学生必背古诗词80首》中选取，以5首诗为一个单位（有背过的古诗就是10首），以一个月时间为期限，自主选择时间找老师（或者考过的学生）背诵。

2.考级最高级别为十级，练习中可以找家长帮忙，试考。

3.考过3级的同学可以作为小老师为同学们考级。

4.考试结束时，由老师颁发等级证书。

明确要求后，学生表现出极高的热情。（因为这也和六年级毕业考试有关）早读时，可以听到学生的朗朗读诗声；课间、午饭后，会看到学生们围在老师身边，认真考级的身影；不时地，会听到"××都考×极了，明天我要赶紧找老师考级。"的话语。就连班上最不爱学习、不爱背诵的同学，最后也考过了五级。

看来，一旦学生拥有了热忱，学习就变得轻松快乐了。

四、活动篇——让世界变得更精彩

王夫之指出知行并进，陶行知先生也提出生活教育论。因此，活动是教育的一个重要组成部分，是小学生在学习过程中不可忽视的一个重要实践环节。

伴着学校读书节的开展，班上的学生掀起了读书的高潮，我们还发明了"枕边书""课间书"。学生看书的时间多了，家长们也反映：孩子去书店的时间多了，平日里孩子们谈论的内容也多是书上的。班上的全体学生参加了学校的"读书少年"的评选，虽然只有两人获奖，但读书率为百分之百。孩子们的阅读形式也丰富了起来：在学校国学启蒙的启动仪式上，班上的朱同学还用琵琶弹奏并朗诵了《诗经·伐檀》，班上的其他孩子齐诵《少年中国说》，受到了与会家长与领导的好评，学生也因此扬起了自信的风帆。

在六年级后半学期短短的三个月里，我们不奢求给学生过多的国学知识，只想让学生们喜欢书，喜欢到书中去寻知识。

暑假间，在校外遇到了班上的王同学，她妈妈对我说，她假期已开始在家中看名著了，偶尔有看不懂的地方。我说："接触多了，多读几次就会有更多的收获。"

有了雨露的滋润，花朵开得会更艳。从课程实验到现在，我和学生们都有收获，手中的一本本资料，学生的一本本成果、一点点积累；想起颁发的一张张证书；想起班上的社会观察员抓拍到的一张张学生诵读的照片；想起学生家长参与诵读的一个个镜头。这是我们在阅读中成长的见证。

文末，不禁又想起了班中文化特色的前言：书让我们结识了许多的朋友，提升了自己的心灵，让我们在生命的旅途中，不觉得孤单。

阅读教学中的尝试

有幸借到赵学谦老师的《让学生在语文课上做小主人》一书，于是静下心来拜读，真是受益非浅。赵老师从拼音教学到看图说话写作文教学，系统翔实地阐述了语文教学的全过程，切实体现出《课标》新的教学理念和育人观，使学生真正成为语文课上的小主人。特别是"阅读"这一部分细细品味，发人深省。我学以致用，收到了良好的效果。

遵从赵老师的语文教学应在师生平等对话的过程中进行的原则，让学生参与到课堂的各个环节当中，真正成为学习的主人。

一、引导学生做学习课文的准备

传统的教学强调教师要精心备课，对教材要多钻研，教学内容对学生也要保密。根据《义务教育语文课程标准（2011年版）》的理念，教师在上课前，可设计预习作业，引导学生先接触文本，对于有一定自学能力的中、高年级的学生来说，可让学生抄写生字词，摘抄好词佳句，质疑问难，搜集与课文有关的资料等等，消除学生对教材的陌生感，体会到自己是学习的小主人。教师对学生预习的情况加以批改了解。例如在教学《悲壮的一幕》一课前，我带领学生上网查找有关航天事业的资料，初步感悟宇航员把宇航事业看得比自己生命还重要的崇高精神，为学习课文，激发感情做了很好的铺垫。教师根据学生的预习情况，有效调整自己的教学设计，加强教学的针对性，而且有利于学生培养良好的学习习惯。

二、对题目的个性分析

题目是一篇文章的题眼，是文章的提炼出的精华。分析题目，可以从中体会到作者的写作目的；整体感知文章的大概脉络；可以从分析中找出一条解决全篇课文的简洁途径，起到抓一点、引一片的作用。

例如，我在讲《耳朵上的"星星"》一课时，把课题板书在黑板上，问："看到课题你有什么问题？"每个人的思考方式不同，所考虑得也不尽相同，但认知是有一定过程的，刚接触到新的事物，肯定从不同的角度产生不同的问题。我所设计的就是发挥学生主体，从他的认知去学习，这样他才学的有趣。我的话音刚落，许多学生举起了手："老师，星星在天上，怎么耳朵上会长星星呀？""老师题目是耳朵上的星星，我想知道课文会讲什么故事？""为什么星星上要加引号呀？"再如，教《迎接绿色》一课时，学生看到题目，问题也就提出来了："为什么要迎接绿色，绿色有什么可迎接的？""绿色不是到处都是吗？为什么还要迎接呢？"看，我们不能小看学生，他们提的问题不正是我们课文的主体思路吗？再如有的题目又是这篇课文的总括，可以让学生围绕着题目来分析课文。如《富饶的西沙群岛》一课，学生们可以分析出这篇课文是写西沙群岛如何富饶的，下面我们就可以请学生打开课本，自己读书去找答案，这样的学习主动性多强。学生学起来认真，如果自己能解决了，那会是何等荣耀。放开手，给学生一定的空间，相信学生的能力，会收到意想不到的效果。

三、整体感知课文

《义务教育语文课程标准（2011年版）》指出："能用普通话正确、流利、有感情地朗读课文，是朗读的总要求。"所以在教学中，学生的读书声是必不可少的，也不可让学生一味去读，那样就是不经大脑的应付差事。调动学生对读的向往，分层次，每个层次都有不同的问题，这样，学生读起来有目的性。对课文整体感知的读，对学习课文很重要，放手让学生去读，给予适当纠正，学生带着新奇去读，不认识的去拼、去查，这是感知的一个过程，比传统的第一遍教师范读效果要好。这并不是泯灭教师范读的益处，而是把第一次让给学生，让他自己先试试，或是放开声音的读读，或是小声的读，边读边想，在读中去感受、理解、体会，整体感知课文。

四、有所感悟的质疑

叶圣陶先生曾经说过："善于读书的人，一边读下去，一边自会提出一些问题或题目来，作为阅读的标志，辨识的头绪，或者初读时候提出一些，重读时候又提出一些。"著名语文学家张志公先生也说过："学问，学问，作为学生要会问。"学生在阅读时能够提出问题，比教师提出问题更为有效。不要压抑学生学习的积极性，要放手让他去读，主动去质疑。

低、中年级学生年龄小，他们提出的问题会从对词、对句的理解逐步过渡到对课文内容的理解上来，由于口头表达不完善，也不能提得比较完整。我让学生在质疑本上提出对课文的问题，我随时给予批改，好的问题用"星"标出，并在课堂上顺藤摸瓜帮助那些问题表达得不够全面的学生提出他想提的问题，长此坚持下去，学生的质疑能力会逐步提高。

五、对课文分析理解

分析课文是让学生理解课文的主要内容，领会有一定内涵的词句，体会它所表达的思想感情，领悟作者的表达方法；提高学生分析能力、认知能力、亭的能力、说得能力、思维能力、想象能力；丰富学生的语言；培养学生的创新精神、独立解决问题的勇气和信心；让学生的思想感情受到感染和熏陶。在学生分析课文过程中，教师要尽量少说话，把发言的机会留给学生，为学生提供锻炼的机会。

例如在学习《六个馒头》一课时，学生们对班长和同学们的举动从抱怨到认可的情感变化，就是利用了前后照应的分析法进行分析的结果。当女孩偷偷到餐厅买来六个馒头，并偷着把馒头藏起时，同学们看在眼里、急在心上了。当女孩刚嚼完一个被雨水浸过的馒头时，同学们回来了，把她的馒头一扫而光。第二天，女孩没有了吃的。同学们都以吃过她的馒头为由，请她吃饭。学生们一下就明白了这是计划好的，再深一步进行体会，就了解了同学们的良苦用心。再如学习《翠鸟》一课时，学生对翠鸟那"灵巧的身影"赞叹不已。在对"那苇秆还在摇晃，水波还在荡漾"的理解上，学生们都能体会到翠鸟捕鱼的速度之快，但对水波为什么会荡漾产生了分歧。有的学生说："是因为苇秆生在水中，苇秆一动，谁也就给这动了。"有的学生说："是翠鸟捕鱼时翅膀碰到水面，水波才荡漾。"还有的说："是预备翠鸟捉住后挣扎把水波弄得荡漾起来。"对于以上答案，我都持赞同意见，并表扬了学生的想象能力。这样学生在学习中没有什么负担，发挥想象力并很愿意说出自己的想法，这不正是我们想要的吗？

六、不同观点的辩论

新的课程标准要求让每个学生都得到发展，因此，课堂教学中应增加群体活动，扩大参与范围，让每个学生都有思考的时间、发言的机会，变指名回答为"自由发言"，形成一种争论的学习气氛，让学生成为课堂的真正的主角。

在学习《动物时装表演时》一课时，当说到"你认为小动物们会评选出最佳时装吗？你认为如果能，评的是谁？"时，我先请同学们在小组中讨论，组长做记录，并成为每组的中心新闻发布员。学生们在小组中讨论得十分激烈，多方争执不下，看情况干脆来个辩论会吧，于是形成了能选出最佳时装和不能选出最佳时装的两方观点展开辩论。正方为能选出最佳时装队员说："小动物的时装各不相同，有漂亮的、难看的也有，比如孔雀的时装多美，刺猬的时装就差点事儿了。""不同意"反方队员开始反攻，"你认为漂亮就是最佳的吗？刺猬的时装所不好看但实用，小动物的时装各有各的用处，当然不能选出最佳了。"

"北极熊的白袍又漂亮又能防寒，我认为他的时装是最佳的。"

"变色龙的时装时尚又有变化，能防止动物的侵略，他的时装是最佳的。"

"青蛙的时装也不错。"

说来说去，在辩论中达成一致。

七、理解之后的情感朗读

学生对课文有了一定的认识，真的理解了吗？我们可以通过朗读来检查，或者让学生理解之后，带着亲身感悟的情感去朗读课文，在读中受到了美的感染和熏陶，体会作者的写作目的，为作文教学添砖加瓦。在学习《锡林郭勒大草原》时，学生在读中感知，在读中体会锡林郭勒大草原的美丽。如果你是草原人或是来草原观光的游客会是怎样的一种感情呢？学生进入"我要是草原人，我会骄傲的欢迎大家来草原做客。""我是草原的小牧民，我会告诉大家，我会保护草原的，我还会用自己的双手把这变得更加美丽"的情境中，那么，请你把你的热爱落到实处，带着你对草原那浓浓的情美美地读读课文吧！学生把对草原的感情带到课文里，并用朗读释放出来，达到读书入情的境界。

八、谈收获感想

学完一篇课文，每个人都有不同的收获。在讲完每篇课文后，我都会请学生从不同角度说说自己的收获。谈收获可以从几个方面来谈，学到了哪些知识，提高了哪些能力，懂得了哪些道理，得到了什么启发，受到了什么教育，享受到了什么乐趣，培养了什么情感……在教学《迎接绿色》之后，我请学生谈谈自己的收获。学生们说得让我不敢相信，有学生说："我们生活在农村，我们不缺少绿色，我们的周围几乎都是绿色，我们是多么幸福呀！"有的学生说："我们身边到处是绿色，我们应爱护它，不能让绿色消失。没有绿色的地方可以创造绿色，植树造林，栽花种草。"还有的学生说："2008年奥运会在北京召开，我们要多种树，让全世界的朋友都能见到我们绿色的生活。"例如在学过课文《六个馒头》之后，学生在谈收获时说道："我们帮助我校的刘同学捡垃圾、收废品也是对她的没有痕迹的帮助。"说得多好呀，这就表明学生真正理解了课文，并把它运用到自己的生活中去。

通过这本书的学习和自己在教学中的应用，我深信：最好的教育就是关注学生的发展，最大限度地发挥学生的潜能，如果我们的课堂教学以学生为核心，以促进学生的发展为目的，那么我们的教育就是成功的。

整体识字初探

《义务教育语文课程标准（2011年版）》中指出：识字、写字是阅读和写作的基础，是第一学段的教学重点，也是贯穿整个义务教育阶段的重要教学内容。低年级阶段学生"会认"与"会写"的字量要求有所不同。在教学过程中要"多认少写"。

"整体识字"课主要适用于小学低年级（一、二年级），适用于大单元整体教学，它处在单元教学的前几节课或者每一课的第一课时。这种课的实施要点是：先读书，后识字，读中识字，整体识字。在整堂课中始终遵循"字不离词，词不离句，句不离文"的原则，使识字不脱离特定的语言环境。

一、借助语境记忆识字，激发识字兴趣

语境识字就是把生字词放在一个特定的语言环境中学习和记忆，通过生字在不同语言环境中的复现，而达到记忆和巩固的目的。

为了丰富学生学习的语言环境，巩固生字词，笔者自编单元导语，学习中自编小儿歌供学生品读，单元中学习的生字词语也被编入导语和儿歌中。编写儿歌和导语已经成为单元整体识字课中的一个特色环节，导语与儿歌的主旨和单元文章内容有关。在编写儿歌的过程中我们力求精益求精，既将所有的生字、认读字都编写进去，还呈现出了文章的主要内容，并且注意了押韵，让学生在新的语言环境中继续巩固识字。

例如《云儿见它让路》一课有以下生字：

木头	左手	它们	让开	儿女	腰围
花朵	雨点	路人	招手	禾苗	弯下

笔者除了让学生在课文中熟悉字词外，又编了小儿歌：

小小蜗牛小小花，蜗牛路上慢慢爬，弯弯腰，招招手，花儿点头让它走，两人成为好朋友。

再例如《升国旗》一课借用儿歌《国旗国旗真美丽》歌词，让学生在不同的语境中熟识生字词语。

生字词语在不同的语言环境中反复出现，给了学生熟识它们的机会，效果可想而知。因此可以这样说，语言环境是水，生字新词是鱼，鱼儿在水中才能自由自在地游。

二、教学流程层层递进，提高识字效率

经过不断尝试，笔者初步构建了整体识字课的教学模式。

（一）低年级精读一篇文整体识字课

第一模块：读背自编单元导语，直接切入主题。

每节课的伊始，我们安排学生朗读或者背诵本单元的单元导语，让学生熟知本单元的主题。

第二模块：多种形式读文逐步熟识生字。

每节课都安排读全文至少3遍，每遍都有不同的要求。

1.读正确，扫清文字障碍。

2.读流利，字词回家，入境，巩固记忆。

3.读流利，入境，整体感知。

读的形式也是多种多样，自由读、指名读、齐读、开火车读、同桌互读、小老师带读等方式，目的是让学生反复接触生字，巩固记忆。

第三模块：语言环境中识字，注重积累运用。

引导学生将生字、生词运用到语言表达中。师生一起将生字词集中编成短文或快板供学生说，创造多次与生字见面的机会。坚持读中认字、字不离词、词不离句的原则，把生字词放在特定的语言环境中学习。

第四模块：根据学情指导书写，讲求方法策略。

识字之后，就需要指导学生书写。关于这个环节，根据学情，要讲求策略。一年级下学期的时候，学生已经有一定的识字基础，掌握了一定的识字方法，不需要每个汉字都去指导，可以让学生观察所要学习的生字，看看哪一个字需要老师进行指导，教师再进行针对性的指导。可以选择偏旁部首或结构有代表性的字进行指导，有的汉字是一个结构或者一个类别的，那只需要指导一个就足够了，相同结构的字，学生能够举一反三，再加上教师适时的点拨，学生自然能够掌握了。在教师进行指导书写之后，学生进行描红、临写。其中注意关注评价，指导学生认真修改。

第五模块：课尾小结与提升，检验目标的完成。

每节课结束之前，都安排一个小练习，比如《小牛站起来》这一课结束的时候，依旧安排了读一读、写一写的环节。

生字词语在不同的语境中得到练习，那么学习的效果就会更好。

（二）中高年级大单元教学整体识字课

第一模块：读单元导语熟悉单元主题。

第二模块：多种方法逐步熟识生字、词语（学用方法、练习识字、理解、思维能力）。

1. 检查课前预习，读正确。提炼不同类型的词语反复熟识、积累并理解意思。

2. 读流利，字词回家，入境，巩固记忆，理解文章含义。

3. 读流利，入境，整体感知。中高年级学生有了预习，打下自主学习的基础，生字、词语的学习就可以借助工具书和语言环境学习了，突出了学习的自主、重点的把握。

4. 抓住有特点的，难记住，易混淆的突出书写。

第三模块：再次整体读书，整体巩固生字词。

此环节也可以编著含有不同生字词语的文章让学生读，只是涉及的生字词语数量较多，一般以本单元课文为主。

总之，经过这样的探索，阶梯式整体的学习，低年级时，学生的识字兴趣浓厚，并且识字量也增加了。识字量增加的同时也扩大了学生的阅读范围，童话书、绘本、古诗词、儿童小说、科普读物都让他们爱不释手，早自习、阅读课、自习课，学生们都喜欢拿出自己的图书细细品读，不时地被书中的情节所吸引，有的学生情不自禁地笑出声来，有的学生连课下的时间都不放过。他们还喜欢把自己的乐趣分享给更多的小伙伴。到了中高年级，学生整体学习的本领增强了，自主学习的意识也更强了。

主题阅读教学的课堂实践的研究

一、什么是主题阅读教学

百度搜索"主题阅读教学"6个字，跳入眼帘的还真不少：大单元、知识与能力点的整合、剪辑、取舍等等。仁者见仁，笔者结合语文课堂的实践有一些简单的思考。

主题教学是多篇文本整合在一起的教学单元，它可以侧重人文主题，如亲情、友情、自然、社会；也可以侧重写作方法为主题，如一种相同题材、体裁的文章，有着相同或不同写作方法的多篇文章的类比或者对比，还可以围绕一个作者的系列作品为主题，课堂可以设计成1+X，即一主，一到二、三辅达到举一反三的效果；也可以三到四篇齐头并进赏析相同的习作方法可以阐述不同精彩的立意。

二、比不同，求相同

不同文体、不同主题的文章，老师在课堂上所采用的实践方法也是不同的。

（一）体裁不同

语文课堂40分钟分配如下：精读知方法用30分钟，用方法10分钟。可以类比展现文章间的共性，也可对比展现文章间的不同。这种比较学习强调同中求异或异中求同，有助于学生将学到的知识进行巩固、迁移与提高，从而增强了学生的阅读、写作及文学鉴赏等能力。例如：李白的《望庐山瀑布》是古诗、叶圣陶的《瀑布》是现代诗、林清玄的《黄果树瀑布》是散文。3篇文章体裁虽不同，写作对象却是相同的——瀑布。通过课堂上的对比阅读，学生就会从不同的文体中了解到写相同的景物会收到不同的效果，从而体会到语言的魅力。

（二）写作方法不同

北京版一组写景的文章，都是描写景色，成文的结构各不相同。课文《美丽的小兴安岭》是总分总的结构，按照时间顺序完成。《海滨仲夏夜》则直接并列描写了海滨上的夜色美。课堂上，笔者用相同的时间让学生通过自主阅读，完成学习单的方法找到两篇文章的相同与不同，在通过教师引导纠正、通过朗读重点段落、语句体会不同的方法得到的不同的艺术效果。

又如：课文《锡林格勒大草原》和《可爱的家乡大理》都是从两方面描写的，不同的是第一篇文中有过渡句的连接，而第二篇没有。《赵州桥》和《莫高窟》都歌颂了古代劳动人民的智慧，但前者则描写建桥史上的奇迹、建筑特点，后者重点说明是中华艺术瑰宝、展现艺术魅力。又如《参观人民大会堂》和《颐和园》都是按游览顺序写的，而前者是参观记，后者是游记。

三、相同类比，得抒发

（一）举一反三法

学习《我家的牵牛花》《美丽的香山公园》两篇写景的文章，试着体会描写景物的特点，学习描写景物的方法。首先要出示单元写景文章中学过的精彩句段，学生读一读，回忆作者是运用什么方法把文章写具体、生动。

1. 到了秋季，葡萄一大串一大串挂在绿叶底下，有红的、白的、紫的、暗红的、淡绿的，五光十色，美丽极了。（形状、颜色）——《葡萄沟村》

2.岛的周围水面开阔，湖水平静得像一面大镜子，映出了蓝天白云的倒影，也映出了琼岛那美丽的身影。（比喻句）

琼岛上的白塔，高大雄伟。它遍身洁白，犹如一尊精美的白玉石瓶。（比喻句）

塔基有三层，每层都有一人多高，塔身高30多米，最大的直径有14米。高高的塔顶上，覆盖着一顶鎏金宝盖，宝盖上悬挂着一只只铜铃，微风吹

过，铜铃摇动，发出悦耳的声音。（数字说明、从下到上的顺序）——《美丽的北海公园》

随后教师总结：在写文章时，我们可以用以下的方式把文章写具体、生动

1.在描写时，可以从形状、颜色两方面去写。

2.通过数字说明的方式，可以把景物描写得更加具体、明白。

3.描写时可以适当运用一些修辞方法，如：比喻、拟人、排比等。

4.在描写时还要注意按照顺序，使文章更有条理。

接着让学生阅读、梳理上面写了2篇文章特殊、精彩的语句：按颜色、形状、修辞方法归类；词语、句子归类。最后各种方法的朗读体会，再练习一篇小作文。

（二）梳理归类法

学习童话故事，找到几篇童话故事的相同点，例如《七颗钻石》《王子的眼睛》《蜗牛搬家》三篇文章，自主阅读提炼文章的人物语言、角色，文章的开头、结尾；帮学生梳理之后得出童话这一文体的特点，让学生当堂创作童话，效果很好。

学习一组现代诗《一株紫丁香》《彩色的梦》《晚秋的江上》，通过朗读、诵读、演读等多种形式让学生体会诗歌中语句特点、作者情感，让学生抒发情感写一首小诗歌，效果很好。

学习一组科普文章，《只有一个地球》《鲸》学习总结说明方法，体会科学的神奇，学习写科普宣传类的文章。

总之，将有关连的文章放在一个大单元中去教学，让学生体会到作者在目的相同的情况下会有各自精彩的写作方法。从而梳理方法、总结规律；通过课堂上听说读写多种阅读方法的训练，通过阅读方法的巩固、迁移从而提高学生的阅读、写作及鉴赏能力从而感受到汉语言的魅力。

如今，部编版教材已经将文章单元做了很好的整理与布局，然笔者认为适当进行主题阅读还是有助于学生语文素养提升的。

浅谈对学科实践的初探

国家教育行政学院直属教育部领导，是我国教育系统独立设置的教育干部培训院校，他有着悠久的历史和独特的使命。笔者从教于全国唯一的一所国家教育行政学院附属实验学校。

学校是一所九年一贯制学校，学生在这里一位学生活、一学习就是九个春秋。这里的老师也多是来自不同院校的硕士研究生，大家带着憧憬与梦想一同走进这所普通却又十分特殊的学校。我们就是在这样一个大家庭中生活、学习。

结合着《北京市实施教育部〈义务教育课程设置实验方案〉的课程计划（修订）》的颁布，笔者有了点滴思考与初步探索。

一、创建"家"文化课程，践行整体育人教育理念

"我们都有一个家，名字叫中国。兄弟姐妹都很多，景色也不错。"这首《大中国》是每一个中国人都熟悉且达到共识的一首歌。学校的老师、学生也希望把学校建成我们美丽的家园，共同创建"家"文化整体课程。

学校现有一年级四个班，我们的"家"课程文化，从这里起航。边践行边完善着。

设计家庭、班级、学校、社区、大兴、北京、中国、世界、地球9个方面，贯穿1—9年级的整个义务教育阶段。每个年级每月1个小主题，共有10个小主题，这样九年下来就会有90个主题教育活动，这90个主题就围绕"家"这个脉络将国家课程、地方校本课程、特色实践课程融合在这个课程之下。

二、打好地基，建好三级课程保障实践活动的有效开展

（一）做好学科内的学科实践活动

学科实践的10%固然重要，那么90%更不可忽视。老师们切记不要"丢了西瓜捡芝麻"——出现一边倾倒的现象。因此，我们切实做好各个学科内的实践活动，突出学科特点，保障实践活动的切实开展。

此文仅介绍语文学科。

语文是重要的基础学科，也是重要的交际工具。我们进行语文教学的重要目的不仅在于让学生读得懂文章，写得出作文，更主要的是让他们通过学习去逐步掌握语文这个工具，形成基本能力，为学习其他学科和终身学习以及生活、工作奠定基础。因此，要提高学生的语文能力，只靠课堂教学是远远不够的，必须打开课堂教学大门，突破教科书的局限。新大纲明确指出："要充分利用现实生活中的语文教育资源，优化语文学习环境，努力构建课内外联系，校内外沟通，学科间融合的语文教育体系，开展丰富多彩的语文实践活动。"可见，语文教学不等于语文课本教学，听说读写能力的培养也不仅局限于语文课堂，教师应立足于培养学生能力，处理好课堂教学与实践活动的关系，合理利用语文教学资源，创造性地开展丰富多彩的语文实践活动，使语文实践活动成为学生学语文、用语文、拓宽语文学习内容，丰富知识，提高能力的基本途径。因此，我们以语文学科为主要设计对象，研究学科实践活动的实施。

具体做法有：抓住并突出年级特点，明确培养目标。例如：一年级有一首古诗《咏鹅》，老师就可以一边让学生诵读古诗，一边设计活动让学生们画一幅大白鹅的图画，并请同学们讲一讲家里的大白鹅的样子，既锻炼了学生的口语表达能力又提高了学生学习故事的兴趣。

"生活，是语文学习的源泉"，"语文学习，只有密切联系生活，才能焕发勃勃的生机"。我们都生活在真实的世界里，不可避免的，学生们每时每刻都在被形形色色的观念影响着。因此，设计语文实践活动除了要和学科知识紧密结合,还要在激发兴趣、养成习惯、提高学科素养上下功夫，突出每

次活动的主线，切忌热热闹闹一大片。

我们还可以结合课文内容设计活动：例如结合古诗文的教学设计"小小古诗擂台赛"，提高学生诵读古诗词的兴趣。又如：结合拼音教学设计"拼音拼读大赛""拼音写名字比赛"，目的就是让学生在实践活动中锻炼自己，提高学科素养，增加学科知识的获得。为扩大识字量，和班会整合设计"认名字比赛"——认老师名、家长名、朋友名、同学名；认街道名、国家名、名人名等。结合"看图写画"设计"讲故事比赛"，课上设计图画、即兴讲，既锻炼了学生的口语表达能力，又提高了学生看图写话的能力。

提炼教材中实践活动的练习，和学生生活紧密结合。设计实践活动，让学生充分参与，保障10%的高效实施。例如：我们把教材中的9次口语交际课进行设计，实践活动中既培养了学生的听说能力，又培养了学生的交际能力。在这样的实践活动中，语文学科的整体学科素养得以提升，学生也充分参与到了生活实践中去，充分保障了学科90%与10%的实际获得。

（二）做好学科内的相互融合，有特色的做好实践活动

品德与生活与语文：品德与生活第一课是"介绍我自己"，语文第一课也是"介绍自己"，两位老师一起备课，一起研讨，共同上课。课上每个学生都用不同的方式介绍了自己：有的唱歌、有的跳舞、有的说起了自己的特长……真正的参与到了课堂上，既锻炼了口语表达能力，又认识了班级大"家"中的朋友，体会到了"家"中的和谐与温暖。之后，两位教师又给每一位学生做了评价，真正践行了学科实践的融合，践行了学科实践的10%。

（三）和学校活动相整合，做到与德育的相互融合

1.立足课程，设计实践活动

（1）本学期，学校组织学生参加社会实践活动——去"桃花园青少年农学实践基地"和"自然博物馆"，学校本着课程的实际出发设计了这两个实践活动。

"桃花园青少年农学实践基地"社会实践活动主要由品德与生活、美术、语文、体育老师参与设计，因为此次活动内容与这几个学科的内容交集比较多。活动主题为"多彩的秋天"，时间为10月23日。设计成3个大课时：第一课时，由美术与品德与生活、语文老师共同完成。三位老师从秋天的诗词引入，再介绍秋天的植物、天气、色彩。之后，为学生去参加活动布置了不同且可以相互融合、补充的任务。出发前，体育老师又结合"桃花园"的实际情况做了参观时的有力保障和动员。第二课时，就是实践活动，带着任务的活动一定是井然有序的。第三课时，是实践活动作品展。有叶子贴画、有绘画、有拼音写话、有好人好事宣传……真正做到了实。

（2）"自然博物馆"社会实践活动主要由语文、品德与生活、体育老师共同参与设计。主题为"奇妙的大自然"，时间为12月18日，3课时设计。第一课时，准备：由语文课"大自然"引出大自然的神奇以及大自然中的万物等着我们去探索，引出学生的参与兴趣。

2.将语文实践活动与班会整合设计整体德育课程

班会课程设计和语文实践活动互相整合，学生在学习知识的过程中又可以受到敬老、孝老的熏陶。例如：九九重阳节时，将诗词教学设计和给爷爷、奶奶过生日整合在一起。把在家里给爷爷、奶奶过生日的视频或图画带到学校，由每个人都讲一讲自己的故事。

总之，学科实践活动就是让学生去亲身体验，全方位的接触。让学生更加直接的获得经验。原本应为老师做的一些事情，如果学生可以自己完成，就要让学生去完成，真正体会到成为学习主人的感觉，学生可以对学科更加感兴趣，各方面能力才有可能得以提高。学校的任何课程的设置也全都是为这一点服务的。

简简单单教语文

——注入生命活力的语文课堂

从每一次成长看自己，从每一次艰辛看幸福！